EDUCAR: LEMAS, TEMAS E DILEMAS

Dados Internacionais de Catalogação na Publicação (CIP)
(Câmara Brasileira do Livro, SP, Brasil)

Educar: lemas, temas e dilemas / Ana Gracinda
Queluz Garcia, Maura Maria Moraes de Oliveira
Bolfer (orgs.). -- São Paulo: Cengage Learning,
2009.

ISBN 978-85-221-0782-7

1. Educação 2. Educação - Finalidades e
objetivos I. Garcia, Ana Gracinda Queluz.
II. Bolfer, Maura Maria Moraes de Oliveira.

09-10761 CDD-370.11

Índice para catálogo sistemático:

1. Educação : Finalidades e objetivos   370.11

EDUCAR: LEMAS, TEMAS E DILEMAS

Ana Gracinda Queluz Garcia

Maura Maria Moraes de Oliveira Bolfer

(Orgs.)

CENGAGE
Learning™

CENGAGE Learning

Educar: lemas, temas e dilemas
Ana Gracinda Queluz Garcia e
Maura Maria Moraes de Oliveira Bolfer
(Orgs.)

Gerente Editorial: Patricia La Rosa

Editora de Desenvolvimento: Noelma Brocanelli

Supervisora de Produção Editorial: Fabiana Alencar Albuquerque

Produtora Editorial: Gisela Carnicelli

Copidesque: Alessandra Maria Silva

Revisão: Bel Ribeiro e Iara A. Ramos

Diagramação: Alfredo Carracedo Castillo

Pesquisa Iconográfica: Graciela N. Araújo

Capa: Marcela Perroni (Ventura Design)

© 2010 Cengage Learning Edições Ltda.

Todos os direitos reservados. Nenhuma parte deste livro poderá ser reproduzida, sejam quais forem os meios empregados, sem a permissão, por escrito, da Editora.
Aos infratores aplicam-se as sanções previstas nos artigos 102, 104, 106 e 107 da Lei nº 9.610, de 19 de fevereiro de 1998.

Para informações sobre nossos produtos, entre em contato pelo telefone
0800 11 19 39
Para permissão de uso de material desta obra, envie seu pedido para
direitosautorais@cengage.com

© 2010 Cengage Learning.
Todos os direitos reservados.
ISBN-13: 978-85-221-0782-7
ISBN-10: 85-221-0782-3

Cengage Learning
Condomínio E-Business Park
Rua Werner Siemens, 111 – Prédio 20
Espaço 04 – Lapa de Baixo
CEP 05069-900 – São Paulo – SP
Tel.: (11) 3665-9900 – Fax: (11) 3665-9901
SAC: 0800 11 19 39

Para suas soluções de curso e aprendizado, visite **www.cengage.com.br**

Impresso no Brasil.
Printed in Brazil.
1 2 3 4 5 6 7   13 12 11 10

SUMÁRIO

Apresentação xvii

Capítulo 1
Universalização do ensino fundamental: trajetórias e
perspectivas atuais 1
Arthur Fonseca Filho

Capítulo 2
O papel dos conselhos de educação para o regime de colaboração ... 9
Arthur Fonseca Filho, Francisco José Carbonari

Capítulo 3
Educação superior: responsabilidades na formação
de docentes para a educação básica 21
Maura Maria Moraes de Oliveira Bolfer

Capítulo 4
A docência e o ofício de professor* 43
Elisa de Fátima Valério Oleirinha

Capítulo 5
Sucesso na gestão educacional: uma questão de
parceria entre líder e liderados 61
Terezinha Otaviana Dantas da Costa

Capítulo 6
Coordenação pedagógica: múltiplos olhares 85
Maria Flora Machado de Araújo Fonseca

Capítulo 7
Tempo pedagógico e os saberes a ensinar 103
Ana Gracinda Queluz Garcia

Capítulo 8
O desenvolvimento cognitivo e social na adolescência.
Escola e sociedade: relato de intervenções pedagógicas* 113
Elisa de Fátima Valério Oleirinha

Capítulo 9
**Formação de professores e a relação entre atitude
face à matemática e literacia matemática*** 133
Maria André Trindade

Capítulo 10
Ensinar ciências nos anos iniciais do ensino fundamental 153
Alfonso Gómez Paiva

Capítulo 11
**Alternativas metodológicas para a construção
e desenvolvimento de competências matemáticas** 173
Douglas da Silva Tinti e Maria Teresa Izaguirre Crewe

Capítulo 12
Língua portuguesa: fio condutor na construção do conhecimento 183
Gláuci Helena Mora Dias

Capítulo 13
Mudanças ortográficas no português do Brasil 211
Tatiana Higa Pasini

Capítulo 14
**Educação física escolar: da educação infantil ao
ensino fundamental: reflexões de experiências vividas** 221
Geronimo Miguel Cardia, Roberto Vazatta e Sérgio Paulo de Tarso Domingues

Capítulo 15
Responsabilidade social na escola 243
Jorge Alberto França Proença

SOBRE OS AUTORES 255

---

* Nestes capítulos foi mantido o português europeu (N.E.).

APRESENTAÇÃO

Lemas, temas e dilemas, que envolvem o ato educativo, fazem parte do escopo desta coletânea, que reúne educadores com diferentes experiências e diversos olhares a respeito da educação.

Dezessete autores aqui apresentam reflexões acerca de suas atuações/contribuições no campo educativo, pleno de confrontos, paradoxos e possibilidades.

O Capítulo 1, de autoria de Arthur Fonseca Filho, apresenta a questão da universalização do ensino fundamental e detém-se na obrigatoriedade dos nove anos para esse nível de ensino. Crê o autor, que com mais tempo para ensinar e aprender, a escola terá melhores condições para planejar e garantir um processo de ensino e de aprendizagem bem mais significativo.

O papel dos Conselhos de Educação frente ao Regime de Colaboração suscitou, por parte dos autores do segundo capítulo, a presente reflexão. Arthur Fonseca Filho e Francisco José Carbonari pretendem contribuir para as discussões sobre essa temática e apresentam os Conselhos Estaduais como detentores do papel coordenador da construção de uma política que integre, harmoniosamente, as diferentes instâncias — nacional, estaduais e municipais — e suas competências.

No Capítulo 3, Maura Maria Moraes de Oliveira Bolfer, discute o papel da coordenação pedagógica na formação continuada dos professores do ensino superior e considera, também, os reflexos de tal atualização constante na formação dos futuros professores por esses docentes formados. Apresenta interessante experiência com um grupo de reflexão composto de professores do ensino superior mediados pela coordenação pedagógica e discute seus resultados.

Sob o título 'A docência e o ofício do professor', Elisa de Fátima Valério Oleirinha problematiza, no quarto capítulo, questões relativas à degradação da profissão docente e da figura do professor e a necessidade, urgente, de (re)valorizar esse profissional desde a sua formação.

Unindo à competência gestora o campo das relações humanas, Terezinha Otaviana Dantas da Costa, no Capítulo 5, busca identificar o gestor eficiente para um segmento específico do campo empresarial – o da "empresa educacional", instalada em meio a um processo acirrado de competição e num cenário em constante mutação.

As atribuições de um pedagógico tanto no âmbito do planejamento quanto na formação continuada e na avaliação traçam o perfil de um profissional absolutamente indispensável à instituição escolar. O papel desse profissional é apresentado por Maria Flora Machado de Araújo Fonseca, no Capítulo 6.

Ao apresentar a experiência temporal de professores e alunos — suas confluências e divergências —, como fatores a serem considerados no planejamento docente, Ana Gracinda Queluz Garcia —, no Capítulo 7, convida o leitor a refletir sobre o "tempo pedagógico" para, a partir deste, redimensionar a importância do tempo na formação interdisciplinar de professores e alunos no espaço da educação formal.

O Capítulo 8, de autoria de Elisa de Fátima Valério Oleirinha, descreve algumas experiências de sucesso de jovens com dificuldades de aprendizagem, oriundos de camadas econômica e socialmente desfavorecidas, para em seu bojo discutir o conceito de juventude, orientação familiar, sucesso acadêmico e sucesso profissional entre outros temas relacionados.

No nono capítulo, Maria André Trindade pretende que se reconheça a influência da atitude positiva face à Matemática sobre a melhoria do rendimento acadêmico. Para tanto, a autora distingue "Literacia matemática" de rendimento escolar em Matemática, reconhecendo a relevância da primeira para a formação do cidadão.

Com a preocupação voltada para a formação/emancipação do cidadão contemporâneo, a educação científica, ministrada nos anos iniciais do ensino fundamental, é o tema do Capítulo 10, de autoria de Alfonso Gómez Paiva, que além de apresentar a visão de ensino de Ciências, apresenta também considerações acerca das relações entre Ciência, Tecnologia e Sociedade.

Douglas Silva Tinti e Maria Teresa Izaguirre Crewe, no Capítulo 11, discutem a necessidade de se buscar novas alternativas metodológicas para a Educação Matemática, certos de que a reflexão crítica acerca da formação de professores seja um dos elementos fundamentais para a mudança — necessária e desejável — do atual paradigma.

"Língua Portuguesa: fio condutor na construção do conhecimento" é o título do 12º capítulo, escrito por Gláuci Helena Mora Dias. Nele, a autora afirma a importância de se conhecer e dominar as múltiplas nuanças da linguagem humana para se ter acesso livre e autônomo ao conhecimento, e para que se possa ser "sujeito" de uma sociedade de cultura escrita.

As mudanças ortográficas do português do Brasil é o tema trazido à análise no Capítulo 13, por Tatiana Higa Pasini, que não só apresenta as reformas ortográficas ocorridas no país, mas também discute o processo de comunicação escrita dentro e fora da instituição escolar, alertando para as marcas de desigualdade que o desconhecimento dessas mesmas normas pode acarretar.

Um projeto de Educação Física para a educação infantil e ensino fundamental é apresentado no Capítulo 14. Seus autores, Geronimo Miguel Cardia, Roberto Vazatta e Sérgio Paulo de Tarso Domingues, exploram, com jogos, exercícios e atividades recreativas, o movimento corporal, empobrecido pela falta das brincadeiras de rua, lembrando sempre que o ser humano é ser a ser integralmente estimulado e desenvolvido.

No último capítulo desta coletânea, Jorge Alberto França Proença trata da responsabilidade social, conceito trazido do mundo empresarial para o ambiente da escola, e narra uma experiência positiva, englobando todos os anos da educação básica num trabalho colaborativo e motivador, que propicia o desenvolvimento afetivo e cognitivo dos alunos envolvidos.

A ideia de juntar, num mesmo espaço, autores com preocupações diversas, reforça o pensamento de que devemos ter uma abertura de olhar que nos faça sensíveis ao emaranhado de lemas, temas e dilemas que envolvem o ato de educar e de que este, como qualquer outro recorte, pode (e deve) ser discutido e ampliado.

Aos educadores, prováveis leitores desta coletânea, fica aqui, então, o convite para uma leitura consistente e variada.

Maria Lucia M. Carvalho Vasconcelos
Professora Titular da Universidade Presbiteriana Mackenzie
Membro do Conselho Municipal de Educação e do Conselho Estadual de Educação

CAPÍTULO 1

Universalização do ensino fundamental: trajetórias e perspectivas atuais

Arthur Fonseca Filho

A Lei nº 4.024/1961 estabeleceu quatro anos de escolaridade obrigatória. A Lei nº 5.692/1971 determinou a ampliação do ensino obrigatório, ao propor a unificação do primário com o ginásio, extinguindo o exame de admissão e criando o ensino de primeiro grau.

Desde então, a cultura da educação infantil foi se tornando uma prática regulamentada pela Lei nº 9.394/1996, que incluiu a educação infantil como primeira etapa da educação básica, seguida do ensino fundamental e do ensino médio:

> Art. 21. A educação escolar compõe-se de:
> I – educação básica, formada pela educação infantil, ensino fundamental e ensino médio;
> II – educação superior.

O Plano Nacional de Educação (PNE) aprovado pela Lei nº 10.172/2001 aponta a possibilidade de ampliação do ensino fundamental para nove anos:

> Está prevista a extensão da escolaridade obrigatória para crianças de seis anos de idade, quer na educação infantil, quer no ensino fundamental, e a gradual extensão do acesso ao ensino médio para todos os jovens que

completam o nível anterior, como também para os jovens e adultos que não cursaram os níveis de ensino nas idades próprias.

Em 6 de fevereiro de 2006, a Lei nº 11.274/2006, e especialmente a Emenda Constitucional nº 53/2006, transformou a última fase da pré-escola no primeiro ano do ensino fundamental, que passou a ter nove anos, sem considerar a cultura já estabelecida. À medida que se consolidam a universalização e a ampliação do ensino fundamental, as escolas passam a definir suas ações com base nas diretrizes curriculares nacionais e nas tendências atuais da Educação, movimento este que tenta ampliar a qualidade dos serviços oferecidos.

O Conselho Nacional de Educação, numa tentativa de regulamentar essa lei, definiu as normas nacionais para a ampliação do ensino nesse segmento pela Resolução nº 3 (de 3 de agosto de 2005) e organizou a educação infantil e o ensino fundamental da seguinte forma:

Quadro 1.1

	ETAPAS DE ENSINO	FAIXA ETÁRIA PREVISTA (ANOS DE IDADE)	DURAÇÃO (EM ANOS)
EDUCAÇÃO INFANTIL (EI)	Creche	Até 3	3
	Pré-escola	4 e 5	2
ENSINO FUNDAMENTAL (EF)	Anos iniciais	6 a 10	5
	Anos finais	11 a 14	4

Para que o ensino fundamental de nove anos seja assumido como direito público subjetivo e, portanto, objeto de recenseamento e de chamada escolar pública (LDB[1] 9.394/1996, art. 5º), é necessário, nesse momento de sua implantação, considerar a organização federativa e o regime de colaboração entre os sistemas de ensino estaduais, municipais e do Distrito Federal. (BRASIL. Ministério da Educação. Secretaria da Educação Básica. *Ensino fundamental de nove anos: orientações para a inclusão da criança de seis anos de idade*. Brasília: MEC, 2007, p. 6)

---

[1]. Lei de Diretrizes e Bases (N.E.).

A fim de regulamentar e implementar o ensino fundamental de nove anos no sistema de ensino paulista e nos municipais, considerando o regime de colaboração, o Conselho Estadual de Educação de São Paulo (CEESP) aprovou a Deliberação nº 73/2008 e a Indicação nº 73/2008.

Preservando-se a identidade pedagógica da educação infantil, a implementação do ensino fundamental de nove anos, no Estado de São Paulo, respeitará a correspondência indicada no quadro a seguir:

Quadro 1.2

	ENSINO FUNDAMENTAL DE 8 ANOS	ENSINO FUNDAMENTAL DE 9 ANOS	IDADE (EM ANOS, REFERÊNCIA COMPLETADA ATÉ 30 DE JUNHO)
PRÉ-ESCOLA	1ª fase	1ª fase	4
	2ª fase	2ª fase	5
PRÉ-ESCOLA/EF	3ª fase	1º ano	6
EF (ANOS INICIAIS)	1ª série	2º ano	7
	2ª série	3º ano	8
	3ª série	4º ano	9
	4ª série	5º ano	10
EF (ANOS FINAIS)	5ª série	6º ano	11
	6ª série	7º ano	12
	7ª série	8º ano	13
	8ª série	9º ano	14

A Indicação CEE nº 73/2008, considerando a Emenda Constitucional nº 53/2006, estabeleceu a forma como os alunos serão distribuídos, de acordo com a faixa etária, os níveis da educação infantil e os anos iniciais do ensino fundamental. Vejamos o quadro a seguir:

Quadro 1.3

IDADE (EM ANOS)	DENOMINAÇÃO CORRESPONDENTE
4	1ª fase da pré-escola
5	2ª fase da pré-escola
6	1º ano do ensino fundamental
7	2º ano do ensino fundamental
8	3º ano do ensino fundamental
9	4º ano do ensino fundamental
10	5º ano do ensino fundamental

A Indicação CEE nº 73/2008 estabelece quatro princípios a serem respeitados e assegurados na implementação do ensino fundamental de nove anos:

I. O Sistema Estadual de Ensino é responsável não só pela regulamentação dos estabelecimentos de sua rede, mas por apontar claramente as formas de colaboração possíveis com os sistemas e redes municipais de ensino.
[...]
II. A implantação do Ensino Fundamental de 9 Anos deve evitar a duplicidade de esforços a serem oferecidos pelas redes municipais e estadual. Assim, no Estado de São Paulo, onde a quase totalidade dos municípios do interior já acolhia (no Regime de Ensino Fundamental de 9 Anos), integralmente, as crianças na faixa etária de 6 anos, na então 3ª fase da Pré-Escola, não se pode transferir ao Estado, parte considerável desse contingente. Isso implicaria em causar ociosidade de pessoal, prédios, equipamentos, etc., nas redes municipais e demandaria enormes investimentos (desnecessários) na rede estadual.
III. A implantação do Ensino Fundamental de 9 Anos e, especialmente, a definição de novos limites de data de ingresso no Ensino Fundamental não podem provocar nenhum dos seguintes problemas:
a) fazer com que as crianças sejam compelidas a cumprir 2 anos do mesmo programa Escolar; ou

b) fazer com que as crianças sejam compelidas a "pular" uma fase da escolaridade.

IV. A Concepção Pedagógica correspondente às 8 séries do antigo Ensino Fundamental de 8 anos – 1ª a 8ª série, não seria necessariamente alterada pela adoção do seu correspondente no Ensino Fundamental de 9 Anos.

A mesma Indicação ainda aponta algumas necessidades a serem observadas pela equipe escolar na elaboração da proposta pedagógica:

I – da articulação entre as demandas e as características da Educação Infantil e dos Anos Iniciais do Ensino Fundamental, procurando prever mecanismos de interação entre a família, a escola e a comunidade, de modo que não haja prejuízo da oferta de Educação Infantil e seja preservada sua identidade pedagógica;
II – da preservação do "continuum" formativo que se estende ao longo dos nove anos, mediante à aquisição de conhecimentos contextualizados, habilidades e atitudes que atendam às especialidades da segunda infância e àquelas que se caracterizam o desenvolvimento da adolescência;
III – da qualificação didática e flexibilidade dos tempos escolares, especialmente no período destinado à alfabetização, sem perder de vista o cumprimento da carga horária mínima anual de oitocentas horas e mínimo de duzentos dias letivos de efetivo trabalho escolar;
IV – da readequação da organização escolar vigente, assegurando mecanismos de avaliação contínua e de recuperação que busquem, continuadamente, a permanência do aluno no grupo idade-ano.

Como percebemos, a legislação prevê que os sistemas de ensino e as escolas precisarão compatibilizar a nova situação de oferta e duração desse segmento a uma proposta pedagógica apropriada à faixa etária dos seis anos, especialmente, no que se refere, em termos de recursos humanos, à organização do tempo e do espaço escolar, considerando, na mesma medida, os materiais didáticos, o mobiliário e os equipamentos. Preocupação semelhante se deve ter com os reflexos dessa proposta pedagógica em políticas implementadas pelos órgãos públicos.

O ingresso dessas crianças no ensino fundamental não pode constituir uma medida meramente administrativa. É preciso atenção ao processo de desenvolvimento e aprendizagem delas, o que implica conhecimento e respeito às suas características etárias, sociais, psicológicas e cognitivas. (BRASIL. Ministério da Educação. Secretaria da Educação Básica. *Ensino fundamental de nove anos: orientações para a inclusão da criança de seis anos de idade.* Brasília: MEC, 2007, p. 6)

Com mais tempo para ensinar e mais tempo para aprender, a escola terá condições de planejar seu trabalho e propiciar experiências pedagógicas e culturais a todas as crianças de modo a garantir a aprendizagem significativa.

A expectativa do Ministério da Educação é de que a ampliação em mais um ano de estudo no ensino fundamental produza um salto na qualidade do ensino, possibilitando a inclusão de todas as crianças com seis anos de idade, menor vulnerabilidade às situações de risco, a permanência na escola, o sucesso no aprendizado e o aumento da escolaridade.

Para que isto se materialize é necessário que os processos pedagógicos sejam adequados à faixa etária das crianças ingressantes, a fim de que a "passagem" da educação infantil para o ensino fundamental possa acontecer sem rupturas traumáticas.

Faz-se necessário destacarmos alguns dos objetivos pedagógicos que precisam permear as ações educativas:

> garantir o domínio dos instrumentos essenciais à aprendizagem para toda vida (leitura, escrita, expressão oral e cálculo);
> solucionar problemas;
> elaborar projetos de intervenção na realidade.

A abordagem dos conteúdos não pode perder de vista a contextualização e interatividade como elos de compreensão da realidade. A aula precisa ser considerada como o conjunto de atividades curriculares envolvendo professores e alunos, realizadas nas salas ou em outros espaços da escola e da comunidade.

Aos seis anos, é preciso promover a inserção das crianças no mundo da escrita, por meio de vivências que estimulem e favoreçam o contato com práticas de leitura e de escrita, possibilitando a percepção da função social dessas práticas, mesmo antes de as crianças terem adquirido o domínio da leitura e da escrita.

Para que isso saia do papel, o professor precisa compreender os aspectos de aprendizagem da criança, respeitando suas características e atendendo às suas necessidades de descobrir, explorar, comunicar, experimentar e brincar.

Com relação aos processos de alfabetização e letramento, é preciso que o educador:

> crie condições para que o aluno estabeleça uma relação prazerosa, interativa e reflexiva com a leitura e escrita;
> assegure a sistematização do processo de alfabetização;
> incentive a utilização de diferentes linguagens na expressão das ideias e percepções dos alunos.

No que se refere ao conhecimento lógico-matemático, o educador deve explorar uma grande variedade de ideias matemáticas, não apenas numéricas, mas também aquelas relativas à geometria, às medidas e às noções de estatística.

Referências bibliográficas

BRASIL. Constituição (1988). *Constituição da República Federativa do Brasil*: promulgada em 5 de outubro de 1988. Organização do texto: Juarez de Oliveira. 4. ed. São Paulo: Saraiva, 1990. 168 p. (Série Legislação Brasileira).

BRASIL. Deliberação CEE nº 73, de 2 abr. 2008.

BRASIL. Indicação CEE nº 73, de 2 abr. 2008.

BRASIL. Lei nº 4.024/1961, de 20 dez. 1961, estabelece as Diretrizes e Bases da Educação Nacional.

BRASIL. Lei nº 5.692/1971, de 11 ago. 1971, estabelece as Diretrizes e Bases da Educação Nacional.

BRASIL. Lei nº 9.394, de 20 dez. 1996, estabelece as Diretrizes e Bases da Educação Nacional.

BRASIL. Lei nº 10.172/2001, de 9 jan. 2001, estabelece o Plano Nacional de Educação.

BRASIL. Lei nº 11.274, de 6 fev. 2006, estabelece a obrigatoriedade do ensino fundamental de 9 anos.

BRASIL. Ministério da Educação. Secretaria de Educação Básica. *Ensino fundamental de nove anos: orientações para a inclusão da criança de seis anos de idade.* Brasília: MEC, 2007.

BRASIL. Resolução CNE/CEB nº 3, de 3 ago. 2005.

Pensando sobre o texto

1. A Lei nº 9.394/1996 estabelece em seus arts. 6º e 32 as bases para o ensino fundamental. Esses dois artigos foram revogados pelas Leis nºˢ 11.114/2005, 11.274/2006 e 11.525/2007. Descreva as modificações ocorridas.
2. O Conselho Nacional e os Conselhos Estaduais e Municipais de Educação, órgãos responsáveis pela regulamentação das normas dispostas na Lei nº 9.394/1996, têm trabalhado no sentido de promover a implantação do ensino fundamental de nove anos. Consulte os *sites* desses Conselhos e leia os pareceres, resoluções, deliberações e indicações correlatos.
3. Procure visitar alguma escola de ensino fundamental, converse com os profissionais que atuam na direção, coordenação e docência, e descreva quais foram as implicações práticas no cotidiano escolar promovidas pela implantação do ensino fundamental de nove anos.

CAPÍTULO 2

O papel dos Conselhos de Educação para o regime de colaboração

Arthur Fonseca Filho
Francisco José Carbonari

A estrutura constitucional brasileira tem como eixo a autonomia dos entes federativos – União, Estados, Distrito Federal e Municípios. Ao tratarmos do sistema de educação acabamos reproduzindo a lógica do sistema federativo, isto é, a partir da União vislumbramos uma articulação que permite o bom funcionamento entre Estados e Municípios.

A Lei de Diretrizes e Bases (LDB), Lei nº 9.394/1996, foi assim construída, retratando a lógica do sistema educacional, que tem como fundamento os princípios de autonomia da unidade escolar na elaboração de seu projeto político-pedagógico e do sistema de colaboração.

O sistema de colaboração está indicado no art. 8º da citada lei: "A União, os Estados, o Distrito Federal e os Municípios organizarão, em regime de colaboração, os respectivos sistemas de ensino".

O regime de colaboração tem sido tema de muitas das reuniões dos Conselhos de Educação, quer sejam nacionais, estaduais ou municipais, principalmente na relação União e Estados, mas temos avançado muito pouco. Essa dificuldade tem várias causas, mas gostaríamos de explicitar três razões estruturais das quais precisamos ter clareza e que estão na base do problema. A primeira delas é que o nosso pacto federativo é muito peculiar, pois desde a Constituição de 1988 o Brasil é uma Federação de União, Estados, Distrito Federal e Municípios, ou seja, é uma Federação trina e que tem aproximadamente 5.560 entes federados.

No mundo, temos vários exemplos de Federações com maior ou menor grau de autonomia, mas desconhecemos se existe algum país que tenha esta constituição trina, com tantos entes autônomos. Os Estados não são pedaços da União, nem os Municípios são pedaços do Estado. Como consequência, os Estados não estão subordinados hierarquicamente à União nem os Municípios aos Estados.

Nosso país tem essa característica. Quando concretizada na Educação, tal característica nos apresenta certa realidade, na qual existe a possibilidade de mais de 5.000 sistemas de ensino autônomos.

Observemos a situação:

Primeiramente, só no Estado de São Paulo existem 646 Municípios, isto quer dizer que existe a possibilidade de 646 sistemas de ensino. Esse número torna muito difícil a articulação e às vezes é muito complicado conciliar os interesses envolvidos.

Uma segunda observação é que a Federação brasileira nasceu do movimento do todo para as partes. Ao contrário da norte-americana, cujo movimento foi o inverso. Essa história sempre acarretou o que poderíamos chamar insatisfação do Poder Central com a relativa perda de poderes para os entes federados, gerando aquilo que costumamos chamar invasão de competências e desrespeito à autonomia. E este fenômeno não acontece só na Educação. Se participarmos de debates nos mais variados campos, seja na área da Saúde, Urbana, Ministério Público, o problema será o mesmo. Como diz um antigo dito popular: "só muda o endereço". Essa insatisfação faz que a União (representada pelos vários órgãos estatais) acabe por invadir a esfera de competência reservada aos Estados.

Essa tendência se mostra pouco mais ou menos explícita, em função dos ocupantes de cargos relevantes na "órbita" federal ou, ainda, a depender dos "ventos que sopram" no Legislativo.

Todos nós podemos citar vários exemplos acontecidos em nossos Estados ou Municípios, que são locais onde certamente essa questão também se apresenta.

A própria sociedade muitas vezes também pensa dessa forma e não entende que a Federação permite a coexistência de ordens jurídicas distintas, nas quais cada esfera do governo possui determinada competência e, de maneira equivocada, entende que o Federal está em um patamar acima do Estadual, que está acima do Municipal.

Em terceiro, observemos como as leis gerais (principalmente a Constituição do país) são feitas pelo Congresso Nacional, diretamente vinculado à União. Na maioria das vezes, elas têm suas competências enumeradas em rol fechado e inextinguível. Aos Estados membros restam as competências remanescentes.

No Título III da Constituição (Da Organização do Estado):

> O Capítulo II, ao falar das competências da União, no art. 21, estabelece mais de trinta atribuições;
> O Capítulo III, ao falar dos Estados federados, no art. 25, diz: "São reservados aos Estados as competências que não lhes sejam vedadas por esta Constituição".
> O Capítulo IV, ao falar dos Municípios, no art. 30, diz: "[...] I – legislar sobre assuntos de interesse local; II – suplementar a legislação federal e a estadual no que couber".

A Constituição enumera com clareza as competências da União e deixa as remanescentes (não explicitadas) como competência dos Estados e dos Municípios.

Determinados assuntos são claros na Constituição e, também, compreendidos pela própria sociedade. Que a política monetária é assunto da União não há dúvida. Podemos discordar do índice das taxas de juro, mas ninguém discute que é competência do Banco Central fixá-las. Assim vale também para a segurança nacional, patrulhamento de fronteiras etc. Da mesma forma, a segurança pública do Rio de Janeiro é de competência estadual, e o uso do solo no Município de Angra dos Reis é de competência municipal.

Fica claro, portanto, que tanto a Constituição como a LDB definem para alguns casos as competências entre os entes federados. O problema começa nas competências comuns, e consiste em descobrir quando a União, os Estados e os Municípios têm de atuar juntos em uma mesma questão.

Resumindo, a forma como nossa Federação é composta, a tentativa de invasão de poder e a distribuição das competências acabam se tornando complicadores na concretização do regime de colaboração. Isso gera alguns "imbróglios" que nem sempre conseguimos resolver. As metas estabelecidas no Plano Nacional de Educação (PNE) são da competência de todos. Por exemplo, erradicar o analfabetismo é um tema que exige atuação conjunta.

Como fazer para que União, Estados e Municípios atuem de forma coordenada para enfrentar os problemas? Este é o nosso desafio.

Na verdade, construímos uma ideia de Federação trina, mas não desenvolvemos os instrumentos de cooperação federativa nem conseguimos construir uma "política da cooperação", e isto se mostra claro na Educação. Embora não esteja explícito, no art. 3º entendemos que a Lei nº 9.394/1996 tem dois grandes eixos, a saber:

❯ autonomias para os sistemas, redes e estabelecimentos de ensino;
❯ regime de colaboração.

Até certo tempo, enfatizamos o primeiro eixo (autonomia) e nos esquecemos do segundo (regime de colaboração). Isto nos trouxe consequências muito sérias, pois não houve nenhuma articulação entre os Estados e a União e entre os Estados e os Municípios.

Embora o art. 8º da LDB diga: "A União, os Estados, o Distrito Federal e os Municípios organizarão, em regime de colaboração, os respectivos sistemas de ensino", a partir de 1996 (ano em que a LDB começou a ser implantada) cada Município foi se organizando como sistema, sem que este regime de colaboração estivesse explicitado e sem clareza do que era um sistema municipal e das consequências de sua implantação.

Sou secretário municipal e procuro sempre levar as perspectivas do meu Município ao Conselho Estadual de Educação (CEE) de São Paulo.

Quando a LDB foi aprovada aclamamos a ideia da criação dos sistemas municipais como altamente progressista. Hoje temos dúvidas, e não temos a mesma convicção de que ela representou avanços pela forma como as coisas estão acontecendo. As iniciativas municipais – louváveis quando se tomam os princípios de autonomia e respeito à diversidade – implicam, porém, alguns riscos. Os principais deles são a fragmentação excessiva e a inadequada compreensão e atendimento da legislação, particularmente no que se refere ao fato de que os vários sistemas devem se constituir em colaboração.

Construímos nossos sistemas reivindicando autonomia e deixamos para segundo plano o regime de colaboração. Isto fez que não tivéssemos nenhuma articulação entre a União e os Estados, como também entre os Estados e os Municípios. Atuando desarticuladamente e sem clareza de muitas das atribuições que não estavam em muitos casos explicitadas, houve a invasão de competências que aprofundou a luta e a reivindicação pela autonomia. Entramos em um círculo vicioso, no qual muitas vezes a autonomia passou a ser reivindicada pela própria autonomia, inviabilizando qualquer tentativa de articulação.

No entanto, a lógica da LDB é o regime de colaboração entre a União e os Estados. Esse regime de colaboração está expressamente determinado na LDB, no art. 9º, inciso IV, Título IV (neste Título está explicitado o princípio e a necessidade de articulação e de organização da Educação em nosso país). Da mesma forma, os arts. 10 e 11, como um todo, têm a mesma lógica na relação dos Estados com os Municípios.

Isto nós não estamos conseguindo praticar. Nossa leitura é a de que os Estados, especialmente as Secretarias da Educação e os Conselhos Estaduais, não cumpriram até hoje as responsabilidades deste regime de colaboração. Ficamos todos achando muito lindo dizer que os sistemas municipais eram autônomos e esperando que a articulação acontecesse por um passe de mágica.

Propositivamente, consideramos que os Estados devem assumir urgentemente as suas responsabilidades, aproveitando dois fatos: Ensino Fundamental de nove anos e Fundo de Manutenção e Desenvolvimento da Educação Básica (Fundeb). Dessa maneira, estaríamos tentando impedir que a União faça a bobagem de impor regras gerais, ao invés de exercer o seu papel de "coordenadora do regimento de colaboração".

Algumas ações da Conferência Nacional da Educação, por exemplo, o Programa de Formação de Professores, sugerem não o regime de colaboração, mas uma lógica de sistema nacional que alivia a autonomia dos sistemas. Nossa preocupação é que a proposta de constituição de um sistema nacional de educação como está sendo apresentada se sobreponha à discussão do regime de colaboração, em detrimento da construção de uma cooperação necessária para enfrentar nossos problemas educacionais, que são graves.

Temos dito que antes de aguardar a normatização do regime de colaboração, devemos construí-lo, pois, antes de ser uma ideia, este regime é uma prática.

Os Conselhos Estaduais têm papel importante nessa questão, devendo coordenar a construção de uma política conjunta entre os Municípios. Política essa que deve dar conta das grandes questões de cada Estado e que tem a obrigação de se posicionar diante da União, cobrando posturas semelhantes. Como já dissemos, o Ensino Fundamental de nove anos e o Fundeb são boas oportunidades para praticarmos essa articulação.

Como podemos perceber, há um discurso para a criação do sistema nacional de educação sem explicitar claramente o que ele significa, como é operacionalizado e qual a competência necessária para operacionalizar este sistema. Tudo leva a crer que o Sistema Nacional de educação é mais uma tentativa de trazer para a competência da União ações que hoje são competências de outros sistemas (principalmente do estadual), esvaziando ainda mais nosso espaço de ação. Precisamos ver isto com muito cuidado.

Recentemente ouvíamos a fala de um conselheiro do Conselho Nacional de Educação defendendo a criação de um Sistema Nacional de Educação, porque a formação dos nossos professores está muito ruim e precisamos melhorar isto etc. Perguntamos o que uma coisa tinha a ver com a outra, e ele ficou em uma situação embaraçosa.

É preciso estar atento, senão embarcaremos na fala da necessária e urgente melhoria da qualidade do nosso ensino. Todos nós concordamos com a ideia de que essa melhoria se faz necessária, mas deixemos claro que somente a criação do Sistema Nacional de Educação não resolverá por si esses problemas. É preciso entender que esse discurso pode perfeitamente esconder uma tentativa de retirar dos demais sistemas parte de suas atribuições como forma de esvaziar os sistemas estaduais.

Este é o nosso desafio: equilibrar nossa luta pela autonomia com a construção de um regime cooperativo no nosso Estado, não permitindo que a União, como tem feito, atue no nosso vácuo.

Descentralização das políticas educacionais e sistemas municipais de ensino

A descentralização da administração pública a fim de aproximá-la do cidadão e a valorização dos princípios federativos encontram-se definidas por critérios bastante inovadores na Legislação atualmente em vigor, particularmente pelo reconhecimento do Município como um dos "entes" federativos.

O art. 18 da Constituição Federal afirma a autonomia de todos os "entes" que compõem a República Federativa do Brasil: "A organização político-administrativa da República Federativa do Brasil compreende a União, os Estados, o Distrito Federal e os Municípios, todos autônomos, nos termos desta Constituição". Essa autonomia é reiterada pela Constituição do Estado de São Paulo de 1989 que, em seu art. 144, estabelece:

> Os Municípios, com autonomia política, legislativa, administrativa e financeira se auto-organizarão por Lei Orgânica, atendidos os princípios estabelecidos na Constituição Federal e nesta Constituição.

No que diz respeito especificamente à Educação, este princípio da autonomia federativa também está presente. Diz o texto constitucional de 1988, no *caput* do art. 211: "A União, os Estados, o Distrito Federal e os Municípios organizarão, em regime de colaboração, seus sistemas de ensino". Essa noção é reiterada pela Constituição do Estado de São Paulo que, em seu art. 238, estabelece: "A lei organizará o Sistema de Ensino do Estado de São Paulo, levando em conta o princípio da descentralização". Também na Constituição do Estado de São Paulo, em seu § 1º do art. 239, diz que: "Os municípios organizarão, igualmente, seus sistemas de ensino".

Esta mesma ideia está expressa no *caput* do art. 8º da Lei nº 9.394/1996. Mais à frente, apresentam-se as responsabilidades do poder público municipal no que se refere à Educação: "Os Municípios incumbir-se-ão de: I – organizar, manter e desenvolver os órgãos e instituições oficiais dos seus sistemas de ensino, integrando-os às políticas e planos educacionais da União e dos Estados" (art. 11). Para tal organização, os Municípios poderão, de acordo com a lei, adotar a alternativa de se constituírem como sistema autônomo ou de "se integrar ao sistema estadual de ensino ou compor com ele um sistema único de educação básica" (art. 11, parágrafo único).

Na LDB, em seu art. 10, essas formas de colaboração são explicitadas:

> Os Estados incumbir-se-ão de:
> [...]

II – definir, com os Municípios, formas de colaboração na oferta do ensino fundamental, as quais devem assegurar a distribuição proporcional das responsabilidades, de acordo com a população a ser atendida e os recursos financeiros disponíveis em cada uma dessas esferas do Poder Público;
III – elaborar e executar políticas e planos educacionais, em consonância com as diretrizes e planos nacionais de educação, integrando e coordenando as suas ações e as dos seus Municípios.

Está claro, portanto, que os Municípios devem organizar seus sistemas em regime de colaboração, o que implica um intercâmbio de responsabilidades recíprocas, cabendo aos Estados a tarefa de integrar os vários sistemas existentes em seus territórios, bem como coordenar suas ações.
Em outras palavras, cabe aos Estados uma ação normativa e articuladora das ações dos vários sistemas.

> Com base nessas considerações, duas tarefas se impõem na organização dos sistemas de ensino do Estado de São Paulo: impedir que a descentralização signifique simplesmente o repasse de atribuições;
> Evitar uma fragmentação excessiva.

Trata-se, em síntese, de integrar os diferentes sistemas respeitando os objetivos básicos estabelecidos para a Educação em todo o território nacional.

O papel do Conselho Estadual de Educação na organização dos sistemas municipais de ensino em regime de colaboração

Para o País, e para os Municípios em particular, a criação e implantação dos sistemas de educação foram – e ainda são – algo novo. Não são poucos os Municípios que continuam se reportando às normas do sistema estadual, e têm encontrado dificuldades em operacionalizar a organização de seus próprios sistemas. Isto se deve em grande parte à novidade legal e também ao peso da tradição normatizadora que possuía o CEE na legislação anterior. Porém, apesar dessas dificuldades, os sistemas precisam se organizar, pois eles são uma exigência legal.

Nesse sentido, é importante ressaltar que, embora a legislação faça muitas referências aos sistemas municipais de educação, a simples menção na lei não é suficiente para sua instituição, ou seja, não basta que eles estejam expressos nos textos legais, nem mesmo na Lei Orgânica dos Municípios, para que se tornem reais e uma prática efetiva; é necessário que os sistemas municipais de educação tenham uma forma e uma organização; que sejam explicitados os órgãos que esses sistemas municipais integram, as competências de cada um, como eles se relacionam entre si e com os outros sistemas, enfim, como as incumbências estabelecidas na lei serão executadas pelas diversas instâncias que os compõem. Ao CEE cabe orientar os Municípios nessa tarefa.

Desde a implantação da LDB, mas sem a clareza atual, essas questões já se colocavam e levavam o Conselho Estadual de Educação de São Paulo a uma série de manifestações, motivadas tanto pelas dúvidas encaminhadas ao CEE por várias prefeituras municipais quanto por sua própria responsabilidade legal como órgão normativo, consultivo e deliberativo do sistema de ensino do Estado de São Paulo (art. 242 da Constituição Estadual). Dentre essas manifestações, destacam-se a Indicação nº 10/1997, a Deliberação nº 11/1997 e a Indicação nº 20/2002, cujos conteúdos, em síntese, procuraram apresentar os avanços promovidos pelas novas legislações e conceituar o sistema municipal de educação.

Acrescente-se a isto o fato de que cada Município foi se organizando como "sistema de ensino" sem que o regime de colaboração estivesse explicitado. Essas iniciativas municipais são louváveis, porém, quando se tomam os princípios de autonomia e respeito à diversidade essas iniciativas implicam alguns riscos. Os principais são a fragmentação excessiva e a inadequada compreensão e atendimento da legislação, particularmente no que se refere ao fato de que os vários regimes devem se constituir em colaboração. Esta obrigatoriedade, enfatizada pelo legislador, procurava exatamente atentar para tais ameaças – certamente mais intensas em um Estado como o nosso, com 645 Municípios –, evitando-as.

O CEE, pela posição que sempre ocupou na condução dos assuntos educacionais do Estado de São Paulo, tem a obrigação, então, de buscar esclarecer as dúvidas existentes, oferecendo diretrizes para que os Municípios possam cumprir aquilo que lhes é solicitado legalmente, isto é, organizar seus sistemas de educação em colaboração com o sistema estadual.

Dos encaminhamentos

Isto posto, cabe ao CEE os seguintes encaminhamentos:
a) orientar os Municípios sobre a forma de organização dos seus respectivos sistemas de ensino;
b) explicitar a forma como o regime de colaboração deve ser implantado no Estado de São Paulo;
c) estabelecer os procedimentos posteriores a serem adotados pelos processos que hoje tramitam neste Conselho.

Com relação ao primeiro item, e como anteriormente apontado, é necessário que os sistemas municipais tenham uma "forma". O art. 18 da LBD encarrega-se de indicá-la:

Os sistemas municipais de ensino compreendem:
I – as instituições do ensino fundamental, médio e de educação infantil mantidas pelo Poder Público Municipal;
II – as instituições de educação infantil criadas e mantidas pela iniciativa privada;
III – os órgãos municipais de educação.

Fica claro, portanto, que para um sistema existir ele necessita minimamente:

❱ de uma rede escolar, que se enquadre na tipologia estabelecida nos incisos I e II do art. 18 da LDB e nas prioridades fixadas no inciso V do art. 11 da mesma lei;
❱ de órgãos que normatizem o sistema nos termos das exigências e das aspirações da municipalidade, e se encarreguem da articulação com o sistema estadual e nacional nos termos da LDB;
❱ de um órgão executivo encarregado de viabilizar as políticas públicas e supervisionar os estabelecimentos de ensino de seu sistema.
Entendemos, ainda, que essas orientações devem ser transformadas em lei municipal que, antes de qualquer outra providência, definirá a opção do Município quanto a se constituir autonomamente, integrar-se com o sistema estadual ou compor com ele um sistema único (art. 11, parágrafo único).

Nos casos em que os Municípios decidam por se constituírem como sistema autônomo, a esta lei municipal caberá estabelecer as atribuições dos diversos órgãos e a forma de integração e relacionamento entre eles. Todavia, nada impede, mesmo na situação acima descrita, que os sistemas municipais optem por adotar as normas emanadas do CEE.

Em consonância com o art. 11 da LDB, que fornece mais subsídios sobre o assunto, entendemos, por fim, que estas são as exigências para a constituição de um sistema:

Art. 11 – Os Municípios incumbir-se-ão de:
I – organizar, manter e desenvolver os órgãos e instituições oficiais dos seus sistemas de ensino integrando-os às políticas e planos educacionais da União e do Estado;
II – exercer ação redistributiva em relação às suas escolas;
III – baixar normas complementares para o sistema de ensino;
IV – autorizar, credenciar e supervisionar os estabelecimentos do seu sistema de ensino;
V – oferecer a educação infantil em creches e pré-escolas e, com prioridade, o ensino fundamental, permitida a atuação em outros níveis de ensino somente quando estiverem atendidas plenamente as necessidades de sua área de competência e com recursos acima dos percentuais mínimos vinculados pela Constituição Federal à manutenção e desenvolvimento do ensino.

Entendendo, portanto, a obrigatoriedade de os sistemas atuarem em regime de colaboração, é preciso definir com clareza quais os parâmetros a serem respeitados tanto pelos Municípios quanto pelo Estado para que esta exigência seja cumprida.

Neste sentido, consideramos que, nas questões de caráter normativo, o CEE deve exercer a função articuladora entre os vários sistemas.

Quanto aos referidos parâmetros, compreendemos que a instância adequada para sua definição é o Plano Estadual de Educação, uma lei a ser proposta pelo Governo do Estado após amplo debate com a sociedade.

Julgamos conveniente, por fim, que as instâncias municipais, ao elaborarem seus Planos Municipais de Educação, contemplem a questão do regime de colaboração.

Referências bibliográficas

BRASIL. Constituição (1988). Constituição da República Federativa do Brasil: promulgada em 5 de outubro de 1988. Organização do texto: Juarez de Oliveira. 4. ed. São Paulo: Saraiva, 1990. 168 p. (Série Legislação Brasileira).
BRASIL. Lei nº 9.394, de 20 dez. 1996, estabelece as Diretrizes e Bases da Educação Nacional.
SÃO PAULO (Estado). Constituição Estadual de 5 de out. 1989.

Pensando sobre o texto

1. Os arts. 15, 16, 17, 18 e 36 da Lei nº 9.394/1996 estabelecem as incumbências de cada esfera governamental: federal, estadual e municipal. Como essas responsabilidades se articulam?
2. Em 2008, foi aprovada a Lei nº 11.684, que estabelece a inclusão das disciplinas Filosofia e Sociologia no Ensino Médio. A inclusão dessas disciplinas na estrutura curricular dos sistemas de ensino e das escolas precisa ser orientada pelos respectivos sistemas de ensino. Procure no *site* do Conselho Estadual de Educação do seu Estado a(s) norma(s) que regulamenta(m) a(s) referida(s) lei(s) e descreva-a(s).
3. Visite uma escola de Ensino Médio e relate como ela inclui as disciplinas Filosofia e Sociologia em sua estrutura curricular.

Trazer como proposta de estudo dirigido a análise da Lei que institui as disciplinas de Sociologia e Filosofia no Ensino Médio e a Deliberação normativa do CEE-SP.

CAPÍTULO 3

Educação superior: responsabilidades na formação de docentes para a educação básica

Maura Maria Moraes de Oliveira Bolfer

Tendo em mente que o professor é o principal ator, entre outros, na configuração de processos de ensino e de aprendizagem, é preciso concebê-lo como um profissional que reflete criticamente sobre a prática cotidiana da docência.

Essa reflexão é necessária, a fim de fazer o docente compreender as características específicas dos processos de ensino e de aprendizagem, bem como o contexto em que o ensino tem lugar, para que possa, assim, facilitar o desenvolvimento autônomo e emancipador dos participantes do processo educativo, que são os alunos.

A partir da descrição do cenário atual da educação superior, em uma tentativa de contextualizar os espaços onde estão inseridos e atuam os docentes formadores, vamos delineando seu papel na formação de novos professores. Essa formação será melhor na medida em que a instituição de educação superior assuma a responsabilidade na formação continuada de seus docentes sob supervisão da coordenação pedagógica.

Há algo que antecede a ação docente, há algo que acontece durante o ato educador, e há algo que acontece sobre a obra catedrática já realizada. Por meio desta tríade ampliamos nosso entendimento sobre a ação docente realizada e projetamos ações futuras. Por isso, não basta apenas ter o domínio do conteúdo e de algumas técnicas pedagógicas, é preciso ir além. No entanto, essa visão simplista da prática docente ainda parece ser hegemônica para a maioria dos professores.

É preciso que os professores construam um saber qualitativamente diferente, assentado em atitudes e maneiras de ver diferentes para que a escola[1] possa ser renovada.

Quando falamos em prática docente, consideramos, em sua essência, a presença da tríade: professor-aluno-conhecimento. Esta tríade está diretamente atrelada aos condicionantes sociais e psicológicos que constituem o ensino viabilizado pela prática docente.

Segundo COLL (1992), esta tríade está em ativa interação nos processos escolares, nos quais o aluno concretiza a aprendizagem, os conhecimentos constituem o objeto de aprendizagem, e o professor é quem favorece, por meio do ensino, a aprendizagem dos alunos. É o professor quem, a partir de suas intervenções, pode proporcionar, em maior ou menor escala, a atividade autoestruturante do aluno; é o docente que, adulto, pode ser comparado a uma espécie de andaime, ao realizar intervenções contingentes que possibilitem a mediação entre o conhecimento a ser aprendido e o aluno. Essa mediação precisa funcionar como uma ajuda que se manifesta intencionalmente em um contexto significativo, que vai ampliando constantemente a zona de desenvolvimento proximal dos alunos. Entendemos aqui o ensino-aprendizagem como atividade articulada e conjunta entre aluno e professor.

Essa atividade, em uma concepção construtivista de aprendizagem escolar, situa a

> atividade mental construtiva do aluno na base dos processos de desenvolvimento pessoal que promove a educação escolar. Mediante a realização de aprendizagens significativas, o aluno constrói, modifica, diversifica e coordena seus esquemas, estabelecendo deste modo redes de significado que enriquecem seu conhecimento de mundo físico e social e potencializa seu crescimento pessoal. (COLL, 1992, p. 179)

---

1. Neste trabalho, quando nos referirmos à instituição educativa, faremos uso do termo "escola" para denominarmos o local/espaço constituído pela instituição de educação básica ou de educação superior. Este termo expressa o local/espaço no qual ocorrem as ações que visam à educação intencional dos sujeitos, que se encontram em constante processo de formação.

Podemos afirmar que a ação educativa, responsabilidade do professor, precisa incidir sobre a atividade mental do aluno, criando condições favoráveis ao desenvolvimento e à aprendizagem, ou seja, tem como finalidade "sintonizar com o processo de construção de conhecimento do aluno e incidir sobre ele, orientando-o na direção que sinalizar as intenções educativas" (COLL, 1992, p. 186). Vale ressaltar que há necessidade de certa atitude favorável do aluno para a aprendizagem acontecer, pois é preciso que ele construa significados e atribua sentidos ao que aprende.

Essa ação educativa materializa-se naquilo que conhecemos como ensino: prática social que se concretiza na interação entre professores, alunos e conhecimentos (SACRISTÁN, 2003) em um contexto permeado por múltiplos fatores e condições. Essa tríade estabelece uma relação dinâmica de interdependência, na qual "cada elemento influencia e é influenciado pela relação entre os outros dois" (HYMAN, 1974, p. 19). A atividade docente – o ensino – "deve envolver essa relação interpessoal positiva de tal forma que promova o aprendizado e o desenvolvimento da independência do aluno" (HYMAN, 1974, p. 25).

Para este texto, que tem como objetivo refletir sobre o papel da coordenação pedagógica na formação continuada dos professores do ensino superior e consequente formação dos professores da educação básica, partilhamos de algumas premissas destacadas por ROSA (2003): os professores como sujeitos historicamente situados; a natureza singular e complexa da profissão docente; os professores como produtores de saberes; e a possibilidade de se constituir na própria instituição processos de formação que auxiliem o desenvolvimento de capacidades teórico-práticas do exercício docente, via parceria colaborativa ou grupo de reflexão, que é o nosso caso.

Com base em reuniões que visam à promoção e à ampliação de sentidos e significados da prática docente e por meio de reflexões de um grupo de professores de uma instituição (aqui não identificada) de educação superior, mediadas pela coordenadora pedagógica, daremos destaque ao papel do coordenador pedagógico. Ao longo de treze reuniões, onze professores refletiram sobre suas práticas docentes, sobre seus conhecimentos adquiridos pela prática, pelo estudo e pela reflexão.

As reuniões promoveram um "mergulho na docência". Este "mergulho" permitiu que identificássemos a ampliação de sentidos e significados da prática docente dos professores.

Reflexão, mediada e compartilhada, sobre o exercício catedrático, filmes, textos, o que pensamos sobre o nosso papel e o papel do aluno e nossas concepções de conhecimento, aprendizagem, ensino, metodologia de ensino, aprendizagem e avaliação foram evidenciadas nas interações discursivas expressas nessas reuniões.

Nelas, notamos como os professores ampliaram os sentidos e os significados da prática docente. O "mergulho na docência" foi viabilizado pela disponibilidade do grupo e pela mediação da coordenadora pedagógica, que esteve à frente das reuniões, mediando reflexões, selecionando filmes, textos e temas a serem expostos e refletidos.

Algumas falas revelam a mediação acontecendo durante as reuniões. Daremos destaque àquelas consideradas mais significativas por, em determinados momentos, revelarem: como coordenadora pedagógica, chamo o grupo para discussão, propondo ou dirigindo a interlocução; retomo alguma ideia que merece ser destacada; coloco-me como professora, a fim de trazer também para debate minha prática docente; procuro articular um exercício educador exposto com a teoria que está por trás dele; e momentos em que trago algum exemplo.

Na reunião nº 1, a mediação aparece como possibilidade de estimular a fala dos professores, fazendo que eles comecem a expor suas ideias, trazendo para reflexão aquilo que pensam e vivenciam no cotidiano escolar.

Maura: Paulo Freire é um educador brasileiro. Ele faleceu em 1997. E como nós vamos refletir sobre o nosso papel como professor, nesse trechinho (do filme a que vamos assistir) Paulo Freire faz uma distinção: se o nosso trabalho é uma adequação ou se é uma inserção do sujeito na sociedade. E aí, a partir dessa fala do Paulo Freire, que dura cerca de 10 minutos, cada um vai poder expor um pouco sobre como pensa o seu papel. Logo, quando ele vai falando da formação e não do treino, fala da adequação e da inserção. Como podemos perceber, o treino faz que o sujeito vá se adequando ao seu papel, à sociedade, não há a transformação. A inserção, ao contrário, produz a transformação, o sujeito pode usar da criatividade para lidar com as incertezas do dia a dia, com as coisas do cotidiano. Agora eu deixo para que vocês falem, um de cada vez, o que é que pensam disso, como é que enxergam o papel de vocês.

[...]
Maura: E o seu papel?
Danilo: O meu papel?
Maura: É, o seu papel nesta realidade?
[...]
Maura: Mas será que isso vai ter fórmula?
André: Às vezes é uma semente, não dá uma árvore igual, é da mesma espécie, mas não é igual. Não tem como dar a mesma aula. Epa, acho que essa é a transformação.

Na reunião nº 2 ainda tomo a tarefa de fazer que os professores presentes participem das discussões, mas de um modo mais contextualizado, retomando ideias expressas nos fragmentos do filme assistido e nas experiências vividas na prática docente.

Maura: E aí, esse episódio [do filme *Mr. Holland, adorável professor*] ajudou a pensar em alguma coisa? (SILÊNCIO) Eu destaquei duas falas, "envolver-se", que foi a fala da diretora para o Mr. Holland, "envolver as mentes de conhecimento" e "controlar essas mentes", isto é, colocar limites para essas mentes.
André: A tradução foi um pouco diferente; no meu entendimento seria um "guia", uma bússola. Parece-me mais lógico ir nesse sentido: orientar o aluno. Essa é a ideia principal que me passa.
[...]
Maura: Gente, vamos retomar dois trechos do filme de novo. Um que diz "a diferença de você tocar notas" e outro "tocar música". Tocar música parece muito mais do que tocar notas. Como a nossa discussão passa pela prática docente, fazendo esse *link* do "tocar nota" e do "tocar música". Eu queria que vocês escrevessem essa questão da prática, uma situação concreta, uma experiência em que vocês sentiram na pele "o tocar música" e "o tocar notas". Dá para fazer? Alguém quer papel?
André: De qualquer prática?
Maura: Não, da prática docente. Para nós pensarmos um pouco no nosso foco: que é a ação docente.
[...]

Maura: Então, quando você enfoca essa questão de atitude é como se você estivesse trabalhando o "tocar música"?
Mateus: Com certeza. A música tem algo além do decorar. A menina do filme estava tentando decorar as notas e errava. O professor disse "feche os olhos e toque com o coração". Já está dentro, não precisa decorar.
[...]
Maura: Não sei, né. O que é que eu vou levar daqui para mim hoje, desse nosso momento? O desafio da nossa prática. Qual vai ser o desafio mais consciente. Fazer que notas e músicas caminhem juntas para que professores e alunos em interação superem seus limites, quebrem as barreiras e possam articular atitude e conhecimento para a sua inserção no mundo. Penso que esse é o nosso papel, trabalhar um pouco nesse sentido, unindo um pouco do que cada um foi falando. E aí, para terminarmos, o que se propõe para a semana que vem?
Daniela: Práticas.

Na tentativa de chamar a atenção dos professores para as concepções que permeiam a prática docente e propor a temática de uma reunião, foi destacada a mediação recortada da reunião nº 3. Desse modo, os professores puderam destacar o que está por trás de cada jeito de ensinar.

Mary: Eu sinto essa necessidade, de olhar para os alunos o tempo todo.
Maura: Os alunos até costumam dizer que a gente tem olho por todos os lados.
Madureira: A gente tem até que pensar na questão do *layout* da sala, na disposição das carteiras, na lousa, pois não são coisas que favorecem a relação, a aproximação. São coisas que vêm de um tempo de onde o distanciamento era parte do *show*, e a gente não mudou isso, não rediscutiu esse palco. A coisa que a professora de literatura do filme faz de andar pela sala é muito legal. Quando eu consigo fazer isso, é uma coisa bem interessante.
Mary: Essa coisa é bem interessante mesmo, quando a gente começa a circular os alunos viram outros. Acho que tem também a coisa do humor, né.
Madureira: É, nós falamos num outro encontro, aprender não tem que ser chato.
Maura: Essa é uma coisa que eu ia comentar e que até pode ser assunto para discutirmos numa outra reunião. Considerando todas as atitudes envolvidas

no ato de ensinar, pressupõe-se uma concepção de como é que o sujeito aprende, como será mais motivador para o sujeito aprender. Será que um discurso verbal é suficiente para a aprendizagem? Ler a apostila é suficiente? E pelo que a gente pôde ouvir nos relatos, pressupõe muito mais. Pressupõe certa concepção de aprendizagem, certa concepção de ensino. Então, o que está por trás de cada jeito de ensinar?
André: Tem a questão da atenção. A gente fala de memória.

Chamar a atenção para a importância do papel do professor, bem como da necessidade de sua profissionalização, ou seja, do domínio de conhecimentos específicos de sua área de ensino e a articulação com a prática docente foi a intenção da mediação retirada da reunião nº 4.

Maura: A força teórica do professor tem de ser, sem sombra de dúvida, maior que a do aluno. A teoria tem de ser muito forte nesse professor. Às vezes, tem aluno que trabalha há muito tempo na área e acaba tendo uma experiência maior. Então, o professor tem de ter alguma experiência na área, até porque é isso que possibilita um conhecimento prático da teoria. E a hora que ele vai trabalhar a teoria consegue chegar a um nível diferente do científico.
Mateus: E é complicada essa passagem, porque, muitas vezes, se o aluno percebe que o professor não tem esse domínio, o professor cai em descrédito. Muitas vezes, ele fica em maus lençóis e cai em descrédito com a sala toda, e não apenas com um aluno.

Na reunião nº 5 a mediação surge para que os professores possam refletir sobre a prática docente dos diversos professores; essa reflexão é motivada por meio da apresentação de cenas dos filmes *Sarafina, Mr. Holland, Mentes Perigosas, Ao Mestre com Carinho, O Preço do Desafio e Sociedade dos Poetas Mortos*. Nas cenas, personagens protagonistas criam situações que promovem condições para o estabelecimento de reciprocidade intelectual.

Maura: Faz o sujeito pensar sobre sua própria situação. Entra aí um pouco do cognitivismo, a problematização. De certa forma a professora [do filme

Sarafina] problematiza, cria situações propiciando condições nas quais possam estabelecer reciprocidade intelectual e cooperação ao mesmo tempo moral e racional.
Daniela: Ah, sim. O professor [do filme *O Preço do Desafio*], ao propor problemas, desafia.

Os três fragmentos recortados da reunião nº 6 tratam da questão da metodologia de ensino-aprendizagem. Tentam, na verdade, colocar em discussão as ações que podemos proporcionar aos nossos alunos de modo que eles possam articular a teoria com a prática durante os processos de aprendizagem. Pretende-se colocar em questão a necessidade da implantação de uma cultura escolar que atenda à diversidade de alunos e que seja pautada na racionalidade prática.

André: Mesmo que a gente não faça palestra, o pessoal do ensino superior precisa aderir.
Maura: É que as coisas para os alunos precisam ter um sentido. Aí, os professores têm de pensar no propósito. Vamos pensar até que ponto nossos professores também estão abertos para isso, não vão sentir como uma "matação de tempo".
[...]
Maura: E essa possibilidade de experimentar algumas coisas aqui, em situação de aprendizagem, dá suporte para uma vivência real na escola.
André: É essa a nossa função: orientar para a articulação das disciplinas. Orientar projetos e suprir necessidades, ou nós vamos continuar tentando transferir conhecimentos.
[...]
Maura: Por isso é que existe o tal do contrato didático. Os combinados.
Daniela: Mas eles esquecem os combinados.
Maura: E a gente, como professor, quanto esquece dos combinados?

Da reunião nº 7 são destacados três episódios que procuram desencadear a reflexão dos professores para os seguintes aspectos: o que está envolvido no processo de aprendizagem do aluno-adulto, dando destaque à questão da adaptação; aos atores da sala de aula, professor e alunos, quem aprende e quem ensina; por fim, ao perigo do "engavetamento" do ensino, sem considerar o contexto no qual ocorre a prática docente.

Maura: Isso tem a ver com essa questão da adaptação. A gente imagina que o período de adaptação é só para criança, mas o adulto também tem esse período de adaptação. É como se fosse um rito de passagem.
Daniela: Eu nunca tinha pensado nisso em relação ao adulto. Interessante.
Lucas: E para o professor também.
[...]
Maura: E será que a gente só ensina?
André: É, nós conversamos até sobre isso, ensino-aprendizagem. Acho que as duas coisas estão muito ligadas. Como eu falei no início, eu não tenho nenhuma formação pedagógica. Para mim tem sido um aprendizado constante a cada nova disciplina, a cada aula, a cada novo curso, a gente vai aprendendo um monte de coisas, com os colegas também.
[...]
Maura: Tem uma coisa legal que você falou: "o aluno vem com expectativas diferentes, informações e vivências diferentes", com base nisso você tem um contexto que precisa considerar na sua docência.
Daniela: É, não é um pacote fechado. Eu abro a gavetinha está lá...

A atividade docente como ato intencional, mas não passível de total previsibilidade, a partir da fala dos professores é retomada pela mediação na reunião nº 8. Na tentativa de articular o que os professores trazem em suas expressões e, de certo modo, ajudá-los a elaborar conhecimento mais científico, foram destacados os episódios abaixo.

Lucas: Esses dias eu estava falando de "nado peito" e ontem falei de musculação e academia. Como é ser dono de academia e como é ser empregado, e tudo o que eles estão vendo irem aplicando. E aí você começa a falar um monte de coisa relacionada à ação profissional, relacionado à ação do professor, do proprietário, do aluno, do mercado e assim por diante. Foi interessante.
Maura: Isso que o Lucas falou faz a gente pensar na seguinte coisa: o quanto o professor tem de estar atento às outras disciplinas também, não só à sua

disciplina, porque a sua disciplina isoladamente ela não tem sentido para a formação do sujeito.
Priscila: Eles não fazem a relação.
Maura: Eles não dão conta de fazerem isso sozinhos.
[...]
Débora: Sabe, eu acho que nós, da licenciatura, precisamos formalizar, porque eu, dando aula no 1º semestre de Pedagogia, surgiu a palavra disciplinaridade. Daí, eu perguntei se alguém já tinha ouvido falar disso. Aí, alguém disse "*nnnnnnn*". Eu disse que isso era interdisciplinaridade. Eu disse que ia conceituar muito superficialmente e fui falando. Aí, as alunas disseram: "Ah, isso acontece entre a sua matéria, a da Viviane e da Patrícia". Foi legal porque a classe inteira falou isso. E aí, conversando com a Viviane, ela me disse que na prova dela apareceram coisas que eram da matéria dela. Então, talvez, quando o Arnaldo mostrou aquilo que acontece no tecnológico, me ocorreu muito isso, a questão da formalização daquilo que fazemos, dessa integração.
Maura: Aí, a gente tem de pensar na ação do professor como uma ação sempre intencional.
Débora: Ficou mais claro, porque eu pensava nessa integração dessa maneira que eu descrevi, não em torno de um objeto... e aí, muda de figura mesmo.
Maura: É porque em torno de um objeto você consegue materializar a interdisciplinaridade.
[...]
Lucas: Essa pergunta mesmo a que eu queria chegar. Não que ele não saiba muito, mas a questão é na relação professor-aluno, se ele fica só no instrumental, dirigido para solução de problemas, mas se ele consegue ter uma relação maior. Então essa seria a pergunta. Então eu entendo o que a Maura falou. Se você não fica só no conhecimento técnico, aplicação daquela matéria, voltado para aquilo, lembrando do filme daquele que professor, eu acho que você ter a relação maior com o aluno é quase que uma arte. E aí você consegue sair um pouco da sua disciplina e envolver outras disciplinas. Se ele tem sempre o sucesso, a admiração existe, mas não só na admiração porque depois ele não consegue se relacionar bem com os alunos. Eu estou falando porque a gente ouve as pessoas reclamarem, os alunos falam mesmo. No final as coisas acabam dando certo, mas a gente acaba ouvindo. Então a reflexão é: "Tem como dar errado a relação do professor com o aluno se,

além da disciplina dele, ele começar a relacionar com o cotidiano, com as outras disciplinas ele não vai ter sucesso em sala de aula? O professor vai ter problema para dar aulas, se além da disciplina ele consegue trazer para a prática? Penso na hora em que todos os alunos estão ouvindo. É diferente do professor chegar e dizer: eu faço, eu sou, eu fiz, eu aconteço. Aí fica chato, mas fazer com que eles ouçam, aprendam. Aí você começa a pensar: será que o professor vai ter reclamação de aluno? Consegue imaginar? Se você traz um assunto, discute, muda o assunto, eles prestam atenção (claro que tem a ver com a formação deles).
Maura: Quando o Lucas falou essa questão da relação, eu acho que de qualquer tipo que seja o professor ele vai estabelecer um tipo de relação com o aluno. Mesmo que um entre mudo e o outro saia calado. A relação, ela existe, mesmo que ela seja...
Priscila: E fica bem evidente mesmo sem verbo [ação].
Maura: Mesmo sem verbo nenhum. Então o que a gente vai ter são as nuances de relação, de relacionamento professor-aluno.

Na reunião nº 9, com base na reflexão sobre a metodologia de ensino--aprendizagem, como ato político, a mediação coloca na mesa para discussão os enfrentamentos vividos pelos professores envolvidos na sala de aula.

Maura: Está fácil ser professor, hein? Será que é fácil trabalhar?
Lucas: É uma questão complexa.
Ana: Só começando pela dialética.

O referencial teórico aparece dando sustentação à mediação recortada da reunião nº 10. É interessante observar que os professores acabam materializando aquilo que sentem no cotidiano escolar e que pode ser referendado pelo conhecimento científico.

Maura: O Bakhtin é quem fala mais ou menos assim, "eu sou eu, mais todas as outras vozes que me acompanham".
Daniela: É assim que eu sinto. Por isso eu fiz os elos que somos, o nós, num caminho que a gente não sabe onde vai dar, com certeza porque nós já não temos mais essa certeza. O caminhar é multifacetado.

A mediação destacada da reunião nº 11 tenta dar sentido e significado à ação docente vivida e descrita pela professora, reforçando a importância da formação de vínculos positivos na relação professor-alunos para os processos de ensino-aprendizagem.

Priscila: Eu, no começo, tinha dificuldades, achava que essa coisa de dinâmica no primeiro dia de aula era coisa para enrolar a aula, ou dificuldade minha mesmo de fazer uma coisa mais à vontade. Daí, eu fui meio que obrigada, aqui no Uirapuru, a fazer isso para tentar melhorar, diminuir essa coisa... (risos). Aí, eu resolvi fazer isso com as turmas novas para ver o que acontece. Aí trabalhei com comédia, trouxe uma dinâmica de apresentação deles, que já se conheciam, e eu que estava chegando. Aí, eu tive um retorno excepcional, eu fiquei bem surpreendida, tanto de relacionamento como de percepção, que às vezes a gente leva um semestre pra perceber que são "gente boa". Depois, eu também achei estratégico, eles ficaram abertos, está bem melhor que de outros inícios. Aí, eu fiquei pensando se isso poderia ser coisa dessa turma, porque eu não experimentei em outras, não dá para saber direito.
Maura: Priscila, eu penso que essa sua estratégia sempre contribui porque é uma possibilidade de formação de vínculos.
Priscila: É, isso eu percebi mesmo. É diferente quando você chega muito sério ou muito formal por não conhecer o grupo.

Na reunião nº 12 aparecem três aspectos que se inter-relacionam na reflexão que foi proposta e a seguir são citadas:

❯ instigar o professor a descrever com detalhes uma aula de sucesso;

Maura: E como é que você fez para desenvolver a aula? Você começou de que maneira?
Priscila: Primeiro, eu comecei pela exposição de apresentações, por meio de projetor multimídia, de planos, expliquei como deve ser cada plano, apresentei um roteiro como proposta para trabalhar a escrita por meio de redações. Depois, assistimos a certo trecho do filme *Amor e Companhia*.

❯ pensar na possibilidade de diversificar uma aula na qual há a mesma temática;

Daniela: Dar a mesma aula desgasta a gente.
Maura: Então, nesse tipo de curso, eu tenho, por exemplo, cinco turmas e não posso ficar mudando. Talvez o que Priscila pudesse ter feito era ter achado outro conto, outro filme, outra história em quadrinhos e continuar trabalhando a mesma temática.
Priscila: Aí, até a gente se motiva. Eu penso nisso seriamente e fico me recriminando, achando que fiz serviço de preguiçoso.

› analisar uma aula na qual a professora trabalha os conhecimentos cotidianos e científicos.

Maura: Essa questão remete à relação entre conhecimento do senso comum e conhecimento científico. Pelo menos, é isso que consigo ver na sua aula. Os alunos respondiam usando o repertório que possuíam e depois você articulava o conhecimento mais elaborado, utilizando conhecimento científico.
Daniela: Foi exatamente essa fala que eu ouvi dos alunos. É legal que eles puderam refletir e se expressar antes de eu falar o conteúdo específico. Foi muito interessante. Eu não achei que fosse dar tão certo.

O último episódio foi recortado da reunião nº 13: a mediação novamente considerou como ponto para reflexão algo que foi exposto por uma das professoras: combinar com os nossos alunos o estabelecimento de regras de convivência para a sala de aula – atitude que pode contribuir na promoção de espaço favorável à aprendizagem.

Maura: É preciso pensar naquilo que a Débora disse sobre combinar com nossos alunos regras de convivência. Se a gente fizer isso, logo no começo, não haverá problemas. Pelo menos eu, quando inicio uma turma nova, já combino quais são as regras para que possamos conviver e criar um espaço de aprendizagem.
Débora: Vai desde selecionar no celular a função vibra. Caso o celular toque é só levantar silenciosamente e atender o celular no corredor.
Maura: Penso que também seja nossa função colocarmos limites para os alunos, porque eles vêm de uma geração sem limites.

É importante ressaltar que essas mediações, aqui consideradas pedagógicas porque visam contribuir para a formação docente, são resultantes de processos socialmente construídos e que articulam intervenções subsidiadas pela minha formação acadêmica, minha experiência docente e pelas reflexões promovidas pelo grupo de professores. São mediações que, implicitamente, podem revelar os momentos de apreensão vividos pela coordenação do grupo. Tal grupo exigia, o tempo todo, uma liderança para dar continuidade às reuniões e ao próximo encontro.

As interlocuções apresentadas por meio das mediações recortadas das reuniões revelam modos da minha participação, como coordenadora pedagógica, nos processos de ampliação de sentidos e significados da prática docente. Ao mediar, busquei atuar privilegiando "propósitos instrucionais, destacando temas e buscando estabilizar significados, focos e momentos de elaboração" (GÓES, 1997, p. 16), construídos nas trocas dialógicas, que podem tanto incentivar quanto censurar a participação dos professores.

Minha mediação, além de pedagógica, pode ser concebida como facilitadora entre os professores do intercâmbio de ideias e vivências. Este intercâmbio se materializou na maneira como cada professor apresentou nas reuniões o conhecimento adquirido na vivência em sala de aula.

Neste trabalho tive a intenção de colocar em evidência interlocuções que se mostraram importantes para o aumento de definições e para a compreensão da prática docente.

Esta importância da prática docente é representada a seguir pelos elos desenhados pela professora Daniela.

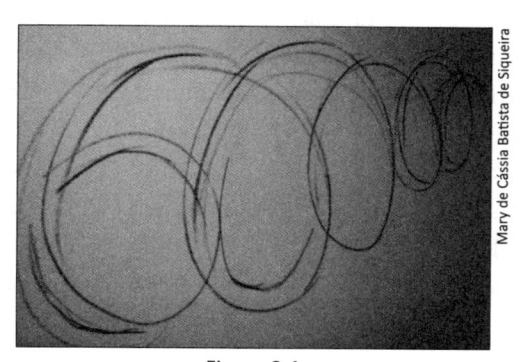

Figura 3.1

No desenho, os elos simbolizam o caminho que percorremos, eu e os professores, ao longo de todas as nossas reuniões. Esses caminhos orientaram o nosso "mergulho na docência" e o estabelecimento de "elos", que marcaram o encontro de trajetórias de vidas e de formações de docentes, revelando a importância do grupo nos momentos de reflexões compartilhadas. Iniciei minha trajetória no grupo vivendo uma mistura de ansiedade e desejo, que me levaram a relembrar minhas primeiras experiências como professora universitária e como coordenadora pedagógica, em 2001, momento no qual encontrei nas palavras de Cortella (2000) a certeza de que a formação continuada precisa ser uma realidade presente na vida do docente:

> Gostar é um passo imprescindível para o desempenho da tarefa pedagógica, mas não se esgota nisso; para além do gosto, há necessidade de, também, qualificar-se para um exercício socialmente competente da profissão docente. (CORTELLA, 2000, p. 137)

Qualificar-me para a docência e, consequentemente, para a coordenação pedagógica, implicava e implica, ainda, períodos de dedicação e estudo, de angústia e de realização pessoal e profissional. Ao me deparar com o texto de Nascimento (2003) e refletir sobre o que já realizei, tomo consciência de que "a escola é o espaço privilegiado de formação de professores" (NASCIMENTO, 2003, p. 82). Neste sentido só posso concordar, por ter vivenciado, que

> a formação de professores deve ser encarada como um processo permanente, integrado no dia a dia dos professores e das escolas e, a partir dessa concepção, Nóvoa (1991) defende um investimento educativo nos projetos escolares e uma prática de formação continuada centrada nas escolas (NASCIMENTO, 2003, p. 83).

Eu sabia que nossas reuniões eram pequenas possibilidades para melhorar qualitativamente nossas atividades na instituição onde atuávamos. Sabia, também, que não eram "pacotes encomendados", mas partiam das nossas necessidades, das necessidades apontadas por nossos alunos e por nosso contexto institucional. Certamente, saímos dessas reuniões melhores do que havíamos iniciado, porque as ações se deram coletivamente, na partilha com os pares. Foi durante esses momentos de partilha que pudemos expressar e revelar nossas fragilidades e nossas potencialidades, nosso jeito de ser docente e nossas intenções e desejos de sermos melhores, pois nos sentimos comprometidos com o ato de ensinar e nos colocamos também como aprendizes.

Para dar conta das demandas das reuniões, foi necessário sistematizar meus conhecimentos. Foi preciso voltar a estudar, como afirmou Freire (1998):

> Estudar é um querer-fazer exigente em cujo processo se dá uma sucessão de dor, de prazer, de sensação de vitórias, de derrotas, de dúvidas e de alegria. Mas estudar, por isso mesmo, implica a formação de uma disciplina rigorosa que forjamos em nós mesmos, em nosso corpo consciente. (FREIRE, 1998, p. 41)

Este estudo incluiu:

- a leitura mais aprofundada de diversos textos;
- a procura de cenas de filmes que pudessem estimular os professores a falar sobre suas práticas;
- a produção de sínteses de textos que possibilitassem o contato dos professores com os conhecimentos científicos, os quais fundamentam a racionalidade técnica e a racionalidade prática;
- a escuta das reuniões gravadas em áudio;
- a reflexão sobre minha prática docente e minha prática como coordenadora pedagógica desses professores, que agora estavam mais próximos de mim e dos outros profissionais que eu acompanhava no âmbito institucional.

Tudo isso foi uma oportunidade para que eu pudesse repensar sobre minha prática docente, revendo e ampliando minhas concepções de conhecimento, de ensino, de aprendizagem, de metodologia de ensino-aprendizagem e de avaliação. Foi uma oportunidade para rever os momentos em que me encontrei utilizando "solução instrumental de problemas mediante aplicação de conhecimento teórico e técnico" (CONTRERAS, 2002, p. 90), e momentos nos quais tentei resgatar "a base reflexiva da atuação profissional, com o objetivo de entender a forma em que realmente se abordam as situações problemáticas da prática" (CONTRERAS, 2002, p. 105) e que provocaram em mim uma inquietação e, ao mesmo tempo, uma tranquilidade por estar inserida nesse processo de formação continuada.

O sentimento que me acompanhou, nesse tempo em que o grupo se reuniu, foi de pertencimento. Acredito que foi pelo estabelecimento de vínculos e pela possibilidade de diálogos que promovemos nessas reuniões de reflexões críticas. Essas reflexões são frutos de atos intencionais e deliberados do grupo. Ser, ao mesmo tempo, coordenadora pedagógica na instituição na qual trabalham esses professores e mediadora do grupo, que se propôs a refletir sobre a prática docente, significou acolher e contribuir para a formação deles e para a minha também, pois meu papel acabou permitindo, em menor ou maior escala, momentos em que pude ser "questionador[a], desequilibrador[a], provocador[a], animando e disponibilizando subsídios que permitam [permitiram] o crescimento do grupo" (VASCONCELLOS, 2006, p. 89) e que permitiram a construção de conhecimentos científicos com base nos conhecimentos presentes no cotidiano da sala de aula. Foram momentos que revelaram a complexidade envolvida no ato de refletir, de ensinar e de aprender.

Sendo também professora, senti que os professores me viam como alguém que vivia as mesmas certezas e incertezas da sala de aula, por isso, o clima que prevaleceu em nossas reuniões foi de abertura, e os professores puderam expor e, estabelecido o diálogo, ampliar os sentidos e significados da prática docente.

A prática docente, como referência primeira de nossas reuniões, permitiu a construção e a busca de um exercício estabelecido pelo processo de ação--reflexão; este processo nos encaminhou para novos processos de reflexão sobre a ação e de novos processos de ação-reflexão-ação.

Sendo duplamente coordenadora desse grupo, senti que minha responsabilidade foi ganhando cada vez mais densidade, pois via-me o tempo todo responsável pelo estabelecimento de relações e inter-relações que poderiam promover as reflexões dos professores, situando-os como protagonistas de seu trabalho, num espaço de reciprocidade, de contribuição e superação compartilhada.

Nesse percurso, a consciência da natureza individual e coletiva da aprendizagem profissional da docência foi ganhando cada vez mais sentido, pois em diversos momentos os professores relatavam as reflexões que realizavam quando estavam sozinhos, mas que tinham raízes nas reflexões coletivas compartilhadas no grupo.

Como coordenadora pedagógica, pude me aproximar mais da realidade vivida pelos professores, cada qual em sua(s) turma(s), com as especificidades de seu curso, e pude me colocar, diversas vezes, no lugar de cada um desses professores, reforçando meu desejo de permanecer em sala de aula como docente.

Minha permanência em sala de aula me fez viver aquilo que proponho aos professores em termos de ações que podem ser realizadas; permitiu que eu pudesse, com mais clareza, realizar durante as reuniões as intervenções necessárias.

A caminhada com o grupo revelou claramente que nossa reflexão não é neutra, mas marcada por valores e diferentes concepções que constituem nossa prática docente, nosso modo de perceber nossas fragilidades e potencialidades. Como afirma CONTRERAS (2002): a reflexão crítica "pretende analisar as condições sociais e históricas nas quais se formaram nossos modos de entender e valorizar a prática educativa, problematizando assim o caráter político da prática reflexiva" (CONTRERAS, 2002, p. 164).

Neste sentido é que fomos buscando a origem sócio-histórica de nosso modo de ser docente. Acredito que foi essa busca que trouxe a possibilidade de avançarmos para um processo de transformação do nosso comportamento em sala de aula.

Após essas reuniões, instaurou-se em mim e também no grupo a prática do questionamento. Tal prática nos levou, e ainda nos leva, a seguir uma lógica de conscientização sobre o que ensinamos, como ensinamos e para que ensinamos.

Dessa maneira, tornamo-nos professores reflexivos, capazes de construir uma epistemologia da prática docente; sentimo-nos mais desafiados e preparados para fazermos a diferença diante dos nossos alunos e para sermos âncoras dos nossos colegas de profissão, apoiando-nos mutuamente e estabelecendo uma parceria na dinâmica institucional.

Trabalhar junto a esse grupo de professores significou a vivência de um momento histórico e especial, momento este que apontou o presente como único lugar do possível futuro e, por isso, precisava ser vivido com paixão.

Paixão que é motivadora da persistência de pessoas que ousam fundir afeto e trabalho, professando e confessando a dor e a delícia de ser artífice do futuro numa tarefa sempre nova. Estar aberta a uma tarefa sempre nova é parte do nosso ofício, do ofício de ser professor(a). A convivência mais próxima com o grupo de professores possibilitou o entrelaçamento de nossas vidas, compartilhando ansiedades, expectativas, fragilidades e potencialidades. Nessa esteira, o papel do grupo foi fundamental, pois fomos ampliando nossas ideias, considerando

> os processos por meio dos quais vamo-nos constituindo como profissionais singulares, na dinâmica das relações de trabalho e explicitar em nós, como grupo profissional e como indivíduos, as marcas da organização do trabalho que internalizamos e as modulações que ela sofre à medida que a vamos elaborando, sugere Dejours (1992, p. 138-9), poderia nos ajudar a examinar o que tem se constituído como obstáculo, coletivamente experimentado, à nossa inclusão no processo do trabalho docente (FONTANA, 2000, p. 117-8).

A experiência coletiva de reflexão compartilhada, mediada por instrumentos do tipo simbólico (filmes, textos e músicas), promoveu questionamentos sobre os fundamentos de nossa prática docente. Acredito que conseguimos entender um pouco mais a complexidade envolvida na tríade professor-aluno-conhecimento e seus desdobramentos (sociais e psicológicos) que constituem o ensino. Além disso, por tudo o que foi aqui exposto, podemos afirmar que reuniões sistemáticas de professores universitários, sob coordenação pedagógica, podem ampliar os sentidos e significados da prática docente, influenciando positivamente em nossa tomada de decisão. Tal decisão precisa se orientar pela crença nos efeitos de nossa ação nos alunos, pela flexibilidade para respondermos às imprevisibilidades do cotidiano, pela nossa consciência que revela o conhecimento que temos de nós mesmos e do contexto no qual estamos inseridos. Desse modo, podemos continuar a existir como seres singulares, em ação no mundo e em busca de contínua formação.

A instituição, que abriu espaço para que realizássemos nossas reuniões, está localizada no interior do Estado de São Paulo.

Dessa maneira, esse estabelecimento de ensino permitiu que a formação continuada dos professores universitários participantes das reuniões, que foram propostas por mim, como coordenadora pedagógica, pudesse se materializar.

Sem dúvida, é uma instituição de educação superior que assumiu seu papel, contribuindo para que os professores, com base nas suas relações com o mundo, encontrassem possibilidades para criar, recriar, decidir e se libertar por meio da conscientização. Essa instituição também contribuiu para que os professores participassem de momentos nos quais pudessem dialogar verdadeiramente com outro colega de profissão e com a realidade. Esse diálogo contribuiu para que os professores busquem ter atitudes críticas e fazer história no exercício da docência.

Toda essa conscientização resultou da reflexão compartilhada sobre a prática docente, e tem como desdobramento um professor mais envolvido com a formação dos futuros professores que atuarão na educação básica. Afinal, é muito difícil promover no outro aquilo que não temos desenvolvido em nós mesmos.

Referências Bibliográficas

CODO, W.; MENEZES, I. V. Educar, educador. In: CODO, W. (Org.). *Educação: carinho e trabalho*. Rio de Janeiro: Vozes, 1999.

COLL SALVADOR, C. *Aprendizaje escolar y construcción del conocimiento*. 2. ed. Barcelona: Paidós, 1992.

CONTRERAS, J. *A autonomia dos professores*. São Paulo: Cortez, 2002.

CORTELLA, M. S. *A escola e o conhecimento: fundamentos epistemológicos e políticos*. 3. ed. São Paulo: Cortez, 2000.

FONTANA, R. A. C. Trabalho e subjetividade. Nos rituais da iniciação, a constituição do ser professora. In: *Cadernos Cedes*. Relações de ensino: análises na perspectiva histórico-cultural. Campinas, ano XX, nº 50, 103 a 119, abr./2000.

FREIRE, P. *Professora sim, tia não: cartas a quem ousa ensinar*. 9. ed. São Paulo: Olho d'Água/Loyola, 1998.

GÓES, M. C. R. As relações intersubjetivas na construção de conhecimentos. In: GÓES, M. C. R.; SMOLKA, A. L. B. *A significação nos espaços educacionais: interação social e subjetivação*. Campinas: Papirus, 1997.

HYMAN, R. T. *Ways of teaching*. 2. ed. Philadelphia/New York/Toronto: J. B. Lippincott Company, 1974.

NASCIMENTO, M. G. A formação continuada dos professores: modelos, dimensões e problemática. In: CANDAU, V. M. (Org.). *Magistério: construção cotidiana*. 5. ed. Petrópolis: Vozes, 2003.

ROSA, D. E. G. *Investigação-ação colaborativa sobre práticas docentes na formação continuada de formadores*. Tese de Doutorado. Unimep, 2003.

SACRISTÁN, J. G. Consciência e acção sobre a prática como libertação profissional dos professores. In: NÓVOA, A. (Org.) Profissão professor. 2. ed. Porto: Porto, 2003.

SORATTO, L.; OLIVIER-HECKLER, C. Os trabalhadores e seu trabalho. In: CODO, W.(Org.). *Educação: carinho e trabalho*. Rio de Janeiro: Vozes, 1999.

VASCONCELLOS, C. S. *Coordenação do trabalho pedagógico: do projeto político-pedagógico ao cotidiano da sala de aula*. São Paulo: Libertad, 2006.

Pensando sobre o texto

1. Considerando educar um "ato mágico e singelo de realizar, uma síntese entre o passado e o futuro, o ato de reconstruir os laços entre o passado e o futuro, ensinar o que foi para reinventar e ressignificar o que será" (CODO e MENEZES, 1999, p. 43), tem o professor (ser histórico) o trabalho de reconstruir todo o passado e todo o futuro de seu aluno (ser histórico). É sua tarefa "retomar o passado, refazer os vínculos com o presente, reorganizar o futuro" (CODO e MENEZES, 1999, p. 44). Esta tarefa é produto do trabalho da Educação, do ensino, do professor e dos profissionais da Educação. É pelo trabalho que se tem a chance de permanecer, apesar de si; é pelo trabalho que se corporiza a permanência do homem, apesar dele mesmo. Por isso, o trabalho do professor é um trabalho histórico, por ser o seu produto, o aluno, "o aluno educado, a mudança social na sua expressão mais imediata" (CODO e MENEZES, 1999, p. 45). Sendo seu produto um outro ser (semelhante a ele mesmo), sendo seus meios de trabalho iniciados e completados numa relação social-histórica, torna-se o afeto um componente implícito deste trabalho.

Tendo como referência essas ideias, descreva o papel da instituição de ensino superior na formação dos professores da educação básica.

2. Considerando o trabalho uma atividade humana por excelência que transforma a natureza, permanecendo no tempo e no espaço, falamos "da transformação intencional, planejada, resultando num produto que antes só existia na mente humana e que é exteriorizado através do trabalho e passa, assim, a fazer parte do mundo, adquire vida própria, torna-se independente do seu criador e do momento da criação" (SORATTO e OLIVIER-HECKLER, 1999, p. 111). O trabalho modifica o mundo e o homem que o executa, cria produtos que, muitas vezes, esconde as condições precárias em que foi produzido. O trabalhador pode, ou não, ser o responsável pelo planejamento e execução de seu trabalho, principalmente quando ele vende sua força de trabalho. Sua subjetividade pode não ser recuperada no produto final. O ciclo de trabalho do professor é longo, tem uma série de atividades que realiza em determinada sequência, porém de modo flexível. É a flexibilidade que permite a inovação do modo de trabalhar. É a expressão afetiva, expressa na capacidade de empatia, que dá o diferencial na aula ministrada. Estas características aumentam a complexidade do trabalho do professor, as possíveis dificuldades na execução e a responsabilidade. Por outro lado, desafia o professor, estimulando seu desenvolvimento e suas potencialidades. Como o coordenador pedagógico pode contribuir na formação desse professor?

CAPÍTULO 4

A docência e o ofício de professor

Elisa de Fátima Valério Oleirinha

Apresentação

O presente trabalho problematiza questões relacionadas com o exercício da docência, nomeadamente aspectos da degradação da profissão e da figura do professor a que se tem assistido nas últimas décadas. É precisamente nesse novo contexto de exercício que se torna pertinente reflectir sobre as competências do "novo professor" e dos novos modos de estar na docência. Como conseguir que, apesar das dificuldades da docência, pessoais e organizacionais, os professores se mantenham motivados, participativos e empenhados? Como promover a qualidade da formação dos professores?

Por meio de uma abordagem psicossocial, o texto constitui uma reflexão sobre a problemática do mal-estar docente, procurando contribuir para iluminar questões relacionadas com a formação de professores, de modo a superar ou obviar esse mal-estar, a melhorar a qualidade da formação e, em última análise, a qualidade do exercício da docência.

Formação de professores

> Não pensamos. Agimos.
> [...] À escola tu irás como todos; é contigo saber o que a escola te deve dar quando entenderes o que da vida farás. E à escola vão, o batalhão dessa geração. Mas qual escola? Qual ensino? Qual disciplina? Quem é o professor? De onde é que vem e para onde é que vai? [...] Quem ensinou esse professor.
> (ITURRA, *in* CARIA, T. (2000), *A cultura profissional dos professores.* p. 19)

Convém pensar, reflectir bastante sobre os enormes desafios que se apresentam à Educação. Na verdade, nunca como hoje o paradigma da mudança se impõe de forma tão urgente e peremptória, condicionando modos de pensar e agir. É precisamente nesse novo contexto, que se torna determinante reflectir sobre as competências do "novo professor" e dos novos modos de estar na docência.

Num passado próximo, ser professor traduzia-se numa noção clara que se aproximava do perfil social de educador, mestre de conteúdos e de valores socialmente estabelecidos e controlados, tornando fácil, a esse tipo de professor, saber o que dele se esperava, nem mais, nem menos.

Hoje, porém, ser professor é um conceito tão dinâmico quanto a sociedade actual, nas suas constantes alterações e exigências. Assim sendo, é cada vez maior a diversidade de competências pressupostas para a profissão docente. A abertura da Escola, a camadas sociais tradicionalmente afastadas dela, transportou para as escolas uma diversidade de discursos, culturas, entendimentos do mundo, atitudes e valores diferenciados. Nesse contexto, como promover a qualidade do ensino? Como criar nos professores a capacidade para a mudança? Como conseguir que, apesar das dificuldades da docência, pessoais e organizacionais, os professores se mantenham motivados, participativos e empenhados? Como promover a qualidade da formação de professores?

De acordo com o relatório da Unesco da Comissão Internacional sobre Educação para o século XXI considera-se que "é preciso, antes de mais, melhorar o recrutamento, formação, estatuto social e condições de trabalho dos professores" (Associação de Professores de Português (APP), 2001, *Relatório preliminar*, p. 26) para que não se deixem arrastar pela rotina e pela fadiga, enfrentando os desafios com entusiasmo, sem o qual dificilmente os alunos encontrarão prazer no que a escola tem para lhes oferecer.

1. A degradação da docência

Paradoxalmente, nada do que o relatório da Unesco preconiza se tem verificado. Muito pelo contrário, o estatuto social e as condições de trabalho dos professores têm vindo a degradar-se.

Recentemente, além da questão da formação de professores, tem-se debatido o papel da Educação, das escolas e dos professores. Muitos defendem que o papel do professor foi ampliado: agora é preciso saber, não só ensinar determinada matéria, mas sobretudo saber como ensinar crianças e jovens. Exigem-se ao professor novas responsabilidades por meio das suas funções; pois, além de ter de se adaptar a mudanças curriculares e organizacionais que afectam a definição do seu papel, ao professor é pedido para alargar as suas funções a aspectos administrativos e de orientação aos alunos.

Por outro lado, importa considerar também as condições sociais em que a profissão é exercida. O processo de globalização em curso complexificou as sociedades actuais. As novas sociedades tornaram-se mais exigentes, competitivas e multiculturais, levando necessariamente à reformulação do papel do professor e da escola nas novas sociedades:

> É sobre essa crescente heterogeneidade sociocultural que a educação alarga a sua base de recrutamento, estabelecimento e prolongamento da escolaridade obrigatória, que força, agora, públicos cada vez mais diversos a frequentar as instituições educativas. (STÖER & CORTESÃO, 2001, p. 393)

No âmbito da multiculturalidade, o próprio currículo contribui para construir e consolidar identidades, como ainda o currículo constrói identidades, ao mesmo tempo que gera desigualdades:

> Desde que a diferenciação esteja salvaguardada, o currículo nacional converte-se, por um lado, num eficiente mecanismo de controlo político e, por outro, numa prática de diferenciação social que legitima a lógica hegemónica do que se aprende na escola. (PACHECO, 2000, p. 13)

É precisamente a gestão dos *curricula*, constantemente em alteração e reformulação, a salvaguarda da diferenciação e da identidade (cultural e individual) que torna o ofício de professor mais exigente e complexo relativamente àquilo que era esperado dos mesmos profissionais num passado próximo.

Presentemente, torna-se mais difícil ao professor o desempenho da docência, na medida em que dele se esperam atitudes e competências muito diversificadas de modo a fazer ante aos problemas que se lhe colocam no quotidiano profissional, quer pela heterogeneidade do público a que se destinam os actos pedagógicos, quer pela relação interpessoal com os outros actores educativos, quer ainda pelo desempenho das muitas tarefas burocráticas a que o professor está obrigado. TEDESCO (2000) sintetiza o problema do seguinte modo: "Neste contexto, a educação e todas as acções de socialização estão e estarão muito mais ainda no futuro submetidas a novas tensões e desafios." (TEDESCO, 2000, p. 93)

O futuro é já hoje. Essas tensões sentem-se no presente, originando a crescente degradação das condições do exercício da docência. Na verdade, diversos autores são unânimes em considerar que o ofício de professor tem evoluído no sentido da desvalorização. Entre 1936 e 1942 assistiu-se em Portugal ao empobrecimento dos conteúdos curriculares, à desvalorização do estatuto económico dos professores, à proibição de os professores se associarem, ao recrutamento de pessoal docente não habilitado. NÓVOA (1987), citado por LOUREIRO (2001), apresenta ainda uma característica dessa desvalorização que é "a negação de um saber próprio à actividade docente" (LOUREIRO, 2001, p. 45).

As políticas educativas são apontadas por alguns autores como um dos factores que contribuem para o mal-estar associado ao desempenho da docência. Assim, de acordo com o modelo teórico proposto por MARTIN LAWN (2001), em seu artigo "Os professores e a fabricação de identidades", sempre que existe um momento de crise social, os professores aparecem escrutinados, reprovados, impondo-se uma alteração do discurso do Estado e da identidade dos professores, de acordo com as políticas educativas exigidas pelas circunstâncias da crise. Nos últimos tempos, tem-se assistido ao discurso da responsabilização dos professores pelo insucesso escolar dos alunos, pela resistência à mudança para uma nova e mais adequada pedagogia e pela resistência à avaliação do seu desempenho profissional. De acordo com a experiência acumulada nos últimos anos e em particular entre 2008 e 2009, através da análise do processo de avaliação em diversas escolas, da leitura dos normativos e instrumentos diversos, podemos afirmar que a avaliação dos professores se caracteriza, presentemente, como um dos factores que contribuem para o mal-estar docente, sobretudo porque os modelos de avaliação surgem, na prática, com uma grande componente punitiva, com objectivos de controlo do Estado, e dos pares, sobre os professores. Outro indicador prende-se com o facto de uma componente da avaliação do desempenho dos professores se caracterizar por ser pouco ou nada formativa, apesar de os discursos políticos veicularem exactamente o contrário.

A degradação da actividade docente surge assim associada ao forte controlo ideológico protagonizado pelo Estado e que se tem acentuado desde a segunda metade da década de sessenta, com a massificação do ensino que originou a massificação docente. No entanto, o que choca é o contraste entre o processo de massificação e a crise da desvalorização dos docentes. A imagem profissional e social do professor degradou-se, provocando descontentamento através de

(...) fenómenos colectivos e pessoais de desorientação. A actividade docente depara-se hoje com uma situação tão complexa como paradoxal, que não deixa de produzir consequências nefastas, gerando um sentimento de insatisfação profissional e mal-estar que redundou numa crise de identidade profissional. (LOUREIRO, 2001, p. 45)

2. O mal-estar docente

Alguns autores referem às políticas educativas como um dos potenciais factores do mal-estar docente. Certamente que as perspectivas política, histórica e social, brevemente abordadas são esclarecedoras. Importa, no entanto, analisar as questões do mal-estar docente sob um prisma psicossocial. Tomemos como referência a investigação de JESUS (1996).

A ideia de que existe um mal-estar não é recente, contudo a utilização do termo "mal-estar" no vocabulário comum tem levado a alguma dificuldade na sua utilização enquanto designação científica de estados comportamentais relacionados com a docência.

O termo "mal-estar docente" tem sido utilizado com diversos sentidos pretendendo designar tensão, frustração, ansiedade e depressão. A noção de mal-estar é um conceito associado ao *stress*, muito embora, se deva distinguir *stress* positivo de *stress* negativo. Daí, a importância do conceito de *eustress* como sendo um nível moderado de *stress*, ou seja, um *stress* de características positivas, se assim se pode afirmar.

O mal-estar docente surgiu introduzido por diversos autores, designado respectivamente por *malaise des enseignants*, na Literatura Francesa, e *teachers burnout*, na Literatura de expressão Anglo-Saxónica. Esse conceito surgiu associado às profissões ligadas aos serviços sociais consideradas "profissões de alto risco" porque, segundo ALVAREZ (1939) citado por JESUS:

(...) nas profissões de assistência há uma maior filosofia humanista do trabalho, incompatível com o "choque" que estes profissionais experienciam ao encontrar um ambiente de trabalho desumanizado e despersonalizado. (JESUS, 1996, p. 234)

De qualquer forma, e em termos genéricos, "O conceito de mal-estar traduz um processo de falta de capacidade por parte do sujeito para fazer face às exigências que lhe são colocadas pela profissão" (JESUS, 1996, p. 235). O mesmo autor distingue três etapas no desenvolvimento do processo de mal-estar: na primeira, as exigências profissionais excedem os recursos do professor provocando o *stress*; na segunda, o professor tenta corresponder a essas exigências, aumentando seu esforço e as horas de trabalho; e na terceira etapa, aparecem sintomas que caracterizam o mal-estar propriamente dito. Nesse âmbito, o aparecimento do mal-estar docente e o seu desenvolvimento verifica-se quando as exigências profissionais ultrapassam os "recursos adaptativos do professor".

A fadiga e exaustão emocionais têm sido os aspectos recorrentes para descrever o mal-estar docente. KOSSACK e WOODS (1980) descreveram os sintomas que caracterizam o chamado mal-estar docente de forma mais exaustiva:

i. o professor sente-se insubstituível;
ii. o trabalho constitui a faceta predominante da sua vida;
iii. experimenta uma sensação de pressão constante;
iv. recorre a medicamentos, tabaco, álcool ou comida;
v. manifesta impaciência e irritabilidade no contacto com os outros;
vi. desenvolve um pior autoconceito;
vii. as suas conversas tendem a centrar-se no trabalho e a revelar uma conotação negativa;
viii. tende a utilizar recursos audiovisuais, de modo a evitar o contacto directo com os alunos;
ix. sente-se como um robô, sem entusiasmo;
x. revela instabilidade emocional;
xi. manifesta intenção de mudar de profissão;
xii. apresenta tensão arterial elevada, úlceras, dores de cabeça e outros sintomas físicos e psíquicos.

Por sua vez, DUNHAM (1992) apresenta uma lista de trinta e três manifestações, incluindo sintomas físicos, emocionais e cognitivos. Diversos autores realçam aspectos comportamentais como o absentismo, postura conflituosa, álcool, drogas e falta de empenhamento profissional. Ao nível emocional tem-se verificado distanciamento, impaciência, frustração e apatia. A literatura sobre a temática do mal-estar docente faz referência a aspectos cognitivos que igualmente se verificam, como sejam a diminuição da autoestima e motivacional, e dificuldade na tomada de decisões. São igualmente apontadas consequências como a perda do idealismo e a diminuição do envolvimento e da iniciativa.

Deste modo, é importante ter em mente que o mal-estar docente tem "efeitos negativos permanentes que afectam a personalidade do professor, em resultado das condições psicológicas e sociais em que exerce a docência" (JESUS, 1996, p. 238).

Feita a delimitação do conceito, importa discriminar dois aspectos fundamentais relativos aos factores do mal-estar docente e as principais propostas para a sua sistematização, de acordo com os resultados das investigações.

2.1. Factores do mal-estar docente

As investigações feitas em vários países revelam que uma multiplicidade de factores de âmbito ocupacional pode contribuir para o mal-estar docente. Os factores do mal-estar que se têm mostrado mais pertinentes são: o processo de ensino e de aprendizagem e a relação com os alunos. No decurso da sua investigação, JESUS verificou que o mal-estar se relaciona significativamente com "a falta de satisfação no trabalho com os alunos" (JESUS, 1996, p. 398). O referido autor suporta sua argumentação em estudos levados a cabo por GOLD (1985), TRAVERS e COOPER (1993). Estes autores constataram nas suas investigações que os professores com maior dificuldade em controlar os alunos revelavam precisamente um maior grau de despersonalização e menor sentido de realização pessoal. Ou seja, a variância explicativa do mal-estar é constituída por itens relativos à interacção professor-aluno. Diversas outras investigações têm mostrado que a indisciplina ou o desinteresse dos alunos na sala de aula constitui a principal causa do mal-estar dos professores. ARENDS (1995) refere, a propósito dos professores principiantes, que muitas das suas frustrações se prendem com o facto de terem de ensinar alunos sobre os quais sabem muito pouco e acrescenta, em relação aos professores em geral, o seguinte: "Os professores esgotam-se por causa da energia emocional e física que têm de ter para conseguirem manter a sua autoridade todos os dias, a toda a hora" (ARENDS, 1995, p. 152).

J. VILA, (1988) sistematiza de forma mais pormenorizada, atribuindo o mal-estar docente a motivações pessoais ou à formação inicial, ou ainda, ao contexto socioeducativo e ao contexto escolar. Assim, referido autor propõe uma sistematização tripartida:

i. motivos de escolha da profissão, formação inicial e experiência pessoal e profissional;
ii. indefinição socioprofissional do papel do professor, baixo salário, inadequada política educativa, falta de oportunidades de promoção e fraca participação nas decisões;
iii. motivos que se prendem com o contexto escolar: relações com alunos, colegas, encarregados de educação, a disciplina que lecciona e as condições materiais de trabalho.

Por seu turno, BLASE (1982) propõe uma outra sistematização, diferenciando factores de primeira e segunda ordens, relacionados com as actividades e com as situações do processo de ensino e de aprendizagem. Os primeiros factores incidem directamente na acção do professor na sala de aula, enquanto, os factores de segunda ordem são os que apenas indirectamente afectam a sua eficácia.

ESTEVE (1987) mantém a distinção de factores de primeira e segunda ordens, contudo, apresenta uma visão mais alargada. Dessa forma, o autor refere como sendo de primeira ordem os seguintes factores do mal-estar docente:

i. escassez de recursos materiais e diferentes condições de trabalho;
ii. mudanças nas relações entre professores e alunos; e
iii. fragmentação do trabalho do professor.

Quanto aos factores apontados como de segunda ordem são referidos nove:

i. aumento das exigências em relação ao professor;
ii. inibição educativa de outros agentes de socialização;

iii. desenvolvimento de fontes de informação alternativas à escola;
iv. ruptura do consenso social sobre educação;
v. aumento das contradições no exercício da docência;
vi. mudança de expectativas;
vii. apoio em relação ao sistema educativo;
viii. mudança de conteúdos curriculares; e
ix. desvalorização social do estatuto do professor.

2.2. A gestão do mal-estar docente

De que forma o mal-estar docente pode ser gerido para que os seus efeitos sejam minorados?

Segundo DUNHAM (1992), cada professor deve admitir a existência de *stress* em si próprio e nos seus colegas. Essa tarefa de consciencialização poderá constituir o ponto de partida para uma gestão eficaz do mal-estar docente inerente à actividade da docência e o caminho para encontrar estratégias de *coping* no trabalho, e fora dele, conforme propõe o mesmo autor.

A propósito da gestão do mal-estar docente, JESUS introduz a noção de *coping*, ou melhor, de estratégias de *coping*, que os professores podem, e devem, desenvolver. *Coping* é um conceito "definido como os esforços comportamentais constantes e mudanças cognitivas para lidar com exigências internas e externas que excedem os recursos adaptativos do sujeito" (JESUS, 1996, p. 249). Por outras palavras, a forma como os professores lidam com as fontes de mal-estar docente origina um maior ou menor nível de mal-estar. De facto, existe uma relação entre o mal-estar sentido pelos professores e as estratégias que desenvolvem para enfrentar os factores que o desencadeiam. Esta relação foi já largamente demonstrada pelas investigações realizadas sobre estratégias de *coping*, levadas a cabo por diversos autores, tais como LAZARUS & FOLKMAN (1984) e PESTONJEE, D (1992). De acordo com a literatura existente e as conclusões a que conduziram as investigações, JESUS apresenta as principais estratégias de *coping* usadas pelos professores para redução do seu mal-estar na profissão docente. JESUS refere diversos autores e respectivos contributos (desde 1986 a 1990) para o desenvolvimento do estudo da questão. O autor apresenta diversas formas de os professores enfrentarem os problemas de mal-estar docente. Algumas delas contemplam a participação em conferências; a organização de actividades fora da sala de aula; a diversificação das estratégias de ensino e de aprendizagem; o trabalho em equipa com os outros professores; a revisão de objectivos; o estabelecimento de prioridades; o equilíbrio da vida particular com a profissional, ou ainda procurar uma ocupação extra que lhes proporcione satisfação pessoal.

JESUS e PEREIRA (1994) realizaram um estudo sobre estratégias de *coping* que os professores portugueses usam para lidar com o mal-estar ocupacional. A investigação abrangeu 179 professores de norte a sul do país, do interior e do litoral, tendo-se verificado que são usadas, de forma significativa, mais estratégias de "confronto" do que de "evitamento". JESUS define estratégias de confronto como sendo aquelas de acção centradas na resolução de problemas, ao passo que as de "evitamento" consistem em esquecer, contornar ou desvalorizar os problemas.

De acordo com ARENDS (1995):

> O professor eficaz é aquele que aprende a enfrentar estas situações com uma atitude de resolução de problemas, aprendendo a arte de ensinar mediante uma reflexão aturada sobre a sua prática. (ARENDS, 1995, p. 18)

Nesse sentido, podemos afirmar que a atitude dos professores portugueses, quanto ao uso de estratégias centradas na resolução de problemas, se reveste de eficácia profissional. No entanto, os professores portugueses, ao recorrerem a estratégias de *coping* ditas de confronto, ficam mais expostos ao mal-estar, pois, segundo a maioria dos autores, as estratégias de evitamento são mais eficazes no controlo do mal-estar docente.

LATACK (1986) considera precisamente que, em ambiente profissional, as estratégias de controlo (ou de evitamento) produzem melhores resultados. A investigação deste autor revelou que as estratégias de evitamento estão associadas a um menor grau de ansiedade, à menor tendência para deixar a profissão e à maior satisfação profissional; no entanto, as estratégias de controlo não conduzem necessariamente a um melhor desempenho.

Em face de posições algo paradoxais, a propósito das estratégias de *coping* desenvolvidas pelos professores e da sua eficácia, importa lembrar que a literatura existente refere um aspecto essencial a ter em conta: trata-se da adequação da estratégia de *coping* à situação, ao problema que se verifica e à personalidade de cada um. Alguns autores distinguem as estratégias de *coping*: do tipo preventivo e do tipo combativo, sendo que este último se destina a eliminar o mal-estar instalado, e o preventivo, surgindo associado à formação inicial de professores, para o desenvolvimento de profissionais seguros e autoconfiantes.

Tal como afirma JESUS, as escolhas e as tomadas de decisão, envolvendo a esfera profissional, terão de ser pessoais.

2.3. O mal-estar docente nas formações inicial e contínua de professores

A propósito do primeiro ano de prática profissional, referem ESTRELA, A. e ESTRELA, T. (1997) que é "extremamente marcante na vida de qualquer professor, importa que a experiência não seja traumatizante, mas sim formativa" (ESTRELA, A. e ESTRELA, T., 1997, p. 40).

Também KOSSACK, S. & WOODS, S. (1980) salientam a importância da prevenção do mal-estar docente na formação dos professores, realçando assim o papel dos orientadores na melhor preparação dos seus formandos para o desenvolvimento de estratégias de *coping* que evitem o *burnout*.[1]

Na perspectiva de HENKEL (1998), as estratégias de *coping* mais adequadas especificamente aos potenciais dos professores são as que se prendem com a preparação para o trabalho na sala de aula, e apontam os mesmos aspectos do trabalho que deve ser desenvolvido, o qual deve abranger os seguintes pontos:

> adequação da formação dos professores à realidade de ensino;
> treino na gestão da dinâmica de grupos, das aptidões sociais e da assertividade;

---

1. Segundo Jesus (1996), *burnout* significa que os professores apresentam mal-estar no exercício da docência. Contudo, são professores que ainda possuem capacidade para encontrar uma forma de exercer melhor a sua profissão, nomeadamente encontrando estratégias de *coping* se forem alertados e consciencializados para tal. Mais grave são os professores desgastados (*wornout*) que deixam de investir e de se interessar pelo seu trabalho.

❯ desenvolvimento das competências relacionadas com a resolução de problemas;
❯ treino na inoculação² ao *stress*;
❯ treino na gestão da indisciplina.

Além das estratégias que os professores devem saber escolher individualmente, tendo em conta as situações, os problemas e a própria personalidade, alguns aspectos devem ser considerados pelas escolas para modificar o ambiente provocador do mal-estar docente.

Algumas propostas de resolução dos problemas do mal-estar docente propõem a reformulação de horários e programas de aconselhamento nas escola; o aumento salarial; a redução da sobrecarga de trabalho; o aumento do tempo para preparação de aulas; e a participação na tomada de decisão sobre o currículo ou livros recomendados. O reconhecimento do esforço dos professores, a clara definição das tarefas que estes devem desenvolver e a redução do número de alunos por turma são aspectos largamente referenciados na literatura sobre a temática em análise. Além desses, "a implementação do trabalho em equipa de forma a promover a melhoria da comunicação ou do relacionamento entre os professores tem sido o aspecto mais referido na literatura". (JESUS, 1996, p. 259)

Mais do que comunicação, a reflexão como forma de desenvolvimento profissional é proposta como estratégia de formação potenciadora do desenvolvimento de competências metacognitivas e relacionais, funcionando como espelho facilitador, tal como a metáfora do espelho proposta por GARCÍA (1999):

> (...) algumas das estratégias de [reflexão] pretendem ser como espelhos que permitem que os professores se possam ver refletidos, e que através desse reflexo – que nunca é igual ao complexo mundo representacional do conhecimento do professor – o professor adquira uma maior autoconsciência pessoal e profissional. (GARCÍA, 1999, p. 153-4)

---

2. Entende-se por treino de inoculação a criação de hábitos que propiciem a imunidade ao *stress* profissional. Na linha de pensamento dos autores citados, principalmente de Jesus, esses hábitos, actividades, em suma, as estratégias de *coping*, devem sempre ser personalizadas.

Nesse âmbito, o Instituto de Inovação Educacional sugere formas de operacionalização do trabalho em equipa nos seguintes termos:

> Uma escola pode funcionar por equipas, organizadas quer pela proximidade das salas de aula, quer pela afinidade das matérias curriculares. Recorre-se então a um programa de assistência a aulas, de intercâmbio entre professores ou de debates a partir de vídeos, para criar um clima de confiança que facilite a discussão de aspectos susceptíveis de levantar dificuldades. (IIE, 1999, p. 71)

2.4. Mal-estar docente e motivação de professores

JESUS (1996) destaca, ainda, a importância do conceito de motivação[3] para a explicação do comportamento dos docentes, dado que eles têm de estar motivados para a sua actividade profissional, até porque somente desse modo poderão motivar os seus alunos para a aprendizagem.

BLASE (1982) defende a "Teoria do desempenho-motivação do professor". Segundo esta autora, é uma actuação ineficaz com os alunos que provoca menor esforço por parte do professor, o qual conduz a uma actuação cada vez menos eficaz junto aos alunos, reiniciando-se o "ciclo degenerativo da eficácia docente".

Ao ser pouco eficaz, o professor diminui a sua satisfação profissional e, assim, a sua motivação profissional. BLASE (1982) *apud* JESUS (1996) destaca o seguinte: *"Variations in teacher performance are viewed as resulting primarly from the teacher's perception of his/her affectivness in working with students"*, que se traduz: "Variações no desempenho docente são vistas como resultantes principalmente da percepção do professor sobre a sua afectividade no trabalho com os seus alunos" (BLASE, 1982, p. 262). A certeza de ter escolhido a profissão certa e alcançar um elevado grau de realização profissional são indicadores da motivação dos professores.

Acerca da motivação, JESUS propõe uma divisão tipológica de condutas do professor tripartida. Assim, o comportamento de professores não motivados é descrito como de não implicação nem identificação com o trabalho

---

3. Termo da psicologia e do senso comum, cuja definição do conceito se torna difícil, tanto mais que existem diferentes teorias explicativas da motivação. Essa dificuldade de rigor da definição do termo é exposta por Jesus (1996).

que realizam. Os professores em início de carreira,[4] por vezes, apresentam uma "hiperactividade desnecessária", espécie de "ilusão da utopia"; e por último, que apresentam uma conduta "flutuante", ora de dedicação à docência ora de falta de investimento profissional.

3. Atitude reflexiva dos professores e trabalho em equipa

No esquema organizativo da escola tradicional, o trabalho dos professores definia-se pelo isolamento, e o desempenho profissional tinha um carácter eminentemente individual. Esse tipo de organização escolar não favorece nem a discussão nem a corresponsabilidade dos resultados, deixando o docente isolado na procura de soluções para os problemas com os quais se depara na sua actividade: "Aqui radica, segundo numerosos estudos, um dos obstáculos mais importantes ao desenvolvimento de uma cultura técnica comum" (TEDESCO, 2000, p. 157).

Um modelo de organização do trabalho que gire em torno da gestão pedagógica do trabalho em equipa e a acumulação de experiências torna-se uma exigência dos novos modelos organizativos escolares, mas também uma mudança importante com consequências positivas na formação dos professores. Essa mudança representa principalmente uma alteração significativa na autonomia dos professores, em face da gestão da sua formação.

A nova concepção do trabalho em equipa pressupõe uma variedade de perfis dos elementos que a constituem, sendo que esta variedade de aptidões e capacidades reverte positivamente para uma riqueza maior na troca de experiências. PERRENOUD (1992), ao investigar as competências do professor, refere as diferentes dimensões da sua actuação, quer individual, quer com os alunos, quer ainda no seu envolvimento na escola, ou com os outros actores da Educação. O autor reforça a convicção de que a dinâmica social implica novas formas de relacionamento a que a escola e os professores não podem escapar. Salienta ainda a necessidade do trabalho em equipa, contrariando a tendência do isolamento da actividade docente. Defende igual-

---

4. Considerando os primeiros cinco anos como demarcando o início da carreira, de acordo com a opinião veiculada por Esteve (1992).

mente a reflexão individual sobre o trabalho desenvolvido e a desenvolver e reafirma a importância de competências já reconhecidas, como implicar os alunos na aprendizagem e orientar a progressão dessa aprendizagem: "Esta tarefa será tanto mais conseguida quanto maior for a capacidade reflexiva do professor, tal como a entende Alarcão" (citada por Associação de Professores de Português (APP), 2002, p. 25).

Diversos autores defendem modelos de concepções das práticas de ensino reflexivas, as quais podem ser preferencialmente usadas na formação inicial, mas também ao longo da carreira. Tais práticas consistem em animar a autorreflexão dos professores, por meio da autoanálise. Essa pode ser uma forma de esbater o sentimento de ansiedade e isolamento, do "choque com o real", tornando mais positivas as situações de formação vividas pelos professores em início de carreira, com todos os benefícios para o seu desenvolvimento pessoal e profissional futuro. Para os professores em exercício, as práticas reflexivas podem proporcionar um modo de prevenir o mal--estar que se verifica em muitos professores.

Em suma, retomando as palavras de ITURRA (1999, *apud* CARIA, T., 2002), muitas vezes não pensamos, mas devíamos. Devíamos promover o diálogo produtivo e partilhar a reflexão com os pares e os outros actores implicados na Educação.

Referências bibliográficas

ARENDS, R. *Aprender a ensinar*. Amadora: McGraw-Hill, 1995.
ASSOCIAÇÃO DE PROFESSORES DE PORTUGUÊS (Lisboa). *O ensino e a aprendizagem do português na transição do milénio – relatório preliminar*. Lisboa, 2001.
BLASE, J. A social-psychological grounded theory of teacher stress and burnout. In: *Educational Administratration Quartely*, v. 18, p. 93-113, 1982.
CARIA, T. *A cultura profissional dos professores. O uso do conhecimento em contexto de trabalho na conjuntura da reforma educativa dos anos 90*. Fundação Calouste Gulbenkian. Porto: Fundação para a Ciência e a Tecnologia, 2002.
CARRILHO, A. *Formar professores. Elementos para uma teoria e prática da formação*. 5. ed. Lisboa: Texto Editora, 1997.

CARVALHO, R. *História do ensino em Portugal: desde a fundação da nacionalidade até ao fim do regime de Salazar–Caetano*. Lisboa: Fundação Calouste Gulbenkian, 1986.

DUNHAM, J. *Stress in teaching*. London: Routledge, 1992.

ESTEVE, J. *El malestar docente*. Barcelona: Laia, 1987.

ESTEVE, J. *O mal-estar docente*. Lisboa: Escher, 1992.

ESTRELA, A.; ESTRELA, T. *Perspectivas actuais sobre a formação de professores*, Lisboa: Editorial Estampa, 1977.

GARCÍA, M. *Formação de professores. Para uma mudança educativa*. Porto: Porto Editora, 1999, Colecção Ciências da Educação/séc. XXI.

GOLD, Y. The Relationship of six personal and life history variables to standing on three dimensions of the Maslach Burnout Inventory in a sample of elementary and junior high school teachers. *Educational and Psychological Measurements*, v. 45, p. 377-338, 1985.

HENKEL, U. *Why let future teachers burnout? Thoughts on a preventive training concept*. Comunicação integrada no Annual Seminar in Teacher Education, 1998.

HUBERMAN, M. *La vie des enseignants*. Neuchâtel: Delachaux et Niestlé, 1993.

INSTITUTO DE INOVAÇÃO EDUCACIONAL (Lisboa). *Conjunto de materiais para a formação de professores*. Lisboa, 1998.

ITURRA, R. Prefácio. In: T. CARIA. *A cultura profissional dos professores. O uso do conhecimento em contexto de trabalho na conjuntura da reforma educativa dos anos 90*. Fundação Calouste Gulbenkian. Porto: Fundação para a Ciência e a Tecnologia, 2000, p. XIX – XXIII.

JESUS, S. N.; PEREIRA, A. *Estudo das estratégias de "coping" utilizadas pelos professores*. Actas do 5º Seminário. A componente de psicologia na formação de professores e outros agentes educativos. Évora: Universidade de Évora, 1994, p. 253-268.

JESUS, S. N. *Motivação e formação de professores*. Coimbra: Quarteto, 1996. Colecção Nova Era Educação e Sociedade.

KOSSACK, S.; WOODS, S. Teacher burnout: diagnosis, prevention, remediation. In: *Journal of Teacher Education*, v. 40, p. 40-61, 1980.

LATACK, J. Coping with job stress: measures and future directions for scale development. In: *Journal of Applied Psychology*, v. 71, p. 377-385, 1986.

LAWN, M. O professor e a fabricação de identidades. In: NÓVOA, A.; LUCENA, D. *Um novo quadro para o sistema de educação em Portugal*. III Congresso. Doc. Sedes. Convergência Real. Lisboa: Editorial Notícias, 2001.

LAZARUS, R.; FOLKMANS, S. *Stress, appraisal and coping*. New York: Springer, 1984.

LOUREIRO, C. *A docência como profissão*. Porto: Asa, 2001. Colecção Perspectivas Actuais/Educação.

NÓVOA, A. O passado e o presente dos professores. In: NÓVOA, A. (Org.), *Profissão professor*. Porto: Porto Editora, 1995.

PACHECO, J.; FLORES, M. *Formação e avaliação de professores*. Porto: Porto Editora, 2000.

PESTONJEE, D. *Stress & Coping. The indian experience*. Nova Delhi: Sage Publitions, 1992.

PERRENOUD, P. *Práticas pedagógicas profissão docente e formação – perspectivas sociológicas*. Lisboa: Publicações Dom Quixote e IIE, 1992. Colecção Temas de Educação, 3.

STOËR, S.; CORTESÃO, L. *Transnacionalização da educação: da crise da educação à "educação" da crise*. Lisboa: Afrontamento, 2001.

TEDESCO, J. *O novo pacto educativo: educação, competitividade e cidadania na sociedade moderna*. Vila Nova de Gaia: Fundação Manuel Leão, 2000.

TRAVERS, C.; COOPER, C. *Mental health, job satisfaction and occupational stress among*. U.K. Teathers. (Texto manuscrito para publicação), 1993.

VILA, J. *El professor principiante*. Valência: Promolibro, 1988.

Pensando sobre o texto

1. Destaque os principais contornos que definem o exercício da docência nos nossos dias.
2. Equacione a problemática da formação de professores em relação aos novos desafios da docência.
3. Sintetize os principais factores do mal-estar docente.
4. Aponte formas de gerir e controlar o mal-estar caracterizador da docência.

Proposta de trabalho de campo

Tendo como base uma determinada realidade escolar, elabore um plano de trabalho direccionado para a identificação de necessidades de formação de professores. Proceda à delineação ajustada de estratégias de *coping* com vista à melhoria da eficácia docente de cada professor.

CAPÍTULO 5

Sucesso na gestão educacional: uma questão de parceria entre líder e liderados

Terezinha Otaviana Dantas da Costa

Diante das imposições e da complexidade do mundo contemporâneo, da competição acirrada do mercado educacional, o gestor universitário se vê constantemente desafiado para o desenvolvimento de uma prática que congregue as melhores ações para uma atuação eficaz na tarefa da busca do crescimento sustentável e lucrativo de uma instituição educacional.

A reflexão sobre os pressupostos que envolvem a "empresa educacional" e a atuação do gestor deste segmento de mercado faz-nos deparar com os pontos fundamentais de sustentação para uma gestão eficiente, os quais estão intrinsecamente ligados às relações humanas.

Nesse sentido, considerando ser de suma importância o envolvimento da organização com os seus recursos humanos, que são os professores e funcionários, enfatizamos a necessidade de se construir uma relação de confiança e de comprometimento com a prática constante do reconhecimento da evolução intelectual e do amadurecimento emocional dessas pessoas como fatores de sucesso de uma instituição educacional.

Qualquer poder, se não se baseia na união, é débil.
(LA FONTAINE, 1997, p. 448)

As organizações nascem para atingir um propósito, um objetivo. Há uma visão clara dos seus fundadores quanto à sua missão e uma dedicação exclusiva para atender às suas necessidades e seus propósitos. Por meio dessa habilidade, a organização cresce e prospera, tornando-se mais complexa, assumindo responsabilidades adicionais com os grupos com os quais se relaciona. Surge, a partir desse momento, a necessidade de um indivíduo que assuma uma função gerencial e conciliatória e que tenha capacidade de harmonizar interesses – o administrador.

Para desempenhar essa tarefa, faz-se necessária uma atuação baseada na união, na parceria, alicerçada por princípios éticos e humanísticos.

Um pouco de história

A história da administração dista de muito longe. Em *O Homem da Companhia*, obra escrita por ANTHONY SAMPSON, podemos acompanhar um pouco a evolução da história social dos executivos.

Considerada como ancestral mais remoto da empresa moderna, a companhia surgiu no final da Idade Média com a reunião de homens que se juntavam para comer pão – o que explica a etimologia da palavra, surgida da aglutinação *cum + panis*.

Os primeiros administradores surgiram no século XVI, quando as companhias passaram a ser sociedades anônimas ou por ações, ocasião em que as estruturas para o comércio individual das companhias europeias com o Oriente estavam ficando muito caras para ser financiadas por um só indivíduo. Nesse momento, as companhias tiveram necessidade de atrair mais investidores e compartilhar interesses, objetivando o lucro e a permanência do negócio.

Assim surge, para o bem dos investidores, a necessidade de alguém que conduza os negócios com isenção, visando ao interesse dos sócios e tornando a empresa mais eficaz e atrativa.

Com o passar do tempo, e em decorrência das transformações no mundo capitalista, em meados do século XIX, surge a noção do homem da empresa – "o executivo respeitável, confiável e razoavelmente bem pago" (SAMPSON, 1996, p. 46).

No final desse século, os cenários dos negócios estavam irreconhecíveis, se comparados a décadas anteriores. Nenhum único dono poderia controlar as complexas e amplas estruturas das novas empresas, e os principais investidores aprenderam cedo a delegar responsabilidades aos administradores profissionais.

HENRY ADAMS, citado por SAMPSON, descreve o perfil do executivo que emerge a partir de uma lacuna existente no mundo dos negócios no início do século XX:

> Toda Nova York estava pedindo novos homens e todas as forças novas, condensadas em empresas, estavam exigindo um novo tipo de homem – um homem com resistência, energia, vontade e mente dez vezes maior que a do tipo antigo – , para o qual estavam dispostos a pagar milhões à vista. (SAMPSON, 1996, p. 411)

Em meados do século XX, como consequência do aumento do número de companhias, resultante dos extraordinários avanços pelos quais a economia mundial passou desde a Revolução Industrial, o conceito de administrador de negócios começou a surgir como o agente que atua no espaço entre proprietários e trabalhadores. Assim, o novo homem de negócios emerge com a incumbência de harmonizar metas e interesses muitas vezes incompatíveis e antagônicos.

Manifesta-se, então, o novo homem de negócios, vindo de outras profissões individuais, mas com uma característica comum: saber atuar nas novas estruturas, impondo a sua vontade.

A expansão das empresas, dos negócios e dos administradores continua com uma complexidade muito maior, em um cenário cada vez mais competitivo. Repensar a administração com os olhos voltados para o futuro é o novo papel do administrador dos dias atuais, em face das diversas modalidades de serviços prestados que exigem, sempre mais, um conhecimento específico de cada tipo de negócio e uma atuação centrada nas especificidades de cada empreendimento.

Nesse cenário, as empresas necessitam agir utilizando conhecimento profundo das características que definem seu tipo de negócio. Nesse caso, vamos centrar nosso foco na gestão educacional que, a nosso ver, tem sido um dos segmentos cujas modificações ocorridas são significativas em sua dinâmica e atuação.

O gestor educacional

Há pessoas que transformam o sol numa simples mancha amarela, mas há aquelas que fazem de uma simples mancha amarela o próprio sol.

(Pablo Picasso)

Nesse contexto de grandes transformações, de competição acirrada, impõe-se a necessidade de profundas modificações no comportamento dos dirigentes educacionais, sob pena de verem sucumbir suas organizações.

Não há dúvida de que, com a velocidade das transformações atuais que se abatem sobre o ambiente educacional, o gestor educacional tem de redimensionar seu papel e suas funções.

Gerenciar qualquer instituição, seja ela uma empresa ou uma escola, implica conhecê-la para saber identificar suas potencialidades e suas carências e, consequentemente, proceder aos ajustes necessários para a consolidação da instituição.

As instituições educacionais devem estar continuamente conscientes da relevância da aplicação de todos os critérios inerentes a qualquer empresa que busque a permanência no mercado por meio da eficiência nos serviços prestados à comunidade.

Os gestores educacionais devem ter consciência da existência de seus mercados e respectivos consumidores, procurando satisfazê-los em seus anseios e necessidades.

Tempos atrás, não era comum ouvir falar em Educação associada a um processo de administração de forma empresarial como hoje se faz necessário. Tal associação teria de romper uma estrutura tradicional que não encontra eco para as proposições da atualidade. Contribuir para este novo contexto significa fazer reflexão, empreender esforços e participar de um processo em construção.

Segundo MEZOMO, "a universidade não pode mais encastelar-se no passado (imobilism-o-fixação do conhecimento) como se dele pudesse esperar a solução dos problemas do mundo moderno" (MEZOMO, 1994, p. 207). Portanto, a instituição educacional não deve fechar os olhos para a realidade que circunda o homem, deve posicionar-se com coragem diante dos questionamentos da atualidade, e com perseverança diante dos novos tempos, sem perder o foco da sua missão de formador do indivíduo para o exercício da cidadania.

As instituições educacionais, no contexto das profundas transformações que estão ocorrendo, devem estar atentas aos desafios dos novos tempos, à posição que devem ocupar na sociedade. Afirma DRUCKER, "nenhuma instituição enfrenta desafios tão radicais quanto aqueles que irão transformar a escola" (DRUCKER, 1993, p. 242). Comungamos da preocupação do autor de que ninguém conhece as respostas para os desafios que deve enfrentar o ensino. Na sua contribuição, propõe-se a uma definição de escola para atender a uma nova sociedade na qual "o valor é criado pela produtividade e pela inovação, que são aplicações do conhecimento ao trabalho" (DRUCKER, 1993, p. 242).

Não há dúvida de que, no atual contexto, a necessidade de novos conhecimentos se faz necessária a todos os integrantes do sistema educacional, principalmente aos dirigentes, aos quais cabe a iniciativa de buscar novas alternativas diante da grande onda de transformações que se abate no ambiente educacional.

Todas essas características, que compõem o atual cenário em que se apresentam as instituições educacionais de ensino superior, decorrem dos grandes desafios presentes na sociedade de hoje, da conjuntura econômica, política e educacional e dos avanços tecnológicos, que deram maior visibilidade e conhecimento das questões relacionadas ao mundo contemporâneo.

Especificamente na Educação, a nova ordem foi deflagrada a partir da Constituição de 1988 – pois a antiga, de 1967, já não combinava com as propositoras da atualidade –, que preconiza para a educação nacional:

> Respeitar as regras definidas pela Constituição para a elaboração de um Plano Nacional de Educação (PNE) que possibilite cumprir os princípios legais e melhorar o nível da educação brasileira;
> Garantir, por meio da legislação ordinária, mecanismos que possam assegurar a melhoria da qualidade de ensino.
> Criar um sistema de avaliação da educação brasileira quanto aos meios e fins. A avaliação deve incluir as instituições públicas e privadas de forma que se possa cobrar dos dois setores o compromisso com a melhoria da educação brasileira.

Em consequência, foram promulgadas várias leis e decretos, dentre os quais destacamos: a Lei nº 9.131/95, que criou o Conselho Nacional de Educação; a Lei nº 9.394/1996, de Diretrizes e Bases da Educação Nacional; o Decreto nº 2.026/1996, que institucionalizou o sistema nacional de avaliação, substituído atualmente pela Lei nº 10.681/2004; o Decreto nº 5.773/2006, que dispõe sobre o exercício das funções de regulação, supervisão e avaliação das Instituições de Ensino Superior (IES); o Decreto nº 5.662/2006, que dispõe sobre o ensino a distância.

Tais adventos, aliados à expansão ocorrida no ensino superior, têm alterado de forma significativa o perfil e as caracteríticas de oferta do referido nível de ensino, bem como a forma de atuação dos gestores educacionais, ocasionando uma mudança de postura na atuação de mantenedores, gestores, professores e funcionários.

Assim, e como forma de refletirmos acerca dessa gestão, direcionamos nosso olhar às várias relações que se desenvolvem no dia a dia do gestor educacional.

O gestor educacional e seus vários públicos

Inseridas em um ambiente altamente competitivo, e diante das grandes mudanças ocorridas na sociedade, as instituições educacionais, sejam elas públicas ou privadas, devem estar preparadas como agentes de transformação de uma sociedade, uma vez que lhes cabe o papel de preparar seus alunos para uma nova realidade.

Nesse cenário, surge a necessidade de um gestor educacional com uma visão holística e sistêmica, capaz de compreender as forças externas e internas, de superar os desafios tecnológicos, econômicos, humanos e acadêmicos sem perder o foco de empresa *sui generis* que é a instituição educacional.

Para dar sustentabilidade a essa gestão, há necessidade de se conhecer cada detalhe inerente ao tipo de negócio educacional. Sendo assim, passamos a interagir com todos aqueles que fazem parte dessa cadeia de relacionamentos que põe em prática uma instituição de ensino.

Segundo KOTLER (1978, p. 34), a universidade é composta de vários públicos, os quais podem ser assim esquematizados:

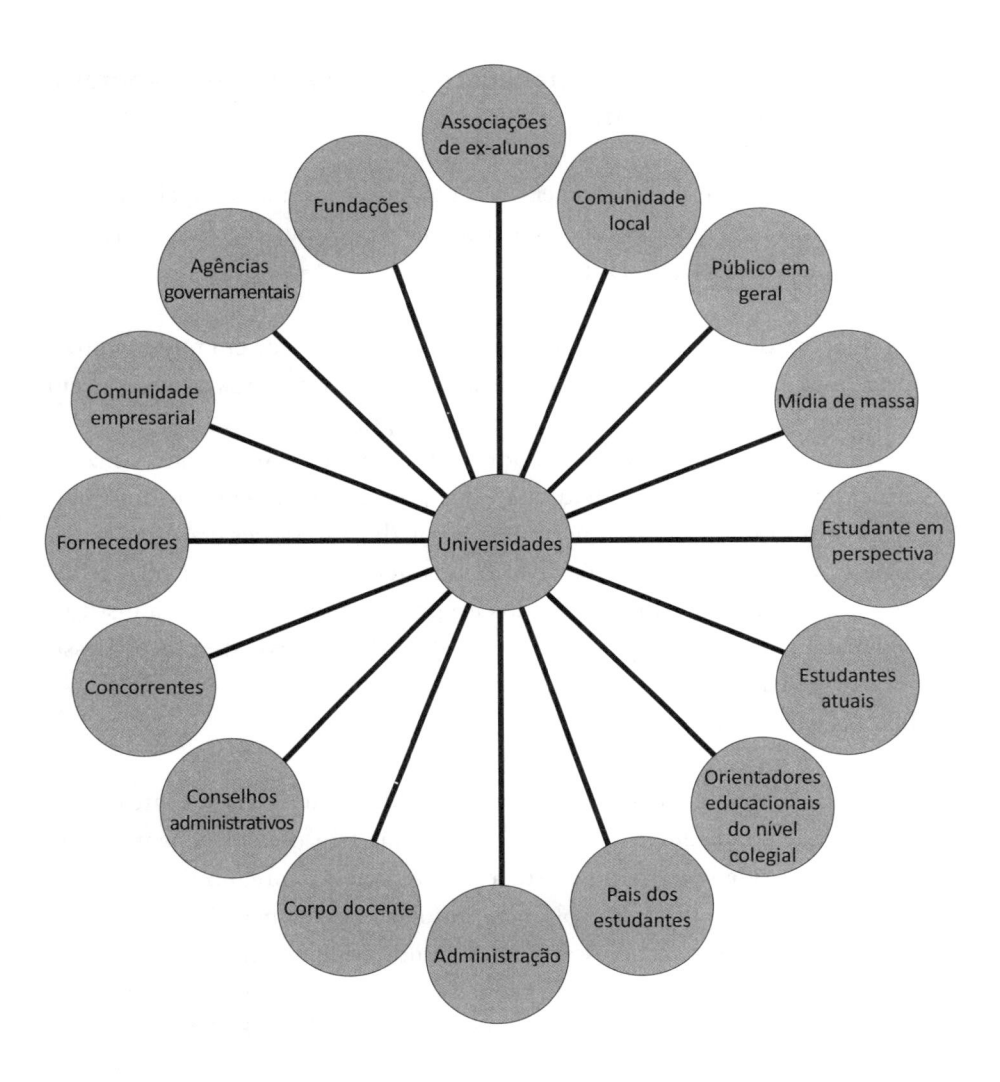

Diagram: Universidades (center) connected to: Associações de ex-alunos, Comunidade local, Público em geral, Mídia de massa, Estudante em perspectiva, Estudantes atuais, Orientadores educacionais do nível colegial, Pais dos estudantes, Administração, Corpo docente, Conselhos administrativos, Concorrentes, Fornecedores, Comunidade empresarial, Agências governamentais, Fundações.

Considerando a grande importância de todos esses públicos para a instituição universitária, podemos extrair das interlocuções aqueles que mais se destacam no cotidiano do gestor educacional para a realização de uma gestão de sucesso. São eles: mantenedores, diretores, coordenadores de cursos, corpos docente, discente, técnico-administrativo e ex-alunos.

As relações do dia a dia: mantenedores, diretores, coordenadores e corpo técnico-administrativo

> O verdadeiro teste de um homem não é quando assume o papel que quer para si, mas quando assume o papel que o destino escolheu para ele. (HAVEL *In* UFORD, 2005, p. 179)

As relações do dia a dia constituem a base para colocar em movimento a própria instituição. Derivam dessas relações as mais diversas propostas em direção às metas e aos objetivos a serem alcançados.

A atuação conjunta de mantenedores, diretores e coordenadores faz da instituição uma verdadeira "máquina" que põe em movimento os dois pilares mais importantes da instituição educacional: professores e alunos.

É na prática das nossas ações cotidianas que se concretiza a relação de troca, na qual cada um dos envolvidos no processo interno de uma instituição educacional desenvolve a função que lhe cabe dentro de um processo que converge para a eficiência da gestão universitária.

BUARQUE afirma:

> o que se necessita na direção de nossa universidade é de liderança intelectual. Capacidade de imaginar o mundo, o papel que terá o conhecimento e que rumos e prioridades devem ser estabelecidos: como se organizar o saber no presente para que ele possa evoluir em sintonia com o almejado futuro. Para atravessar a crise, será necessária uma grande competência e sensibilidade política, para que haja apoio interno e externo às necessidades; é claro que há necessidade de competência administrativa. (BUARQUE, 1994, p. 162)

Ao refletir sobre o perfil do mantenedor, podemos situar a importância da sua contribuição no processo histórico-educacional. Apenas os idealistas e sonhadores se lançam no território desafiante de um projeto com tamanha dimensão, conduzindo e apoiando o projeto educacional com o conhecimento e a sabedoria daqueles que sabem a importância do ato de educar.

Nesse sentido, o apoio do mantenedor é de fundamental importância para se gerir a instituição educacional. É importante nesse processo a visão do todo e o entendimento global dos significados da ação educativa.

Não queremos, entretanto, fechar os olhos a outras realidades com as quais esta relação, muitas vezes, baseada estritamente na relação comercial, massifica a educação de 3º grau, e, de certa forma, cria uma imagem negativa do ensino superior particular.

No entanto, destaque deve ser dado ao ensino superior brasileiro que tem contribuído de forma relevante para a elevação do patamar de brasileiros com graduação em nível superior. Hoje, essa contribuição atinge cerca de 75% dos formados nesse grau de ensino.

Faz-se necessário ressaltar que as intituições educacionais de ensino superior, mesmo com essa significativa contribuição ao país, sofrem com uma acentuada refração por parte dos órgãos governamentais. É muito frequente no dia a dia as "instituições particulares" se sentirem subjugadas a segundo plano. Esse sentimento é comum entre aqueles que desejam realizar um bom trabalho e se sentem amarrados pelos entraves ideológicos e corporativistas.

Prosseguindo nos relacionamentos cotidianos, destacamos a importância do contato com diretores de áreas e coordenadores de cursos, o que nos leva a afirmar que estes são os sustentáculos para a atuação eficiente de um gestor educacional. É neste campo de maior proximidade que se discutem e se analisam, prementemente, todas as questões que decorrem do ato de educar e de gerir. Essa cogestão fortalece as decisões, propiciando debates e discussões acerca de convicções, de valores e de critérios, pautados sempre de acordo com a missão e a filosofia da instituição.

Ao nos referirmos ao corpo técnico-administrativo, o consideramos de fundamental importância na estrutura da instituição. É nesta instância que se desenvolve todo o processo burocrático para o funcionamento da instituição. Quem compõe o corpo técnico-administrativo? Secretaria, biblioteca, tecnologia e informação, audiovisual, laboratórios, entre outros serviços de apoio. Esse corpo técnico-administrativo, como parte integrante da ação educacional, tem a responsabilidade de atuar com seriedade e dedicação, em conformidade com a missão e a filosofia da instituição, que devem ser o vetor constante para as ações e metas que visam ao resultado almejado.

Esse conviver no ambiente escolar nos faz participantes de um processo cuja reflexão está presente. São eles, o corpo técnico-administrativo, que muitas vezes atuam "na linha de frente" e trazem grandes contribuições aos gestores, com base nas experiências ali vividas, principalmente por terem, na sua maioria, maior contato com os alunos.

Os recursos humanos são hoje o maior capital de qualquer organização, principalmente a educacional, que congrega o maior número de pessoas na prestação dos seus serviços. A empresa atenta à nova ordem de competividade global deve também ter sua atenção voltada à composição humana na organização, dado seu papel direcionador e praticante dos objetivos por ela traçados.

Tratando-se de instituição educacional, o rigor na seleção dos recursos humanos deve constituir-se em uma análise criteriosa e cuidadosa, especialmente no que se refere a atitudes, valores éticos e morais, visualizando, nos seus talentos humanos, a identificação com sua missão e seus objetivos como forma de manter a cultura organizacional.

Relacionamento com o corpo docente

> É preciso unir-se, não para estar juntos, mas para fazer algo juntos.
> (DANOSO CORTÉS, 1997, p. 500)

Ser docente significa conjugar na sua formação a ideia de que o professor é o agente mais importante para a formação de um cidadão pleno e consciente de seus deveres, direitos e responsabilidades com vistas à construção de uma sociedade mais justa.

Esse indivíduo tem como base de sua identidade profissional o conhecimento específico de sua área, articulado com o domínio das habilidades pedagógicas, numa perspectiva de conhecimento global que lhe permita perceber a importância das relações interpessoais para que ocorra o processo educacional.

Educar é uma missão, e está além do aspecto pragmático que envolve a sobrevivência da instituição – como empresa, como organização – que tem por objetivo educar. Para que isto aconteça, há de conciliar aspectos burocráticos e técnicos muitas vezes desgastantes.

HOUOT descreve assim a ação docente:

> o que se passa na sala de aula é maravilhoso. Somos submersos pela diversidade dos rostos e dos caracteres, pela riqueza dos contatos, pelo despertar espantoso das inteligências. As nossas relações com os alunos são directas, simples, sem cálculo. A finalidade do nosso trabalho é clara. Aderimos sem reserva. Temos total liberdade de acção. (HOUOT, 1993, p. 127)

Decorre de uma atuação inversamente proporcional ao espírito empreendedor do gestor educacional, que, ao lado do espírito educador, consegue colocar em prática as ações que envolvem, acima de tudo, a sobrevivência da instituição.

Este elucidar nas citações abordadas conduz-nos a uma latente barreira existente no relacionamento gestão *versus* docência na instituição educacional.

Deparamo-nos muitas vezes com divergências secretas entre gestor e professor, profissionais que defendem com veemência seus pontos de vista, não enxergando que sem uma das partes nenhuma delas existe. Essas barreiras, dependendo de sua dimensão, podem se converter em entraves para o bom desenvolvimento da instituição educacional.

Tratando das barreiras existentes, RAMOS se refere ao gestor como centralizador, e afirma que

> a figura do diretor da Escola, neste caso, é retratada como alguém que detém o poder, de forma centrada, e o utiliza de maneira discricionária e personalística. Ele gerencia de portas fechadas, com acesso limitado (a pessoas e horários). Os professores e os alunos (a quem considera como seus "subordinados") têm pouco ou quase nenhum contato com ele. (RAMOS, 1992, p. 164)

Já a barreira que diz respeito ao professor é o seu encastelamento ou isolamento pedagógico.

A figura do professor, neste caso, afirma a mesma autora "é retratada como alguém que é dono da sala de aula (seu santuário intocável) e dono do saber da competência na área: um ser que não precisa ouvir ninguém e muito menos o aluno" (RAMOS, 1992, p. 164).

Proclama HOUOT:

> Se depressa me dei conta dos defeitos de alguns e das insuficiências das organizações do sistema escolar, acabei também por descobrir a seriedade e a profundidade do empenho dos professores do meu estabelecimento ao serviço dos alunos – empenhamento humano é espiritual, inspirado em muitos deles pela sua fé cristã. Partilhando a mesma esperança no homem, esses professores formam uma comunidade educativa cuja solidez é bem superior a uma equipe de gestão.

E conclui: "A falta de consideração que sofremos não vem dos alunos nem dos pais nem da sociedade. Ela vem antes de mais nada da nossa própria instituição" (HOUOT, 1993, p. 127).

Essas reflexões críticas buscam trazer estas considerações ao plano das práticas e das relações humanas entre dois importantes públicos nas instituições educacionais: docentes e gestores; ao mesmo tempo, elucidar, à luz das necessidades atuais da Educação, que conjugar as duas ações parece-nos o ponto ideal de qualquer organização educacional. Não há possibilidade da sobrevivência da instituição quando o percurso das ações educacionais e administrativas ocorrem de forma antagônica. Descobrir as contradições para atuar na direção desejada é captar a essência que busca a compreensão global da universidade.

Traçando um perfil histórico e evolutivo do corpo docente de nível superior, ao longo de três décadas, pudemos observar alguns perfis, que tentamos reproduzir.

Num primeiro momento, predominava entre os professores uma aura de certa arrogância, não podiam ser contrariados em suas vontades e/ou interesses. Esse comportamento tinha maior ou menor flexibilidade de acordo com a titulação ou função que exerciam nas instituições públicas.

Com o passar dos anos, surgia mais um perfil de docente, o de "professor executivo". A característica era a de um executivo ou profissional liberal durante o dia, e a de professor no período noturno.

Por um lado, a instituição necessitava desse professor, visto a necessidade de trazer o conhecimento da práxis do mercado para a sala de aula, em função de a estrutura curricular dos cursos de 3º grau estar voltada, predominantemente, para a prática profissional. Por outro lado, o próprio profissional também tinha seu interesse em ser "professor universitário". Este título dava-lhe um *status* na área profissional, contribuindo para a sua valorização no mercado de trabalho.

Este profissional, em função de sua primeira e principal ocupação, parecia deslocar sua atividade docente para um segundo plano, já que havia dentre estes a concepção de que dar aulas era uma "complementação de renda". A instituição sentia os reflexos desta situação nas faltas dos professores, ou por viagens de negócios, ou por situações de emergência. Havia, nitidamente, uma falta de comprometimento com os alunos e/ou com a instituição, presumivelmente pela falta de uma formação pedagógica e pelo fato de ele assumir, preferencialmente, os compromissos relacionados à sua principal ocupação em detrimento da prática docente.

Estabelecidos esses dois grupos, surgia entre os docentes uma situação nova: um grupo de professores mais politizado, que formava uma vanguarda militante, e trazia essa visão política para a instituição, concretizando-a em movimentos reivindicatórios. Com frequência introduziam os mesmos *slogans* empregados nas lutas dos professores de 2º grau das escolas públicas nas assembleias, movimentando alunos e professores no sentido de instaurar situações de greve e paralisação.

No ir e vir de nossas reflexões, este terceiro perfil pode ter contribuído para uma imagem negativa do professor. Começava no cenário nacional uma nova concepção a respeito desta imagem. Tais acontecimentos, propagando-se por todo o Brasil, delineavam uma nova imagem do docente. Não mais aquela presente na memória da população: a de um ser superior orgulhoso de sua profissão, principalmente por dar sua contribuição ao campo social na formação do cidadão.

Parece-nos, entretanto, que a situação do "professor universitário" em nada se assemelhava com aquela imagem que alguns professores queriam passar, ou seja, a de "piegas", de professor "coitadinho". De certa forma, apropriando-se de uma situação de menor valorização do professor da área pública, especialmente de 1º e 2º graus (atualmente ensino fundamental e ensino médio), em termos socioeconômicos.

No nosso entendimento, o professor universitário sempre foi respeitado pela instituição, pela população e pela comunidade acadêmica.

Com o passar do tempo, a relação professor-instituição começou a mudar, dando sinais de que esta parceria se faz necessária para a compreensão global da universidade, pela integração de suas diversas dimensões.

A universidade é uma instituição que se constrói com base nas várias relações e entendimentos, que se produzem no seu cotidiano. Nesse sentido, a parceria só se concretiza diante de um processo de transparência nas atitudes e procedimentos administrativos e pedagógicos.

Relacionamento com o corpo discente

> Só pela educação o homem pode chegar a ser Homem. O homem não é mais do que a educação faz dele. (KANT, 1997, p. 200)

A classe média, a partir da década de sessenta, procurava o ensino superior como forma de ascensão social, visando o ingresso nas grandes empresas públicas e privadas.

Segundo CUNHA (1981), essa situação ocorria em função das transformações econômicas daquela década. Tais transformações substituíam os mecanismos anteriores de ascensão da classe média brasileira; antes, por meio da poupança e da constituição de pequenas empresas, para outras profissões e cargos de maior qualificação. Com a crescente oferta de trabalho, tal situação exigia nível de qualificação, o que fez a escolarização de 3º grau tornar-se o caminho para a conquista desse ideal. Assim, chegavam os alunos em busca do ensino superior, que, ainda hoje, é uma forma de buscar o progresso, mesmo com o conhecimento de que atualmente as chances são bem menores.

Ao longo desses anos de atuação com os alunos, percebemos vários momentos e movimentos. Logo no início da década de oitenta, já não se fazia tão presente a época do "silêncio" ocorrida em anos anteriores. As vozes começavam a ecoar e os rumos da história começavam a mudar.

Inicialmente, convivíamos com um alunado mais dedicado aos estudos. Em seguida, com um alunado "militante", que demonstrava sua ação política abertamente por meio de incitação de greves, da articulação de paralisação das aulas ou da invasão às salas de aulas. Estávamos vivendo o início do processo de redemocratização. Essa situação estava sendo vivida pela maioria das instituições, acompanhando um processo histórico nacional. Esse período foi de muita dificuldade, pois não tínhamos a prática da vida escolar em turbulência. No entanto, sobrevivemos graças a uma sensibilidade e conhecimento do nosso tipo de missão.

Essa turbulência, no entanto, era de caráter político-partidário, com o apoio financeiro e ideológico da esquerda. Os estudantes liderados pelos componentes de Diretórios Acadêmicos não enxergavam que estavam sendo manipulados. Aliás, a dialética era convincente e apaixonada e, por que não dizer, justa do ponto de vista da análise do discurso. Todavia, o discurso deve ser coerente com as ações para que floresça a crença no seu objetivo. Aos poucos, os alunos começavam a perceber que eles – estudantes – não eram o foco maior dos "militantes" do ponto de vista acadêmico-intelectual. Eles, também, começaram a perceber a diferença entre liberdade e libertinagem, democracia e anarquia, passando a ter um posicionamento maduro, não submisso a qualquer forma de pressão, e a ter suas próprias convicções a partir de uma reflexão.

Hoje, vivemos um outro movimento: o da reivindicação, da exigência e da agressividade individual instituída. Atualmente, o diálogo consensual é menor nas relações administrativo-pedagógicas em instâncias intermediárias, acentuando-se em níveis superiores administrativos.

Caracteriza-se, também, este período agora vivenciado no qual os alunos julgam não ser atendidos em seus interesses. Interresses estes apresentados por denúncias feitas a órgãos como o Ministério da Educação (MEC), o Procon e, até mesmo, por ações judiciais, mesmo que sejam sabedores de que suas denúncias são injustificadas.

Os alunos confundem muitas vezes quais são seus legítimos direitos como "cidadãos" e, por vezes, posicionam-se em confronto por não saberem respeitar limites e perceber que seu direito termina quando interfere no direito dos outros.

Se observamos bem, veremos que esses estudantes, aos quais agora nos referimos, são oriundos de um período de transição política e não tiveram a oportunidade da reflexão, pois só lhes foi possível vivenciar apenas a segunda fase, a da redemocratização. Porém, uma redemocratização ainda incipiente e cheia de vícios, o que dificultou a percepção da verdadeira essência do processo de uma única vez.

É importante ressaltar, entretanto, que, à exceção desses fatos, o aluno tem uma participação efetiva, principalmente quando se sente identificado com as atividades oferecidas pela instituição, como é o caso de eventos e atividades extracurriculares, tais como: grupos de balé, teatro, coral e das várias monitorias em todos os departamentos pedagógicos, bem como sua participação e colaboração para congressos, feiras, seminários e simpósios.

Nesse sentido, o relacionamento com o corpo discente sempre ocorreu com responsabilidade e sensibilidade, mesmo nos momentos de crise e de questões políticas. Vimos, entretanto, que o comportamento do aluno decorre, na maioria das vezes, da relação com o ambiente externo, numa interferência direta das suas atitudes com o ambiente educacional. Atitudes que não raro provocam sentimentos de tristeza, diante dos fatos, por vezes irrelevantes, mas que deixam sua marca por se caracterizarem impróprios e injustos ao gestor, ocasionando uma sensação de desrespeito e levando-o a um sentimento de descrença na humanidade.

Já é tempo de entender o aluno e considerá-lo com a atenção que ele merece. Aliás, pelo vivido, o que mais percebemos é a sua carência em termos de uma atenção mais personalizada, sendo esta uma de suas maiores necessidades nos dias de hoje. Eles chegam ao 3º grau ainda imaturos, inseguros, sem base educacional formal e muitas vezes sem saber o que desejam, por carregarem em suas formações todas as deficiências estruturais que assolam os ensinos fundamental e médio no Brasil. Todos nós, que lidamos com a Educação, temos de ter a consciência de que, como diz uma canção de Milton Nascimento: "há que se cuidar do broto pra que a vida nos dê flor e fruto".

Relembramos, aliás, que é o aluno que justifica a própria existência da escola. É para ele que convergem todas as ações, num processo consciente da instituição educacional de que sua missão e seu objetivo maior é formar o indivíduo para o exercício da cidadania.

É importante, pois, considerar que o ato de gerir a instituição educacional significa saber atuar nessa direção. Conhecer processos, interpretar situações e informações, e, apoiados no reconhecimento, associar dados para criar as possibilidades do ato de decisão.

Este ato de gerir um Instituto de Ensino Superior (IES) tem muito a ver com a sensibilidade e com o conhecimento de que seu "produto" é o de maior importância em qualquer cenário que se possa chamar "empresarial". É lidar com algo muito precioso, com a certeza de que fazemos parte do caminho de muitos e, nesse percurso, o nosso papel é ajudá-los a construir o seu próprio caminhar. É nessa direção que deverão ocorrer as maiores transformações no campo educacional.

No Brasil, atualmente, atende-se a apenas 20,1%[1] das pessoas na faixa etária concernente à frequência do 3º grau; é o menor índice dos países que compõem a América Latina. Isto significa, portanto, que há algo errado no nosso sistema educacional, quer na definição das políticas públicas educacionais, quer na forma em que estão sendo oferecidos esses cursos.

Acreditamos que o país já despertou para esta realidade, e já sentimos os esforços, incipientes ainda, de estudiosos da área educacional para detectar as reais necessidades e reorientar as ações na direção de motivar e valorizar os alunos.

---

1. Dados do censo escolar do Instituto Nacional de Estudos e Pesquisas Educacionais (INEP), 2006.

Pesquisa do MEC revela que 64% dos vestibulandos preferem estudar programas diferentes dos tradicionais cursos de graduação. Isso significa dizer que, como instituição de ensino, não estamos atendendo às necessidades dos nossos alunos. Estamos em descompasso com a realidade imposta pelos cenários globais intervenientes na construção de uma nova forma de pensar a universidade.

Outro dado a considerar é a porcentagem da evasão média do ensino superior, de 21,7%, chegando a 36%[2] em algumas carreiras. Oportunamente, transcrevemos a opinião de Éfrem de Aguiar Maranhão (ex-presidente do Conselho Nacional de Educação) sobre os cursos sequenciais – nova modalidade instituída pela LDB:

> A ideia é inovar, flexibilizar, usar a criatividade, mas com responsabilidade [...] O importante é que na sociedade haja pessoas competentes. A pessoa vai valer pela sua capacidade ou aptidão, o diploma não é tudo. (COSTA, 1996, p. 135)

Outro aspecto a ser considerado é a preocupação de oferecer ao aluno um ensino condizente com as tendências mundiais, preparando-o para uma atuação num cenário de mudanças rápidas geradas pela nova ordem econômica num mundo globalizado.

Hoje, o perfil do alunado está em transformação, em face do rápido avanço dos conhecimentos, bem como do crescimento de novas áreas, além das modificações nos postos de trabalho.

As novas premissas para o ensino devem ser voltadas para a aprendizagem do aluno como forma de orientação, desenvolvimento, criatividade, apontando possibilidades e direcionando caminhos.

É imprescindível a criação de um ambiente educacional que leve em conta a valorização e o respeito às diferenças e à diversidade, que valorize a vida e o sentido de justiça e que, concomitantemente, aproveite novas características, tais como: comunidades virtuais de aprendizagem, em que a interação acontecerá entre estudantes e professores fora das salas de aula, via espaços eletrônicos, tornando os estudos mais atraentes, com maior flexibilidade e conveniência; o aprendizado permanente em função das constantes mudanças.

---

2. Dados do censo escolar do INEP, 2006.

Além disso, os cursos podem ser mais flexíveis diante da necessidade de aprendizagem personalizada, passando o professor a ser o facilitador; a certificação pode ser substituída pela qualificação, ou seja, pelos resultados de trabalho demonstrados.

Outro ato que merece reflexão pelo gestor é o de entender a necessidade do mercado e preparar o aluno para atuar num cenário de mudanças rápidas e constantes.

Somados aos desafios está o emprego, que, por sua vez, está desaparecendo lentamente, mesmo nos países em desenvolvimento, como é o caso do Brasil.

Segundo RIFKIN (1996), não haverá no mundo trabalhador mais barato que a tecnologia que vai substituí-lo. Enfatiza o autor, ainda, que só uma nova ótica de administrar e gerenciar poderá evitar que os empregos continuem a ser eliminados.

Gerir com foco na excelência

Gerir uma instituição educacional é uma tarefa que requer a conscientização de que se está lidando com algo muito precioso, uma empresa *sui generis*, cuja missão é desenvolver um trabalho que em nenhuma circunstância possa prescindir da ética, da competência e, acima de tudo, do comprometimento e da responsabilidade com os princípios da Educação.

No atual cenário educacional brasileiro verifica-se um complexo panorama acerca das questões educacionais, tanto no âmbito legislativo quanto na demanda de mercado por profissionais cada vez mais competentes e diferenciados.

Há ainda as questões estruturais, como a falta de poder aquisitivo da população para custear seus estudos e as dificuldades encontradas com a expansão do ensino superior, que tem parte de sua problemática advinda da concorrência com os mercados nacionais e internacionais.

Há que se destacar, também, a necessidade de atender a uma demanda da população entre 18 e 24 anos, num percentual de aproximadamente 60,27%, que não têm acesso a esse nível de ensino. Esse panorama, portanto, requer um gestor educacional que tenha sensibilidade, competências e habilidades para visualizar com perspicácia este panorama e nele encontrar soluções para este grande desafio. Atender a essa demanda carente significa empreender esforços, buscar custos baixos e oferecer um ensino de qualidade – atendendo ainda a todos os requisitos exigidos pelo Ministério da Educação. Manter a comunidade acadêmica motivada requer parceria, confiabilidade e transparência entre líder e liderados.

Infere-se, portanto, que o gestor educacional tem compromisso com o processo de construção da democracia na instituição. Seu "poder" nasce da conjunção de vários poderes que lhe conferem crédito, apoiados no reconhecimento de sua capacidade, no conhecimento de sua personalidade, bem como na prática de suas ações.

É o poder "posto". Total, mas não permanente. Testado, confirmado ou contestado a cada momento. Composto de uma sincronia de poderes: alunos, professores, funcionários, mantenedores – quer públicos, quer privados –, bem como dos poderes públicos como órgãos reguladores dos processos de ensino.

Essas forças exercem poderes permanentes e exigem equilíbrio do gestor educacional. Metaforicamente, podemos associá-los à coreografia da "arte de jogar esgrima", cujo ritual requer uma paramentação para o ato, ou seja, um uniforme sofisticado, o uso de armas brancas, espadas pontiagudas empunhadas de maneira estudada com golpes elegantes. Também, se comparado a um tipo de dança, a um movimento, essa coreografia gestora não se ensaia; ela emerge a cada situação, construindo novos passos a cada dia.

Não podemos deixar de evidenciar, na atuação do gestor educacional, o poder advindo do mercado de trabalho e, consequentemente, da sociedade. São forças de um novo posicionamento que exigem mudanças do gestor em direção às exigências da modernidade.

Inclui-se, também, neste pensamento voltado ao mercado, a preocupação com a permanência da instituição, em virtude de uma concorrência acirrada, e a preocupação com a certeza de que só sobreviverão aquelas que estão em sintonia com a sua realidade de empresa *sui generis*, com o espírito voltado para um novo relacionamento entre os envolvidos no processo educacional, em que todos devem estar comprometidos com o objeto do seu trabalho, no caso, o apostolado vocacional para a Educação.

Não é demérito preocupar-se empresarialmente, pois mesmo as instituições mantidas pelos cofres públicos têm seus compromissos pragmáticos com questões de pagamentos, fornecedores etc., com uma diferença: seus gestores sabem que os recursos financeiros estarão lá, no momento oportuno para cumprirem seus compromissos. Já na instituição particular, esta preocupação é do gestor, que deve estar atento a todas as formas de viabilizar a empresa, tornando-a capaz de manter-se atrativa e reconhecida com base nas suas atitudes, como forma de manter-se atuante.

Compõe, ainda, o sucesso, na gestão educacional contemporânea, a prática de uma filosofia de recompensa da "empresa" como forma de atrair e manter os talentos necessários à instituição. A recompensa financeira como instrumento de gestão agrega valor aos mantenedores, aos gestores, aos docentes e aos técnicos-administrativos. Não é, ainda, uma prática nas instituições educacionais, mas é um instrumento de gestão da atualidade, capaz de estimular o desempenho dos envolvidos no processo educacional, com vistas às metas e desenvolvimento da instituição.

Delineia-se, portanto, como características essenciais para o perfil de um gestor educacional contemporâneo: comprometimento educacional, ética, responsabilidade social, formação diversificada, envolvendo liderança, empreendedorismo, visão holística, visão de marketing, intuição, sociabilidade, dedicação e comprometimento, bem como habilidade em relações humanas baseadas em valores morais, como: honestidade, respeito, confiança e cooperação com seus liderados e parceiros. Tal perfil deve estar baseado nos seguintes sustentáculos:

> conhecimento da legislação e suas implicações com os poderes em todas as instâncias (federal, estadual e municipal).
> conhecimento e aplicação das teorias e técnicas da gestão contemporânea, incluindo uma visão futurista da evolução organizacional baseada nas expectativas de mercado, bem como nas ferramentas necessárias a uma atuação responsável.
> Adoção de um diálogo franco e aberto com seus liderados, demonstrando a importância de sua contribuição no processo de construção social.
> Vocação missionária com a Educação, em que a contribuição para a formação profissional e cidadã do indivíduo representa o ápice desta gestão, evidenciando a característica *sui generis*, que é a "empresa educacional".

Essa reflexão objetivou sensibilizar e chamar a atenção dos gestores educacionais para os recursos de maior importância em uma empresa, principalmente a educacional.

Palavras-chave, como humanização, ética, comprometimento, amor, respeito e fidelidade com os objetivos da missão educacional, devem fazer parte das atitudes de todos os envolvidos no cotidiano deste trabalho nobre que é a Educação.

É também primordial ter consciência ética da missão da instituição educacional e, ao mesmo tempo, colocar em prática as ações que decorrem de uma postura profissional com consciência e responsabilidade.

Referências bibliográficas

BUARQUE, C. *A aventura da universidade*. São Paulo/Rio de Janeiro: UNESP/Paz e Terra, 1994.

COSTA, T. O. D. *Avaliação do corpo docente no contexto da avaliação institucional: reflexão crítica a partir do discurso de docentes de uma instituição de 3º grau*. Dissertação (Mestrado em Administração). Universidade Mackenzie, São Paulo, 1996, 179 f.

CUNHA, L. A. *Educação e desenvolvimento social no Brasil*. Rio de Janeiro: Livraria Francisco Alves Editora, 1981.

DANOSO CORTÉS, J. In: SEÑOR GONZALEZ, L. *Diccionario espasa citas*. Madrid: Espasa Calpe, 1997.

DIÁRIO OFICIAL DA UNIÃO. Brasília: MEC, 16 de abr. 1997. Seção 1. p. 7534-6.

———. Brasília: MEC, n. 99. Seção 1. p. 7.734.

DOCUMENTA. Brasília: Conselho Nacional da Educação, 1962/1998.

DRUCKER, P. F. *Administrando para o futuro: os anos 90 e a virada do século*. São Paulo: Pioneira, 1993.

HANASHIRO, D. M. M.; TEIXEIRA, M. L. M.; ZACCARELLI, L. M. (Orgs.). *Gestão do fator humano: uma visão baseada em stakeholders*. São Paulo: Saraiva, 2007.

HAVEL, V. In: UFORD, Bob. *A arte de virar o jogo no segundo tempo da vida*. São Paulo: Editora Mundo Cristão, 2005.

HOUOT, B. *Esta vida de professor...* Lisboa: Asa, 1993.

KANT, I. In: SEÑOR GONZÁLEZ, L. *Diccionario espasa citas*. Madrid: Espasa Calpe, 1997.

KOTLER, P. *Marketing para organizações que não visam lucro*. São Paulo: Atlas, 1978.

LA FONTAINE, J. *In* SEÑOR GONZÁLEZ, L. *Diccionario espasa citas.* Madrid: Espasa Calpe, 1997.

MARANHÃO, E. A. *In* COSTA, Terezinha Otaviana Dantas da. *Administrador educacional: formação a partir da práxis.* Tese (Doutorado em Administração). Universidade Mackenzie, São Paulo, 1998, 135 f.

MEZOMO, J. C. *Gestão da qualidade na escola.* São Paulo: J.C. Mezono, 1994.

MOTA, P. R. *Gestão contemporânea: a ciência e a arte de ser dirigente.* Rio de Janeiro: Record, 2004.

NISKIER, A. *Educação brasileira – 500 anos de história: 1500-2000.* São Paulo: Melhoramentos, 1989.

RAMOS, C. *Excelência na educação: a escola de qualidade total.* Rio de Janeiro: Qualitymark, 1992.

RIFKIN, J. *O fim dos empregos.* São Paulo: Makron Books, 1996.

SAMPSON, A. *O homem da companhia: uma história dos executivos.* São Paulo: Companhia das Letras, 1996.

Pensando sobre o texto

Uma instituição educacional tradicional muito bem conceituada tinha uma atuação ética e condizente com sua missão e seus valores, os quais eram divulgados e praticados por toda comunidade acadêmica.

O sucesso dessa instituição seria evidente se baseados no crescente número de alunos e no reconhecimento do mercado pelos profissionais ali formados, bem como pelo reconhecimento e autorização de seus mais de trinta cursos pelo Ministério da Educação.

Em determinado momento na história dessa instituição, ocorreu a transferência de mantenedor com a consequente mudança do gestor educacional.

Os novos gestores adotaram uma forma de gestão empresarial arcaica, baseada no autoritarismo, na falta de reconhecimento dos profissionais que lá estavam e na adoção de termos que descaracterizavam a "empresa educacional", e a transformaram em uma empresa estritamente mercantilista.

Novo organograma foi criado com adoção de estrutura e de termos de uma empresa convencional.

Na sequência, iniciou-se uma série de demissões sem critérios, redução de salários, não cumprimento das normas do acordo coletivo da categoria, atitudes contraditórias ao que se preconizava nas reuniões, comunicações diárias de demissões e contratações ocorridas.

A instabilidade e insegurança abateu-se sobre todos os setores da instituição, transformando o ambiente de trabalho um local frio, pouco atrativo e sem credibilidade.

Considerando que os recursos humanos dessa instituição educacional em sua maioria têm contato direto com o aluno, principal público da instituição, logo esse alunado começou a sentir o reflexo do que estava acontecendo na instituição. Como resultado, a instituição começou a ter redução de candidatos para o processo seletivo de ingresso e, consequentemente, a redução do número de alunos sucessivamente ano após ano.

Ao final de três anos, a instituição teve reduzido seu alunado para um terço. Agora, responda:

1. Quais foram as causas que levaram a instituição a ter reduzido o seu alunado? Analise e comente.
2. Quais as atitudes e comportamentos (de ordem social, emocional e procedimental) que geraram instabilidade na conduta organizacional?
3. Quais aspectos devem ser trabalhados para que a instituição tenha resultados satisfatórios?

CAPÍTULO 6

Coordenação pedagógica: múltiplos olhares

Maria Flora Machado de Araújo Fonseca

As ações cabíveis ao coordenador pedagógico estão relacionadas à concepção de Educação adotada pela instituição da qual ele faz parte. Nessa função, há também a interferência da maneira como a escola trabalha o conhecimento, o aprender e o ensinar.

As atribuições de um coordenador pedagógico adotadas pela instituição na qual atuo sustentam-se em três áreas: planejamento, formação continuada e avaliação. Essas áreas, por sua vez, também apresentam várias atribuições básicas.

Considero o planejamento pedagógico o norteador de todo o meu trabalho como coordenadora pedagógica na escola. Ao participar da elaboração do plano escolar, estou me responsabilizando pelo acompanhamento, controle e cumprimento do desenvolvimento da programação curricular.

Tenho consciência de que a formação continuada deve ser uma constante e, para assegurar a eficiência e a eficácia do desempenho dos professores, presto-lhes assistência técnico-pedagógica e planejo atividades de aperfeiçoamento e de atualização. Por essas razões, tenho um cuidado todo especial ao planejar e coordenar as reuniões pedagógicas realizadas com o corpo docente.

A avaliação periódica do trabalho do professor requer observação frequente e atendimento individual, e tem por finalidade acompanhar o desenvolvimento do planejamento pedagógico das áreas ou disciplinas. Assim, posso ter, ao final de determinado período, a avaliação do produto do processo do ensino-aprendizagem para poder proporcionar melhoria aos padrões de ensino.

Este tripé ajudou-me, no início, na organização das atribuições que me competiam. No entanto, a essas atribuições precisei acrescentar outras, ligadas não diretamente ao corpo docente, mas ao cotidiano da escola, como um olhar especial aos alunos e uma parceria escola-família para melhor realizar as ações pedagógicas.

Coordenação: relação teoria e prática

Para melhor compreender minha prática educativa e poder transformá-la, procurei na Filosofia, na História e na Sociologia da Educação os fundamentos necessários para tal compreensão.

É importante saber ver a ligação entre a teoria e a prática fundamental na Educação. A prática na Educação é anterior ao pensamento pedagógico. Este decorre da reflexão sobre a prática para poder sistematizá-la e organizá-la.

Como resolver os problemas cujas soluções não vêm prontas? Como adaptar as soluções à minha realidade? Como transformar a teoria em prática? Como buscar a prática em uma teoria?

A relação prática-teoria é muito complexa: são ações distintas, mas andam sempre juntas, embora não se tenha sempre esta clareza.

Cheguei à conclusão de que essa relação precisaria de muito trabalho e de muito esforço intelectual de minha parte, para que, assim, eu conseguisse construir como base para o meu trabalho, por meio da "multiplicidade de vozes" de diversas teorias, uma teoria condizente com a minha prática.

Ao assumir a função de coordenadora, procurei desenvolver algumas habilidades que não apenas a utilização de regras organizacionais previsíveis, mas as que me permitissem ampliar a percepção e clarificar as ideias, uma vez que, no cotidiano escolar, as situações inesperadas exigem respostas rápidas e criativas.

Para que eu possa enfrentar essas situações inesperadas, continuo em constante busca de parceiros teóricos, cujas leituras me ajudam a fortalecer e implementar eficácia às minhas ações pedagógicas.

Ao definir a abrangência da minha atuação – relação com professores, pais e alunos –, parti para uma nova etapa. Como o trabalho educacional é o resultado de um trabalho coletivo, incentivo o envolvimento dos professores não só na participação, análise, proposição e decisão a respeito das ações pedagógicas a serem desenvolvidas em sala de aula, mas no seu envolvimento com a formação do aluno.

Coordenação: elaboração de um modelo de atuação

A princípio encontrei alguns entraves para elaborar um modelo de coordenação que atendesse à necessidade de definir o conjunto de características pelas quais o colégio, no qual eu trabalhava, fosse conhecido. Esse colégio passava por grande transformação, o que aconteceu como consequência de uma prática pedagógica inserida na sociedade em que vivemos.

Atuei durante poucos anos como professora e coordenadora ao mesmo tempo. Foi uma experiência que me ajudou a repensar e a caracterizar meu modelo de coordenação: eu deveria ter apenas um papel profissional para que os objetivos fossem realmente atingidos. Alguns tipos de acontecimento me fizeram acreditar nisto. São eles:

> em sala de aula, os alunos não me viam como professora, e sim como a coordenadora;
> os próprios professores comparavam o comportamento dos alunos na minha aula e na aula deles, usando argumentos como: "na sua aula os alunos se comportam e trabalham mais porque é você", e outras queixas;
> além disso, algumas vezes, precisava interromper minhas aulas para resolver problemas inesperados e urgentes, embora eu estabelecesse regras para evitar esses transtornos;
> outro acontecimento que eu tinha de administrar era a posição de alguns pais quando queriam fazer observações sobre minha atuação como professora. Com quem eles poderiam conversar, se eu era a coordenadora? Eles poderiam reclamar para quem?

Para melhor contextualizar meu papel como coordenadora pedagógica, cabe aqui traçar um panorama das diretrizes organizacionais dos colégios em geral.

O colégio (da educação infantil ao ensino médio) apresenta uma estrutura na qual interagem dois níveis de organização e de decisão: uma geral e outra interna a cada segmento.

O primeiro nível é composto pela direção geral da escola, subdividida em duas partes, uma administrativa e outra pedagógica, responsável pelo eixo vertebral da instituição. A direção geral pedagógica é encarregada da programação geral do ano letivo, no que diz respeito ao regimento interno e às aprovações relativas ao material didático e às atividades complementares.

No segundo nível estão os coordenadores de cada segmento (educação infantil, ensino fundamental I, ensino fundamental II e ensino médio). Os responsáveis de cada um desses segmentos são revestidos de grande responsabilidade e preparados para a realização dos objetivos institucionais, adequados às especificidades de sua atuação. Os coordenadores se reúnem quinzenalmente para que sua atuação ocorra em conformidade com os objetivos e para o desenvolvimento da instituição.

Meu trabalho como coordenadora do ensino fundamental II se caracteriza pela garantia da execução dos objetivos fixados nas reuniões com os professores, estabelecendo formas gerais de ação e de coordenação para o desenvolvimento do processo educativo, sempre de acordo com o projeto pedagógico do colégio.

É importante lembrar que o projeto pedagógico é um documento que contém um conjunto de diretrizes que definem as intenções da escola em realizar um trabalho de qualidade. O plano da escola diz respeito à execução dessas intenções. Tanto um quanto o outro devem ser o resultado de um desejo coletivo, isto é, obra de todos aqueles que trabalham na escola, principalmente os educadores. É uma construção que vai se consolidando aos poucos.

Como coordenadora pedagógica, participo da elaboração do projeto pedagógico, que necessita de uma reflexão profunda sobre o que se vai fazer e como será feito o trabalho, fundado nos diagnósticos da escola. Preciso, portanto, estar preparada para enfrentar as adversidades presentes em temas que abrangem a realidade social e a realidade da própria escola para não sucumbir à idealização e à rejeição iniciais ou no decorrer do trabalho.

A direção do colégio se reúne com as coordenações de todos os segmentos quinzenalmente para uma discussão franca e honesta do coletivo, sobre os acertos e as falhas, pois todos pretendem melhorias para o ano seguinte. Dessa maneira, verifica-se passo a passo se os objetivos são alcançados para garantir o sucesso do projeto pedagógico.

Para que eu desempenhasse esta função com maestria, foi necessário desenvolver habilidades, como o olhar amplo, o ouvir profundo e o falar sincero, para tratar das relações interpessoais e da interpretação e identificação dos conflitos existentes na instituição. Esses conflitos podem ser provocados por desencontros, choques de interesse, rivalidades e disputas no cotidiano da escola que acabam atrapalhando o desenvolvimento pedagógico.

Lidar com situações conflituosas de professores *versus* professores, professores *versus* alunos, alunos *versus* alunos, professores *versus* pais exige uma postura firme, que não atenue ou adie situações, pois uma questão mal resolvida faz que todo o processo se inicie novamente. Isto pode trazer prejuízos, pois o trabalho pode ser interrompido e as relações entre as pessoas esmorecidas.

Enfrentar os problemas, a meu ver, costuma ser mais produtivo, embora mais complexo. Costumo ouvir as partes envolvidas, fazer um diagnóstico mais realista e dimensionar a dificuldade que se apresenta. Só assim posso propor alternativas, encontrar aquela que seja a mais satisfatória naquele momento e naquelas condições. Isto não quer dizer que o problema foi definitivamente resolvido, pois as pessoas mudam, evoluem, surgem novas necessidades.

Para o coordenador pedagógico o cotidiano escolar deve ser equacionado, pois seu trabalho é fazer que a escola funcione da melhor maneira possível.

Procuro refletir sobre as ações do meu dia a dia, identificar as prioridades e organizá-las de tal maneira que possa realizar as tarefas planejadas. Uma providência frequente é deixar um tempo para resolver os problemas emergenciais e imprevisíveis, para os quais tenho de estar preparada. Daí a importância das leituras, necessárias para ajudar na prática.

O coordenador pedagógico e os professores

Vejo na Educação um processo interpessoal, que pode provocar mudanças e propiciar o acesso à cultura. Por isso, é necessário estimular a autorrealização do professor, para que, enquanto agente de transformação responsável pela aquisição de novos conhecimentos, possa desenvolver com eficiência suas ações pedagógicas e educacionais.

Considero, portanto, como minha principal função na coordenação pedagógica, a educação continuada dos professores, ou melhor, o incentivo às suas formações e aos seus desenvolvimentos. Por educação continuada entendia-se treinamento, capacitação, reciclagem, mas nenhum desses termos previa uma autonomia intelectual dos professores, pois as propostas eram prontas, sem a sua participação.

Hoje, o termo passou a ser entendido de outra maneira, com a participação mais ativa dos professores e a utilização das suas reflexões sobre suas histórias de vida.

O conceito de educação continuada já foi, portanto, bastante discutido e favorece o desenvolvimento dos professores na escola e em outras situações propícias para essa formação, destacando os benefícios de um processo também fora da escola, dando-lhes oportunidade de contemplar seu trabalho de longe, sob outro olhar.

Um ponto a destacar é a responsabilidade de cada educador em seu processo de desenvolvimento pessoal e profissional, cabendo-lhe a decisão de perceber ou não o valor desse processo de aperfeiçoamento.

A finalidade da educação continuada passa a ser vista, portanto, como uma maneira de atualizar os conhecimentos, de rever as mudanças na prática e de refletir sobre quais direções seguir.

Atualmente, fala-se também em formação de professores em serviço, isto é, aquela que ocorre na escola, que é o próprio local de trabalho do profissional. Alguns a veem como sinônimo de formação continuada, que se estende ao longo da vida profissional; e outros, como um tipo de atividade esporádica.

Dentre os novos caminhos para a formação docente (inicial e contínua) destaca-se a discussão sobre a identidade profissional do professor. Esta discussão tem como um de seus aspectos a questão dos saberes que configuram a docência.

Os professores que coordeno possuem uma visão comum sobre a escola, cujo papel definido é o de espaço de construção e transmissão de cultura. Para que chegassem a esta visão, precisei mobilizá-los em seus conhecimentos de Teoria da Educação e de Didática, conhecimentos estes necessários à compreensão do ensino e à capacidade de investigar a própria atividade profissional para que, assim, esses professores pudessem buscar e construir suas identidades profissionais.

Que tipo de profissional é importante para as necessidades formativas de uma nova escola, com novas características, com novas finalidades?

Importa, de imediato, uma nova compreensão sobre o papel do professor na sociedade em constante transformação e sobre as consequências que este profissional sofre. O professor tem de dar conta de conteúdos novos e de novas motivações geradas nos alunos pelas leis do mercado, que produzem novas profissões.

Daí a importância da significação social da profissão, da revisão das tradições, das práticas consagradas culturalmente e da construção de novas teorias.

Cada professor deve ser ator e autor, revendo em suas práticas, com base nos seus valores, sua maneira de ver o mundo, sua história de vida, seus anseios, suas angústias, seu relacionamento com outros professores. Os docentes, portanto, produzem no seu cotidiano, num processo permanente de reflexão sobre a sua prática, os saberes da experiência. A prática, portanto, alicerça e conserva a existência material dos homens, pois a vida depende radicalmente desta troca entre o organismo e a natureza física.

No entanto, essa prática não se dá como um trabalho individual, ela é própria de um sujeito coletivo, ou seja, a espécie humana só é humana na medida em que se efetiva em sociedade.

É necessário que o professor tenha a capacidade de acompanhamento de mudanças e de adaptação às novas condições de trabalho.

Desde que comecei a desenhar o modelo de coordenação do colégio, no qual trabalho, foram previstas reuniões pedagógicas, a princípio mensais. Devido ao aumento da procura, elas passaram a ser quinzenais e, logo depois, semanais. Essas reuniões são importantes e consideradas um espaço privilegiado para as ações educativas do coordenador com os professores, pois propicia a todos nós momentos de reflexão, com o intuito de:

> avaliarem suas práticas, questionando-as;
> buscarem novas respostas e novos saberes, ao mesmo tempo, mediante leituras de teóricos em discussão permanente;
> trocarem experiências com os colegas;
> aprofundarem conhecimentos sobre o processo de ensino.

O cronograma das reuniões é distribuído durante os encontros de planejamento anual, que acontecem no mês de janeiro, durante quatro dias. Para o primeiro dia, a instituição planeja um trabalho em conjunto com todos os professores (da pré-escola ao ensino médio); tal trabalho é desenvolvido por meio de palestras e da formação de grupos de estudo.

Nos dias subsequentes, os professores de cada segmento preparam seu planejamento e sugerem seus projetos, buscando parcerias com outros professores.

Como há pouca rotatividade na contratação dos professores, o trabalho se torna mais fácil, pois as parcerias já estão prontas e em sintonia.

Para as reuniões semanais são planejadas atividades variadas, que visam à reflexão coletiva, ao planejamento e à organização de um trabalho coletivo na escola, à avaliação de projetos e de outras ações didáticas, à troca de experiências e à avaliação dos alunos. Inevitavelmente, nessas reuniões também se tratam de assuntos do dia a dia ou institucionais, como, por exemplo, dar avisos, distribuir material, informar sobre diretrizes da empresa e discutir problemas de caráter geral.

O mais importante é que, nesses encontros, procuro proporcionar um espaço para que o professor tenha a oportunidade de avaliar sua prática, de trocar experiências e de aprofundar conhecimentos.

A educação continuada, também, constrói-se por meio da participação em cursos, congressos, seminários, orientações técnicas, indicação de leituras, desenvolvimento de trabalhos, sistematização de estudos, propostas de discussão, organização de debates e de estudos individuais. Essa participação de professores em eventos regionais, estaduais e nacionais é importante, porque há trocas de experiências e ampliação de contatos com pessoas diferentes, resultando em enriquecimento pessoal, cultural e profissional dos educadores. A instituição sempre valorizou e apoiou a participação dos professores nesses eventos, arcando, muitas vezes, com custos de toda ordem.

Essas participações, no entanto, só terão sucesso se houver uma reflexão sobre a prática dos professores, pois o que se pretende são mudanças em sala de aula e a construção da autonomia dos alunos.

Os professores encontram em seu caminho situações ímpares para as quais precisam achar soluções. As receitas não existem nem nos cursos de graduação que frequentaram, nem na vasta literatura sobre Educação. Podem existir problemáticas iguais, mas os personagens, o cenário e o tempo são sempre diferentes. Um mesmo aluno, por exemplo, pode demonstrar uma mesma atitude diante de um professor por mais de uma vez, mas o momento e as circunstâncias são outros.

Essas incertezas geram grandes dilemas que fazem parte da vida cotidiana da sala de aula, transformando-se em desafios para os professores. O *practicum* reflexivo, isto é, uma reflexão apoiada em situações práticas reais, possibilita ao profissional o enfrentamento de situações únicas e a adoção de respostas adequadas a cada uma delas.

Ao estimular o pensamento crítico-reflexivo sobre suas ações, o professor desenvolverá possibilidades de pensamento autônomo. Isto implica investimento pessoal, pois leva à construção de uma identidade pessoal e profissional. A identidade pessoal é construída mediante um processo de conscientização da capacidade de se realizar um projeto de vida que, por sua vez, traga realizações profissionais.

A interação entre essas dimensões (pessoal e profissional) deve existir para que o professor possa rever seu processo de formação e refletir sobre sua história de vida, procedimento este muito utilizado por pesquisadores em seus trabalhos.

Procuro, portanto, dar subsídios e orientar a reflexão dos meus professores para que possam desenvolver suas ações dentro da sala de aula, tornando-se autores de suas próprias práticas.

A tarefa de formar, articular e transformar é muito difícil. Para se obter bons resultados, é necessário construir alternativas adequadas a cada situação. Não há fórmulas prontas, as soluções devem estar de acordo com cada realidade.

O professor desempenha um papel de grande importância na árdua tarefa de conquistar a atenção de seus alunos, sejam crianças ou adolescentes, naturalmente inquietos devido à imaturidade e, não raro, sobressaltados por doses maciças de hormônios sexuais. Deve-se levar em conta também que a presença dos meios velozes da comunicação eletrônica deixa os alunos mais ansiosos e menos tolerantes. O não controle das ações pedagógicas pode trazer comportamentos indisciplinares para a sala de aula.

A preocupação sobre a disciplina na escola deve ser, portanto, uma constante entre os educadores. "De modo geral, (o educador) está marcado pela concepção idealista: tem uma série de ideias bonitas sobre a disciplina, mas não sabe porque não as consegue colocar em prática" (VASCONCELLOS, 2006, p. 19).

O que é, realmente, a disciplina?

A disciplina pode ser entendida diferentemente: segundo a tarefa do mestre é considerada como de puro ensino ou de educação, e segundo o aluno é considerado como uma simples inteligência a guarnecer de conhecimentos ou como um ser a formar para a vida (WALLON, 1979, p. 367 apud DANTAS, 1992).

Dessa forma, ao se ter clareza da definição do projeto pedagógico da escola, há uma necessidade na organização do trabalho coletivo em sala de aula para se realizar a construção do conhecimento da Educação.

Os professores, geralmente, não recebem uma formação adequada para enfrentar os problemas relativos à disciplina nas classes; assim, a própria postura do professor que acredita na obediência incondicional como sucesso de seu trabalho gera conflitos. Esta postura é contrária aos objetivos de formação de sujeitos críticos, participativos e autônomos.

Por outro lado, a postura do professor liberal que, com medo de se tornar autoritário, torna-se muito permissivo, deixando os alunos muito livres, sem limites e sem regras, faz que a relação professor-aluno seja prejudicada. Ao se omitir, deixa o aluno à própria sorte, postura que provoca a indisciplina nas aulas.

Entre as duas posturas anteriores, há a do professor que constrói sua autoridade pela competência, conseguindo aliar liberdade à responsabilidade, sendo firme e ao mesmo tempo tolerante, usando muita perspicácia e intuição, e construindo com os alunos uma relação baseada no respeito e na confiança.

Procuro proporcionar aos profissionais de ensino que coordeno um conhecimento mais teórico sobre a disciplina escolar, vista sob três aspectos:

> conhecimento científico e técnico, referente à conceituação, seus atributos e funções e os procedimentos aceitáveis, conforme os princípios psicológicos do comportamento das crianças e dos adolescentes, sempre visando às prevenções;
> conhecimento de tipo legal-administrativo, sobre o que, o como e o quando da disciplina escolar;
> conhecimento contextualizado, que vai orientá-los na tomada de decisões, conforme as peculiaridades de cada caso.

É importante que os educadores tenham, portanto, uma perspicácia para analisar as causas dos atos indisciplinares e definir seus objetivos em relação à disciplina desejada.

Atualmente, o grande foco de crítica e de atribuição da responsabilidade pelos problemas de indisciplina na escola é o aluno e, em particular, a família. De fato, este é um ponto que se deve levar em conta, mas não é o único.

Houve uma mudança muito grande na relação escola-sociedade. É importante se dar conta disso para não cair em reflexões saudosistas, como, por exemplo, "os alunos de antigamente eram melhores", ou "no meu tempo todos eram mais respeitosos".

O que mudou na escola?

Atualmente, a escola não é mais um instrumento de ascensão social nem o professor é valorizado como mediador dessa ascensão. Há alguns anos, a escola não era tão agradável, mas os alunos passavam a frequentá-la para poder ser "alguém na vida". Temos exemplos de pessoas que estudaram muito e estão desempregadas, e de pessoas que não estudaram e se deram bem. É nessas pessoas que os jovens se espelham.

Um dos muitos problemas enfrentados pelos professores é o dos estudantes inadaptados, isto é, aqueles que apresentam perturbações de estruturação espaço-temporal ou de lateralidade.[1] Outro é o dos alunos que sofrem de dislexia, de disortografia ou discalculia.[2]

Esses alunos foram alvo, desde o início do século passado, de pesquisadores e médicos que procuraram definir as possibilidades de desenvolvimento e de estímulos adequados para eles. Surgiram várias modalidades de Educação, a princípio para atender às deficiências, mas depois estendidas para a população escolarizada.

Aproprio-me das contribuições da Psicologia e da Psicanálise para poder estudar o comportamento de alguns alunos que necessitam de cuidados especiais e poder encaminhá-los aos especialistas adequados. Na verdade,

---

1. Problemas na organização espacial acarretam dificuldades em distinguir letras que se diferem por pequenos detalhes, em trombar nos objetos, em não respeitar margens, entre outras. As perturbações de estruturação de lateralidade provocam dificuldade na utilização dos termos direita e esquerda, em seguir direção gráfica da leitura e da escrita e outras.
2. Dislexia, disortografia e discalculia são chamadas de Transtorno de Aprendizagem que acarretam dificuldades, respectivamente, para a aquisição de leitura, da expressão escrita e dos processos matemáticos.

era muito comum, há alguns anos, deixar de lado as crianças que não tinham um bom desempenho acadêmico. Isto ocorria devido à falta de conhecimento de como trabalhar com eles.

Surgiram estudos que identificaram várias síndromes que afetam o desenvolvimento pedagógico do indivíduo, como a de Asperger[3] e a do DDA.[4] Atualmente, existem vários recursos que podem ajudar as crianças portadoras dessas deficiências a frequentar escolas regulares.

Outra síndrome que atinge muitos jovens, conforme CURY (2003), é a do pensamento acelerado (SPA). Esta síndrome apresenta-se como uma das maiores consequências do excesso de estímulos da televisão, que apresenta por hora muitos personagens com as mais diversas características de personalidade, e os que competem com a imagem não só dos pais, como também dos professores. Também contribui para o desenvolvimento desta hiperatividade de origem não genética o excesso de informações e ainda o incentivo excessivo ao consumo e à estética. Na SPA, a velocidade dos pensamentos leva também à necessidade de aumento de novos estímulos, o que torna as crianças e jovens mais ansiosos e agitados.

Os professores, ao ser questionados sobre essas novas atitudes dos alunos, concordam que atualmente eles estão mais agitados que no passado.

Ao ter conhecimento dessas síndromes e de suas características é preciso que os profissionais da Educação conheçam um pouco da mente humana para descobrir ferramentas pedagógicas capazes de transformar a sala de aula em um lugar menos estressante.

É, portanto, minha função, como coordenadora pedagógica, dar aos docentes subsídios para enfrentar o cotidiano em sala de aula, para que possam desempenhar o papel de facilitadores da autonomia dos alunos e prepará-los para atuarem de forma competente, criativa e crítica, como cidadãos e profissionais.

Como a minha atuação se efetiva no relacionamento com os professores, na troca de informações e de conhecimentos, na elaboração e no acompa-

---

3. A síndrome de Asperger é uma desordem neurológica que resulta em uma série de dificuldades, dentre as quais se incluem problemas de comunicação e de sociabilidade.
4. Distúrbio de Déficit de Atenção (DDA) é uma condição de base orgânica. Há uma falha na estrutura cerebral, que tem por principais características a dificuldade em manter o foco da atenção, o controle da impulsividade e a agitação, que é a hiperatividade. É também chamado TDAH ou THDA.

nhamento conjunto dos planejamentos, dos projetos e das propostas de trabalho, deixo também um espaço no meu dia a dia para lhes dar um atendimento particular.

O coordenador pedagógico e os alunos

Considero que a finalidade fundamental do processo educativo é a de que o aluno seja protagonista na construção de seu próprio conhecimento, e o professor um facilitador desse processo. Por isto, é essencial olhar diferente para os alunos. Minha responsabilidade sobre o sucesso (ou não) deles é muito grande. Não posso me culpar pelo insucesso da aprendizagem dos alunos, mas posso me culpar pela omissão, ou seja, notar que há problemas relacionados à aprendizagem de certos alunos e não encaminhá-los para os profissionais especializados.

No final dos anos sessenta, ao surgir as figuras do coordenador pedagógico e do orientador educacional, suas funções foram assim definidas:

> o primeiro atenderia aos professores, isto é, faria as reuniões de planejamento, a elaboração de planos de ensino, a discussão e a proposição de métodos e de técnicas pedagógicas, individualizantes e socializantes;
> ao segundo caberia a atuação junto aos alunos nas áreas de orientação de estudos e de orientações profissional, psicológica e familiar, além de funcionar como um elo entre a família e a escola.

Em escolas nas quais existem o coordenador e o orientador, deve haver um cuidado para delimitar as funções de um e do outro, mas eles devem preparar as atividades em conjunto.

Assumi as duas funções por achar que era inviável a delimitação da atuação desses dois atores trabalhando juntos em um mesmo cenário, para um mesmo público. Não consigo ficar alheia ao que acontece aos meus alunos.

No início de cada ano, elaboro atividades especiais para receber os estudantes e, assim, mostrar-lhes como são importantes. Muitos dos alunos são novos e vêm acompanhados de uma nova realidade; os outros, que já estudavam na escola, prontos (ou não?) para enfrentar um novo ano letivo, com algumas novidades. Em comum entre eles: uma expectativa muito grande do que está por vir.

O início do ano letivo é um momento muito especial, pois pode representar tudo aquilo que o aluno espera da escola: motivação para o estudo, apoio para a resolução de seus problemas, atenção e carinho.

Também preparo os professores para esta recepção, que não é uma grande festa, mas sim um acolhimento que quer demonstrar para os alunos, desde o primeiro dia, o desejo de uma relação saudável de trabalho e de confiança.

O aluno precisa ter conhecimento daquilo que está fazendo na escola, precisa saber com quem pode contar para realizar suas tarefas, e, também, que deve trabalhar com os professores e os outros funcionários. O aluno precisa reconhecer seus espaços, seus direitos e seus deveres.

Na escola onde sou coordenadora, minha sala está estrategicamente situada no corredor em que estão localizadas as salas destinadas aos alunos de 6º a 9º anos. Gosto de deixar a porta aberta quando estou trabalhando, para vê-los transitar por ali. Acho importante que os estudantes saibam que estou sempre à disposição deles.

Nas primeiras semanas de aula, os alunos de 6º ano, ainda se sentem um pouco inibidos e acham que minha função é apenas "chamar a atenção de quem aprontou". Passado o tempo, começam a me procurar para fazer reclamações de colegas e até de professores.

Em minhas conversas particulares com os alunos que apresentam comportamentos indesejáveis, como brigas ou desrespeito aos professores, procuro estimular cada um deles a pensar antes de reagir, a não ter medo de assumir um erro, a ser líder de si mesmo, a não permitir ser levado por conversas de outros e a saber lidar com as contradições da vida. Se não houver controle das emoções, os jovens podem se tornar insensíveis, e daí ofenderem e machucarem os outros, ou, ainda, podem se tornar hipersensíveis, preocupados com a dor dos outros, esquecidos de si mesmos. Outro caso é o dos alunos alienados, que não ferem os outros, mas também não pensam no futuro, não têm sonhos nem metas.

O coordenador pedagógico e a família

Minhas atividades como coordenadora, no entanto, não se restringem apenas à formação dos professores e ao atendimento aos alunos.

O mundo de hoje requer uma escola voltada também para a formação mais ampla de suas crianças, e esta é uma das características do projeto pedagógico do colégio, ao enfatizar que:

> Esse novo perfil de escola, já consolidado no Colégio Uirapuru tem o intuito de propiciar uma preparação global ao aluno, onde ao ensino, vertical, de caráter eminentemente acadêmico, foi acrescentado um corte horizontal, com ênfase para a pesquisa, o trabalho em grupo, a utilização de novas tecnologias de informação, o estudo de problemas sociais, o esclarecimento amplo sobre temas como ética, cidadania, disciplina, drogas e sexualidade (PLANO DIRETOR, mimeo).

Ao adotar esta postura educacional, a instituição precisa desenvolver com os professores e as famílias uma relação de parceria para realizar um projeto em comum, isto é, para assumirem juntos a educação da criança e do adolescente, do filho ou do aluno. Esta relação de parceria implica confiança mútua e cumplicidade.

Ao conversar e observar os pais, percebo que muitos deles foram influenciados por novos conceitos derivados da Psicanálise, que mudaram alguns paradigmas, tais como: o que enfatiza a evolução emocional, tida como mais essencial para a aquisição de informações, e o que considera as primeiras experiências infantis como definitivas, por isso elas não podem ser traumáticas, e tantos outros que influenciaram o ato de educar.

Foram os pais muito sensibilizados pelas novas teorias psicológicas, segundo as quais o primordial era dar amor aos filhos, mas eles se esqueceram de mostrar aos filhos os limites, agindo com muita permissividade para não tratá-los de maneira repressiva como foram tratados.

Outro problema que afeta as crianças e os adolescentes diante da atitude titubeante dos pais quanto à transmissão de valores é a instabilidade das relações conjugais. Muitos adultos se apegam aos filhos mais do que devem porque querem suprir a falta do outro cônjuge, e acabam não tendo firmeza nem autoridade para impor às crianças as frustrações necessárias na aquisição de valores para o crescimento emocional.

Essas observações indicam, em parte, por que as famílias têm transferido para as escolas a responsabilidade que, historicamente, vinham exercendo da educação de seus filhos, como a formação de valores morais, a criação e o fortalecimento de vínculos, a colocação de limites, entre outras. Daí a importância de se estabelecer um diálogo mais intenso entre os parceiros (escola e família).

Procuro sempre deixar bem claro, nesta relação, que existe um projeto político-pedagógico da escola sobre as possibilidades e os limites de ação:

> do papel da coordenação, para que não interfira em ações que não sejam puramente pedagógicas;
> do papel dos pais, para que não esperem da coordenação pedagógica uma interferência puramente familiar.

São vários os pais que me procuram para saber sobre a vida escolar dos filhos porque não têm um relacionamento cordial com os cônjuges e, sem constrangimento, contam particularidades de sua vida pessoal.

Essa situação emocional dos pais dos alunos é bastante prejudicial ao desempenho escolar das crianças, e os professores precisam também saber como enfrentar certas situações.

O maior desafio de meu trabalho, portanto, é levar os atores do cenário escolar a um autoconhecimento e a uma prática compartilhada.

Tenho certeza de que minha trajetória até aqui trouxe muitos frutos, pois pude identificar não só os acertos, mas também refletir sobre os erros cometidos.

Porém, não posso encerrar minha trajetória por aqui. O processo de modernização da sociedade está cada vez mais acelerado e, como decorrência, os sujeitos precisam estar preparados para isto.

Referências bibliográficas

ALMEIDA, L. R. de. Um dia na vida do coordenador pedagógico de escola pública. In: PLACCO, V. M. N. de S.; ALMEIDA, L. R. de (Orgs.). *O coordenador pedagógico e o cotidiano da escola*. São Paulo: Loyola, 2003.

AVANZINI, G. *A pedagogia atual: disciplinas e práticas*. (Org.). São Paulo: Loyola, 1999.

CASTRO, A. D.; CARVALHO, A. M. P. (Orgs.) *Ensinar a ensinar*. São Paulo: Pioneira Thomson Learning, 2001.

CHRISTOV, L. H. da S. Teoria e prática: o enriquecimento da própria existência. In: GUIMARÃES, A. A.; MATE, C. H. et al. *O coordenador pedagógico e a educação continuada*. São Paulo: Loyola, 2003.

CLEMENTI, N. A voz dos outros e a nossa voz. In: PLACCO, V. M. N. de S.; ALMEIDA, L. R. de (Org.). *O coordenador pedagógico e o espaço de mudança*. São Paulo: Loyola, 2001.

CURY, A. *Pais brilhantes, professores fascinantes*. Rio de Janeiro: Sextante. 2003.

DANTAS, H. "Do ato motor ao ato mental: a gênese da inteligência segundo Wallon" e "A afetividade e a construção do sujeito na psicogenética de Wallon". In: LA TAILLE, Y. de. *Piaget, Vigotsky e Wallon: teorias psicogenéticas em discussão*. São Paulo: Summus, 1992.

DEWEY, J. *Como pensamos*. São Paulo: Companhia Editora Nacional, 1959.

_____. *Experiência e Educação*. São Paulo: Nacional, 1971.

FURLANETTO, E. C. O papel do coordenador pedagógico na formação contínua do professor: dimensões interdisciplinares e simbólicas. In: QUELUZ, A. G. *Interdisciplinaridade: formação de profissionais da educação*. São Paulo: Pioneira, 2000.

FUSARI, J. C. Formação contínua de educadores na escola e em outras situações. In: BRUNO, E. B. G.; ALMEIDA, L. R. de; CHRISTOV, L. H. da S. (Orgs.). *O coordenador pedagógico e a formação docente*. São Paulo: Loyola, 2003.

GARRIDO, E. Espaço e formação continuada para o professor-coordenador. In: ALMEIDA, L. R.; BRUNO, E. B. G.; CHRISTOV, L. H. (Orgs.). *O coordenador pedagógico e a formação docente*. São Paulo: Loyola, 2002.

HOUSSAYE, J. *Quinze pédagogues: Leur influence aujourd'hui*. Paris: Armand Colin, 1994.

MACHADO, N. J. *Conhecimento e Valor*. São Paulo: Moderna, 2004.

NÓVOA, A. *O professor e sua formação*. Lisboa: Publicações Dom Quixote, 1995.

_____. Os professores e a história da sua vida. In: NÓVOA, A. (Org.). *Vidas de professores*. Lisboa: Porto Editora, 1992.

PLACCO, V. M. N. de S. O coordenador pedagógico no confronto com o cotidiano escolar. In: PLACCO, V. M. N. de S.; ALMEIDA, L. R. de (Orgs.). *O coordenador pedagógico e o cotidiano da escola*. São Paulo: Loyola, 2003.

Plano de curso do Colégio Uirapuru da Organização Sorocabana de Ensino (OSE). Sorocaba, 1988 (mimeo).

Plano de organização didática e administrativa do Centro de Educação Infantil. Sorocaba, 1980 (mimeo).

RESWEBER, J. P. *Lés pedagogies nouvelles*. Paris: Presses Universitaires de France, 1992.

ROGERS, C. *Liberdade para aprender*. Belo Horizonte: Interlivros, 1978.

_____. *Tornar-se pessoa*. Lisboa: Moraes editores, 1973.

SCHÖN, D. A. Formar professores como profissionais reflexivos. In: NÓVOA, A. (Org.). *Os profissionais e a sua formação*. Lisboa: Publicações Dom Quixote, 1995.

VASCONCELLOS, C. dos S.: *Disciplina: construção da disciplina consciente e interativa em sala de aula e na escola*. São Paulo: Libertad, 2006.

_____. *Coordenação do trabalho pedagógico*. São Paulo: Libertad, 2006.

ZABALZA, M. Os dilemas práticos dos professores. *Pátio: revista pedagógica*, São Paulo, n. 27, p. 8 a 11, ago./out., ano 7, 2003.

Pensando sobre o texto

1. Para assumir as funções de coordenação pedagógica, além da experiência docente é necessária uma formação acadêmica na área. Procure na Lei nº 9.394/1996 a indicação desta formação. Além disso, pesquise quais as condições para que um professor assuma a coordenação pedagógica no seu Estado e no seu Município.

2. Este texto, escrito pela professora Maria Flora Machado de Araújo Fonseca, retrata sua trajetória profissional, isto é, como foi se constituindo coordenadora pedagógica. Você também deve conhecer alguém que ocupa esse cargo em uma instituição de ensino. Entreviste esta pessoa. Para tanto, elabore um conjunto de questões que o ajude a conhecer como esse profissional se preparou para desenvolver as ações de coordenação pedagógica.

CAPÍTULO 7

Tempo pedagógico e os saberes a ensinar

Ana Gracinda Queluz Garcia

Neste artigo, a articulação entre o tempo pedagógico e os saberes a ensinar é focalizada com base na concepção que adoto sobre os saberes do professor. O termo concepção é entendido como processo de construção social. "É um processo de construção histórica e política que o sujeito vai tecendo com o passar do tempo e em torno de si mesmo, mediando-se, óbvio, pelo Outro" (SOUZA, 2004, p. 3).

Esta definição ajuda-me a compreender que os saberes do professor são construídos em espaços e tempos articulados na intermediação entre três mundos – objetivo, das coisas materiais e subjetivo – dos quais os professores retiram elementos para construir seus saberes. A inserção do professor em seu campo de atuação acontece pautada nos saberes que estão na base da construção da sua identidade profissional.

A articulação entre temporalidade e os saberes do professor é apoiada no pressuposto de que as dimensões da vivência temporal dos professores e alunos podem dificultar ou ajudar na dinâmica da sala de aula, ativando ou bloqueando o processo de ensinar e aprender.

A identificação dos pontos de confluência e divergência entre a experiência temporal desses dois atores sociais pode desvelar e revelar aspectos importantes para repensar a formação inicial e continuada dos docentes. Com base na reflexão e análise sobre as referidas articulações poderemos com maior clareza descrever o "tempo pedagógico" e, apoiados nesta descrição, redimensionar a importância do tempo na formação interdisciplinar de professores e de alunos.

Esse é o tempo destinado à escola para produzir experiências significativas de aprendizagem, que devem ter como qualidades temporais básicas o prazer de aprender e de ensinar.

A qualificação do tempo como pedagógico objetiva recortar da vivência temporal cotidiana o tempo vivenciado na escola, em situação de aprendizagem. Refere-se, assim, a uma pluralidade de tempos que se entrelaçam na Educação: horário escolar, tempo de estudar, de fazer tarefas, de avaliar, de aprovar, de reprovar, de acerto, de erro, do lúdico, de interagir, de competir, de denunciar, de anunciar, de construir, de desconstruir, de busca, de resposta, de refletir, de repetir...

O tempo pedagógico é reflexo do tempo social. Na Idade Média era marcado por um estilo teleológico, sendo a escolástica um exemplo disto. Escolástica refere-se ao:

> estudo filosófico e teológico, em uma grande síntese do patrimônio comum do pensamento humano, orientado pelo conhecimento, quer provenha da experiência sensível (ciência), quer se origine da reflexão (filosofia), quer se valha da Revelação divina (teologia). (ULLMANN, 1994, p. 44)

O tempo da Modernidade é socialmente marcado pelo aspecto econômico.

A virada do século traz genericamente a diversificação, a expansão e a chamada profissionalização do ensino superior. Este se torna cada vez mais importante para a promoção dos indivíduos, para a afirmação nacional, para o progresso científico, econômico, nacional e internacional, para a formação das elites, dos quadros sociais e das relações entre os sexos, com a mulher ingressando em volume numérico nas universidades. (FONSECA, 2003, p. 105)

O tempo pós-moderno é determinado pelo viver, por viver, "estar junto", sem nenhuma outra finalidade. É o tempo das não finalidades, da desordem, da negação, para a afirmação de uma nova ordem. "A visão pós-moderna do mundo e da educação corresponde simultaneamente com os conceitos de globalização, holística, revolução tecnológica" (FONSECA, 2003, p. 109).

Atualmente, experimentamos o impacto das novas tecnologias na Educação, que tem como resultado, em termos vivenciais, temporalidades mais fragmentadas e ritmos de vida mais acelerados. Em termos cronológicos, o impacto é imenso, considerando-se a velocidade da obtenção de dados, imagens, sons e animação produzidos pelo computador.

Diante deste quadro, algumas questões se fazem presentes:

> Como instrumentalizar o pesquisador para que possa capturar de dentro do tempo social o tempo pedagógico de professores e alunos?
> Como compreender esse tempo capturado na sua articulação entre o tempo singular e pessoal do sujeito e a circularidade do tempo cotidiano?
> Há compatibilidade entre temporalidade e saberes do professor?

Assim, foi possível desenvolvermos algumas ideias que consideramos importantes para coleta e análise de dados qualitativos sobre temporalidade.

A existência humana é marcada pela experiência temporal em suas duas dimensões – cronológica e *kairológica* – que são objetos de investigação. O tempo cronológico é o do relógio, quantificado, contado e medido. O tempo *kairológico* é o vivencial, subjetivo; do *insight* e da inspiração. As temporalidades vivenciadas neste nosso tempo apresentam-se hoje mais fragmentadas, e os ritmos de vida cada vez mais acelerados.

Se, por um lado, as novas tecnologias nos permitem realizar operações que são muito complexas em um tempo muito próximo do real, por outro, as experiências emocionais ganham no tempo contornos muito diferentes, pois, diante da dor, da espera, do prazer, o fluir do tempo é experienciado de distintas maneiras: como estagnação, como velocidade impossível de acompanhar, curtir e como esperança

Para o professor, o tempo sempre parece muito pouco, muito pequeno para o exercício das suas três funções – de mediador, de decidir e de ensinar e aprender com grupos heterogêneos e muitas vezes difíceis.

O resultado da pesquisa realizada em uma escola pública localizada em uma favela na cidade de São Paulo, a respeito da maneira como professores e alunos vivem o tempo da sala de aula, permitiu avanço na compreensão desta questão e do tempo pedagógico.

A contribuição desta pesquisa foi clarificar o fato de a vivência do tempo do professor caracterizar-se pela rigidez do tempo do relógio, vivenciado em direção ao cumprimento de tarefas no tempo previsto e tendo outro foco na qualidade da convivência entre os alunos. Por outro lado, o tempo dos alunos é assinalado por um tempo desvinculado do relógio, é um tempo marcado por situações imprevistas e por mudanças rápidas e drásticas, é um tempo vivenciado em direção à sobrevivência. O dilema do professor em relação à concepção do tempo pedagógico como tempo tarefeiro ou tempo criativo, precisa ser abordado em discussões sobre formação do professor.

O tempo da escola não é mera realidade objetiva (4, 8 anos, 4 horas diárias, 180 dias letivos). É uma realidade psicológica e cultural construída na vivência e representação coletiva. O que conta ao lembrarmos do tempo da escola é essa representação cultural, objetiva e subjetiva, individual e coletiva. (CORREIA, 1996, p. 7)

A questão do tempo pedagógico tem sido considerada por muitos autores como um dos principais problemas nas escolas atuais. O estresse relacionado a problemas de vivência temporal – falta de tempo e de perspectiva de um futuro melhor, sobrecarga de informações provenientes das novas tecnologias de informação – é fator que influi decisivamente no fracasso dos professores.

Em todo o mundo, há milhões de professores que, diariamente, trabalham com crianças, jovens e adultos, cujas temporalidades não são as mesmas, mas que ocorrem de modo simultâneo.

Em cada lugar, os sistemas sucessivos do acontecer social distinguem períodos diferentes, permitindo falar de hoje e de ontem. Este é o eixo das sucessões. Em cada lugar, o tempo das diversas ações e dos diversos atores e a maneira como utilizam o tempo social não são os mesmos. No viver comum de cada instante, os eventos não são sucessivos, mas concomitantes. Temos aqui, o eixo das coexistências. (SANTOS, 1997, p. 126)

A escola é o espaço que reúne todos, professores e alunos, com suas múltiplas possibilidades de diferentes usos do espaço (território) relacionadas às possibilidades distintas de uso do tempo.

Olhar para a formação docente pela ótica do tempo como sucessão, o designado tempo histórico, como tem ocorrido frequentemente, suscita em nós um questionamento: não seria melhor olhar a formação docente pela ótica da simultaneidade? Pensamos que a simultaneidade das diversas temporalidades dentro do espaço da sala de aula deve ser considerada nos estudos e investigações sobre formação docente, uma vez que "o tempo como sucessão é abstrato e o tempo como simultaneidade é o tempo concreto, já que é o tempo da vida de todos" (SANTOS, 1997, p. 127).

ASSMANN (1998) sugere que para levar a Pedagogia ao enfrentamento da questão do tempo deve-se:

> apontar diretamente para os novos espaços do conhecimento, entendendo com isso tanto a transformação dos espaços tradicionais como a descoberta de espaços efetivamente novos propiciados pelas novas tecnologias eletrônicas. (ASSMANN, 1998, p. 191)

No campo da Pedagogia esta discussão é recente, apresentando maior desenvolvimento na década de 1990. Cumpre destacar que o tempo da escola é bastante marcante nos processos de socialização, de construção de saberes, condutas e valores. As Ciências Sociais têm avançado e contribuído na constatação da importância do tempo na construção do ser humano.

A pedagogia passou a ter mais sensibilidade com as dimensões temporais dos processos de socialização e construção do conhecimento. O tempo escolar, pensado apenas como carga horária, distribuição de matérias, de conteúdos a serem ensinados a partir de lógicas precedentes passa a ser retomado como componente central dos processos de aprender, de socialização, de construção de sujeitos sociais e culturais. O tempo redefine sua centralidade nos processos de formação do ser humano e também nos processos de ensino-aprendizagem e de socialização. (ARROYO, 1996)

Pautando-se em pesquisas e estudos realizados à luz da teoria da interdisciplinaridade, constatamos que a concepção de tempo pedagógico nesta perspectiva propõe o rompimento com a maneira como o tempo tem sido considerado na vida escolar. Como as disciplinas, ele tem sido fragmentado e dosado segundo o "espaço" ocupado pelos conteúdos curriculares. Esse tempo espacializado, matematizado, tem se prestado melhor para a Educação das crianças de uma classe social cujo comportamento e quadro de valores privilegiam a convivência entre as pessoas. Essas crianças têm maior facilidade de compreensão da fala, dos gestos das expectativas de seus professores, pois têm familiaridade com esse tempo cronológico. Entretanto, outra camada social, composta de pessoas que vivem abaixo da linha da pobreza, sem moradia fixa, vivem de "bicos" (subemprego), pessoas cujos códigos de fala e valores estão calcados na sobrevivência, têm muita dificuldade para lidar com esse tempo cronometrado para o aprender, mesmo porque não têm familiaridade com rotinas e tarefas.

A investigação sobre as duas dimensões temporais permitiu primeiro desvelar, para revelar, posteriormente, como a relação das crianças com o tempo que lhes é dado para o aprender define sua identidade como aluno.

Na escola, o espaço onde se desenrola esse tempo escolar, a copresença e o intercâmbio entre a população adulta (na maioria professores) e a infantojuvenil (alunos) são condicionados pelas infraestruturas existentes, suas normas de utilização, pela "negociação" sobre o uso do "território" e pelas possibilidades de vida cultural localmente propiciada.

Para as crianças que não entram em sintonia com o tempo escolar não há negociação para o uso do "território" e tampouco a possibilidade de compartilhar da vida cultural local. Essas crianças perturbam, perdem tempo, fazem os professores perderem seu tempo e, também, não aprendem.

Compreendemos que a vivência de um tempo criativo enfatiza a atenção às duas dimensões da temporalidade – a primeira representada por *cronos*, pois temos a consciência da passagem do tempo, marcada pelos milênios, pelos séculos, pelos anos, pelos meses, pelos dias, pelas horas, pelos minutos e pelos segundos, nos quais dois aspectos podem ser apreendidos, um de valor quantitativo, que nos dá uma medida, por exemplo, trinta anos, e outro de aspecto de valor qualitativo, que nos permite atribuir ao tempo a qualidade do tempo vivido.

A segunda dimensão do tempo é representada por *kairós*, e nos dá o momento mágico em que a qualidade do existir no mundo pode ser transmutada em busca da criação de uma nova maneira de viver a vida.

Podemos avançar na compreensão da articulação entre as duas dimensões do tempo, *cronos* e *kairós*, ao constatarmos que estas precisam ser respeitadas e consideradas para que se possa, no processo educativo, de fato ressignificar a maneira de viver o tempo. O compromisso com a vivência criativa do tempo enfatiza a valorização de tudo o que possa estar em si mesmo, no seu valor profissional, na força do aprender como centro do trabalho pedagógico, no aluno como pessoa em fase de desenvolvimento. Está no agir como pessoa-profissional, pleno do seu direito de criar, aceitar-se como pessoa em desenvolvimento. Desenvolver um olhar e uma escuta sensíveis a si mesmo e aos alunos, no compromisso com o ato de aprender, tendo nos conteúdos um pré-texto para instrumentalizar os alunos na leitura de si mesmos, do meio em que vivem, despertando o desejo e a esperança de transformação do trabalho pedagógico num exercício contínuo da busca da ética, base da construção da cidadania.

A apropriação do tempo das crianças e adolescentes pelos pedagogos, [...] foi meticulosamente planejada pelo controle físico dos alunos e dos espaços com vistas a obter resultados morais e culturais nas novas gerações. E o instrumento máximo de regulamentação dos corpos e dos espaços foi o relógio mecânico. Este mecanismo de precisão do tempo infiltrou-se nas atividades sociais e disseminou-se em minutos e em segundos, particularmente nas grades curriculares. É a regulamentação social do tempo materializada em calendário escolar, ano letivo, períodos, semanas, dias, minutos... O gerenciamento do tempo e do movimento dos alunos sincronizado mais exatamente no trabalho escolar de transmissão e de aprendizagem dos conteúdos curriculares vinculou-se a outra noção – a de avaliação, de rentabilidade e de intensidade da rotina escolar. (CORREIA, 1996, p. 65)

A construção do tempo pedagógico verifica-se no interior das relações sociais, tendo o espaço como cenário, e como eixo as sucessivas construções e reconstruções temporais vividas nesse processo.

Concebemos representação temporal como o sentido pessoal que o indivíduo elabora sobre a sua temporalidade, envolvendo as suas próprias experiências, aspectos de teorias científicas, as imagens veiculadas pela mídia e informações que circulam no seu meio, e sobre as relações temporais que estabelece com outros seres humanos.

O estudo sobre uma representação temporal implica analisar como o indivíduo percebe a sua temporalidade nessa relação entre o individual e o coletivo do seu campo de atuação.

Este é o tempo destinado à "escola" para produzir experiências significativas de aprendizagem. Essas experiências devem ter como qualidades temporais básicas o prazer de aprender e o prazer de ensinar.

O tempo vivenciado pelo professor parece sempre muito pouco para o exercício de sua função fundamental, que é ensinar.

O tempo vivenciado pelo professor parece sempre muito pequeno diante das tarefas que lhe são solicitadas, muitas das quais consistem no preenchimento de relatórios e de outros papéis. Essas tarefas na maioria das vezes são adicionadas ao grande número de aulas que esse profissional acaba assumindo para garantir sua sobrevivência.

A vivência temporal do professor aponta, geralmente, para o sentimento de que não dispõe do tempo necessário com os alunos para a construção do conhecimento, como também tempo para dedicar-se à construção de seu próprio trabalho.

Com base na reflexão e análise sobre as referidas articulações, poderemos com maior clareza descrever o "tempo pedagógico", e, com base neste, redimensionar sua importância na formação interdisciplinar de professores e alunos.

O tempo "pedagógico" em uma perspectiva interdisciplinar pressupõe que professores e alunos estejam conscientes de que realizam um movimento de aprender que os leva a valorizarem oportunidades, momentos de inspiração, de descoberta, que podem ressignificar o tempo escolar, de forma a torná-lo progressivamente mais criativo e menos tarefeiro.

Referências bibliográficas

ASSMANN, H. *Reencantar a educação: rumo à sociedade aprendente*. Petrópolis: Vozes, 1998.

CORREIA, T. S. L. *Tempo de escola... e outros tempos: quem viveu assim sabe. E quem não viveu... que pena!* Manaus: Editora da Universidade do Amazonas, 1996.

DURKHEIM, E. Representações individuais e representações coletivas. In: *Sociologia e filosofia*. Rio de Janeiro: Forense Universitária, 1970.

FONSECA, E. *A formação interdisciplinar de um gestor educacional "on the road"*. Dissertação (Mestrado). Universidade Cidade de São Paulo, São Paulo, 2003, 193 p.

ILARI, R. *A expressão do tempo em português*. São Paulo: Contexto, 1997.

KENSKI, V. Memória e prática docente. In: BRANDÃO, C. R. (Org.) *As faces da memória*. Campinas: UNICAMP, [s.d.]. (Seminários 2).

KLEIN, E. *O tempo*. Lisboa: Instituto Piaget. 1995.

MINKOWSKI, E. *El tiempo vivido*. México: Fondo de Cultura Económica, 1973.

PONCE, J. B. *O tempo na construção da docência*. (Tese de Doutorado). Pontifícia Universidade Católica de São Paulo, São Paulo, 1997, 239 p.

QUELUZ, A. G. *A vivência temporal na fala de crianças de pré-escola: uma abordagem fenomenológica*. (Tese de Doutorado em Psicologia Escolar e do Desenvolvimento). Instituto de Psicologia da Universidade de São Paulo, São Paulo, 1989, 253 p.

SANTOS, M. *A natureza do espaço: técnica e tempo – razão e emoção*. São Paulo: Hucitec, 1997.

SOUZA, A. V. M. *Saberes de professor*. Psicopedagogia on line. Disponível em www.psicopedagogia.com.br/entrevistas.asp¿entrLD=9103-02-2004,11:55:

TUMA, M. M. P. *A escola e o tempo*. Paraná: Editora da Universidade Estadual de Londrina, 1999.

ULLMANN, R.; BAHNEN, A. *A universidade das origens à renascença*. Rio Grande do Sul: Editora da Universidade do Vale do Rio dos Sinos, 1994.

Pensando sobre o texto

1. Relate situações que evidenciam divergências entre a sua vivência temporal e dos alunos.
2. Como você resolve essas situações e quais os fundamentos que sustentam a(s) sua(s) ação(ões)?
3. Como você descreve o tempo vivido dentro da sala de aula?
4. Do seu tempo dentro da sala de aula qual porcentagem é marcada pela vivência do tempo criativo e de tempo cronológico (tempo do relógio)? Por que?

CAPÍTULO 8

O desenvolvimento cognitivo e social na adolescência. Escola e sociedade: relato de intervenções pedagógicas

Elisa de Fátima Valério Oleirinha

Apresentação

O capítulo que desenvolvi problematiza questões acerca do conceito de juventude. Trata-se de um conceito dinâmico e centralizador de atenções na sociedade actual. O modo como as famílias orientam e constroem o futuro profissional e pessoal dos jovens afigura-se fundamental para a organização das sociedades. O sucesso dos jovens na sociedade passa pela sua orientação e sucesso académico, pelo que o desempenho escolar e a intervenção pedagógica dos professores se tornam bastante pertinentes. O capítulo que apresento problematiza, também, as questões da relação família e escola, equaciona, segundo diversas perspectivas, dificuldades de aprendizagens de alunos pobres, oriundos de bairros carentes. Por último, descreve experiências pedagógicas de sucesso feitas com esses alunos.

> Qualquer reflexão séria sobre os problemas da educação e ensino passam hoje por esta abordagem tridimensional: língua, escola e sociedade.
> (SANTOS (2002), *Prestígio Linguístico e Ensino da Língua Materna*, p. 87)

Contextualização e problemática social

Foram diversos os autores e os estudos que demonstraram existir uma relação próxima entre a origem social e os resultados de aprendizagens escolares. Contudo, a questão pertinente é a seguinte: que tipo de resposta pedagógica poderemos encontrar nas diferentes vertentes: educativa, psicológica e social? Nessa problemática estão em jogo noções da Psicologia relativamente à compreensão dos fenómenos psicossociais e da sua relação com os processos cognitivos.

Naturalmente que, existindo alguma dificuldade em estabelecer relações entre o insucesso escolar e as classes sociais, torna-se igualmente complexo encontrar soluções. No estudo levado a cabo por BRIGITTE DETRY (1996), descrito na obra *Construção do futuro e construção do conhecimento*, são delimitadas duas potenciais variáveis para melhor compreender os processos que mediatizam a questão das correlações entre os fenómenos psicossociais e os processos cognitivos. As duas variáveis delimitadas são as seguintes: dificuldade em construir o futuro e a caracterização de processos cognitivos.

A demonstração desse estudo conduziu a uma intervenção psicopedagógica, articulando três aspectos diferentes: a motivação intrínseca relativamente à tarefa, trocas entre alunos como forma de construção do horizonte do futuro e construção activa de conhecimentos.

A investigação decorreu entre os meses de setembro de 1991 e julho de 1993 e constituiu um estudo de caso com jovens do bairro de Zambujal (bairro social carente situado na periferia de Lisboa), onde se pretendeu estudar o abandono escolar precoce. Essa investigação deu origem a uma intervenção psicopedagógica em bairros degradados, procurando a reconstrução da construção do futuro por meio do conflito cognitivo.

Para o desenvolvimento do trabalho de investigação foram estabelecidas várias hipóteses:

i. A realização escolar depende da origem social (hipótese já comprovada).
ii. As funções cognitivas podem ser estimuladas ou atrasadas na interacção social. Essa é uma hipótese fundamentada na teoria do desenvolvimento de Piaget, mas com limitações próprias da relação, pouco clara, entre o funcionamento cognitivo e a interacção social.

iii. Indivíduos de origem socioeconómica desfavorecida tendem a apresentar aspirações e projectos de futuro mais restritos. Relacionada a essa hipótese, seria interessante que a Psicologia analisasse a relação entre as práticas sociais ligadas às aprendizagens, à construção de saberes e suas representações, à representação da linguagem (seus usos e representações, sobretudo dos indicadores finos).
iv. Os jovens não escolarizados, ou pouco escolarizados, apresentam configurações cognitivas específicas: dificuldades em categorizar, identificar índices pertinentes, compreender relações em contextos abstractos. Existe um paralelismo entre essas características e o atraso escolar.
v. Existência de uma relação entre as hipóteses "iii" e "iv".

As dificuldades não se prendem com os limites da capacidade de tratamento de informação, mas sim à insuficiência de informação de base.

O conceito de juventude

Tendo em conta a incidência do estudo de determinada população jovem, torna-se pertinente considerar o que é ser jovem. De acordo com o texto de DETRY, o conceito de juventude articula-se sociologicamente com a ideia de modernidade nas sociedades industrializadas e escolarizadas.

Historicamente, verifica-se uma desvalorização do Estatuto da Criança e do Adolescente, mas por volta do século VIII essa tendência inverte-se, começando a verificar-se a promoção da infância e da juventude à medida que os laços familiares se vão fortalecendo: "A partir daí a educação tende a ser cada vez mais alargada e extrafamiliar visando assegurar o êxito de um estatuto profissional e social" (DETRY, 1996, p. 25).

As exigências sociais em termos de crescente especialização tecnológica – que a família não está apta a proporcionar – implicam maior especialização dos indivíduos e, consequentemente, o prolongamento dos seus estudos. Esses aspectos representam uma entrada tardia dos jovens no mundo dos adultos e um maior investimento para as famílias.

Também a ideologia da sociedade moderna é a ideia de uma "sociedade jovem" sustentada pelos apelos comerciais da publicidade, pela promoção da imagem jovem, feita pela comunicação social (especialmente a televisão) e também pelos ditames da moda: "A juventude é, assim, condição que se constitui histórica e socialmente estando, enquanto tal, sujeita aos processos de mudança que ocorrem nas sociedades, os quais lhe vão emprestando novos atributos" (DETRY, 1996, p. 26).

São de ordens diversas os factores, as causas e as consequências que têm, ao longo do século XX, provocado alterações nas condições de socialização dos jovens e que retardam a sua entrada no mundo dos adultos. Alguns desses factores prendem-se a limitações de ordem física dos meios urbanos, como: aumento de mulheres que trabalham fora de casa, diminuição do apoio de estruturas familiares alargadas, despersonalização da Educação na Escola, aparecimento de novos agentes de socialização, existência de jovens malsucedidos na escola e com fraco nível de instrução, necessidade de adaptação da escola às modificações organizacionais e tecnológicas da sociedade, aumento do desemprego juvenil e do trabalho precário.

Na perspectiva de ERIKSON (1967), esses aspectos ampliam cada vez mais o intervalo de tempo entre o começo da vida escolar e o acesso do jovem ao mundo do trabalho, tornando-se um período mais acentuado e consciente e "quase um modo de vida entre a infância e a idade adulta" (ERIKSON, 1967, p. 128). Assim, a noção de juventude torna-se fluida pelos contornos que a definem, quer do ponto de vista dos papéis que lhe são atribuídos, quer pela constante mutação da sociedade moderna, que altera esses mesmos contornos de definição. Essas contradições e ambiguidades, pela forma como a sociedade considera o adolescente, evidenciam o estatuto de juventude que se caracteriza igualmente pela indefinição, pois, para a sociedade, o jovem tanto pode ser considerado uma criança, como um adulto.

Parece, portanto, claro que

(...) a juventude actual corresponde, fundamentalmente, a uma etapa de transição entre a escola e o trabalho, entre a dependência e a autonomia, entre a infância e a idade adulta, entre solteiro e casado. (AMBRÓSIO *apud* DETRY, 1996, p. 30)

O apelo social generalizado aos bens de consumo, conferindo estatuto ao consumismo, enquanto prática e inserção social dos jovens entre grupos de amigos, coloca os jovens numa situação de ainda maior ambiguidade, já que a sociedade moderna prolonga e dificulta a entrada dos jovens no mundo adulto, o qual implica a autonomia económica e a estabilidade profissional. Para os jovens economicamente mais desfavorecidos, as questões da juventude, do sucesso escolar e da sua inserção na sociedade tornam-se ainda mais problemáticas.

A compreensão dos aspectos relativos ao desenvolvimento e à aprendizagem dos jovens em idade escolar não se circunscreve apenas a perspectivas históricas, económicas e sociais potencialmente explicativas, devem também ser articuladas com outras perspectivas, nomeadamente cognitiva e psicossociológica.

Problemática do desenvolvimento cognitivo – abordagem piagetiana

Desenvolvimento e aprendizagem são dois processos diferentes, tal como PIAGET (1970) assinalou. Os estudos feitos por este autor visaram, antes de mais nada, um objectivo de natureza epistemológica no que respeita às relações entre sujeito e objecto, mais precisamente sobre as relações entre desenvolvimento e aprendizagem. Por isso, a distinção entre essas duas noções foi, desde logo, introduzida pelo próprio PIAGET.

Os teóricos da aprendizagem reduzem o desenvolvimento aos fenómenos da aprendizagem. Para esses teóricos, as alterações cognitivas dependem das experiências externas, contudo, postulam a existência de mecanismos gerais internos subjacentes ao desenvolvimento, não inteiramente dependentes de factores externos.

As teorias piagetianas sobre o desenvolvimento introduziram um aspecto inovador, relativamente às teorias em voga nos anos sessenta: a demonstração da actividade mental da criança e a importância atribuída às estruturas cognitivas. A evidência de que diferentes estruturas entram na construção do desenvolvimento e do tipo de aprendizagem que se pode praticar tem implicações para uma teoria psicológica da Educação. PIAGET interessou-se pelos processos de aprendizagem, mas seu objecto principal de estudo era outro: ele pretendeu mostrar a importância dos processos de desenvolvimento e o facto de o conhecimento se construir activamente, e não passivamente.

Il n'était simplement pas intéressé par l'évaluation il a essenciellement voulu montrer límportance des processus du developpment, et le fait que la connaissance se construit activement, plutôt que d'être reçue passivement. (RIBAUPIERRE, 1985)

Ou seja, Piaget não se interessou simplesmente pela avaliação do desenvolvimento, ele pretendeu mostrar a importância dos processos do desenvolvimento e de o facto do conhecimento se construir activamente, em vez de ser passivamente recebido.

Assim, numa perspectiva cognitivista, os teóricos, incluindo PIAGET, são unânimes em considerar a existência de processos internos ao sujeito condicionantes do desenvolvimento e da aprendizagem, tais processos constituem os limites do desenvolvimento e da aprendizagem.

Il nous semble important d'insister sur le fait que les théories développementales, à commencer par la théorie piagétienne, ont bien dèmontré l'existence de telles limites, imposées par des processus psycologuiques internes au sujec. (RIBAUPIERRE,1985)

Por outras palavras, o autor afirma o seguinte: parece-nos importante insistir sobre o facto das teorias desenvolvimentistas, a começar pela teoria piagetiana, que demonstrou muito bem a existência de tais limites, impostos pelos processos psicológicos internos do sujeito.

No entanto, esses aspectos não são os únicos a condicionar os processos de aprendizagem, as interacções e o contexto também exercem influência. Apesar de admitirem a existência de processos internos ao sujeito, os desenvolvimentistas atribuem uma importância maior aos aspectos situacionais e também às diferenças individuais. Enquanto, para alguns, certas noções devem ser ensinadas em certa ordem, porque dependem de uma ordem de competências subjacentes, devendo-se respeitar a sequência desenvolvimentista. Essa, porém, não é uma questão linear. De acordo com FEUERSTEIN, citado por RIBAUPIERRE (1985), a aprendizagem necessita mais de uma quantidade de mediação do que de competências no seu sentido lato, ou, pelo menos, não tem em conta os limites intrínsecos ao sujeito.

A sequência entre duas noções, por exemplo, pode ser aleatória, ela pode ser alterada, desde que se altere o método de aprendizagem. Desse modo, a hierarquização das noções depende mais das experiências do aluno e do método de ensino, do que das competências próprias do sujeito. Por outras palavras, a hierarquização das noções depende mais das experiências anteriores das crianças ou do método utilizado do que das competências próprias do sujeito. Para as noções de dificuldade, semelhante princípio pode ser válido, porém, para noções de diferentes graus de dificuldade a abordagem pode não ser produtiva.

Fica claro que a aprendizagem baseada numa sequência desenvolvimentista se torna mais eficaz, abordagem que coloca em evidência a importância dos factores socioculturais, na mediação e nos mecanismos da aprendizagem. A vasta literatura publicada por PASCUAL-LEONE (entre 1970 e 1987) introduz uma distinção entre o nível subjectivo, abrangendo os esquemas e estruturas que o sujeito pode construir e o nível dito metacognitivo, compreendendo certo número de mecanismos psicológicos. Diferentes tipos de esquemas são definidos, os quais são responsáveis pela planificação e execução das acções, bem como do seu controle, funcionando como intermediários entre as motivações do sujeito e os esquemas cognitivos requeridos para solucionar um dado problema. Esses esquemas controlam, não apenas a interacção com o meio e o uso/regulação dos recursos disponíveis, são também responsáveis pela selecção de esquemas cognitivos pertinentes, bem como pela sua activação. Para PASCUAL-LEONE, esses esquemas cruciais constroem-se em interacção com o meio, em particular com o ambiente humano. Uma boa mediação permitirá à criança construir esquemas executivos (responsáveis pela planificação das acções) apropriados e que, por sua vez, lhe permitirão uma boa utilização dos recursos disponíveis. A "zona de desenvolvimento próximal" corresponde ao progresso que a criança pode fazer enquanto construtora de novos esquemas executivos mais elaborados.

Partindo dos princípios piagetianos sobre desenvolvimento e aprendizagem, ficou demonstrada a importância de factores externos ao sujeito que se relacionam com o ambiente e com a mediação como factores, não únicos, mas determinantes para o desenvolvimento e aprendizagem. Tais estudos são pertinentes para os professores, na medida em que fornecem modelos a ter em conta na planificação do ensino e da aprendizagem e na intervenção educativa.

É importante verificar o papel preponderante da Escola como meio ambiente enriquecedor e estimulador da aprendizagem, principalmente para as crianças oriundas de meios culturalmente mais desfavorecidos. A Escola deve ser elemento desencadeador de motivações, intrínsecas e extrínsecas, que impulsionem o desenvolvimento cognitivo e a aprendizagem. Na aprendizagem e no desenvolvimento, a mediação do professor é peça fundamental visto que ele é o organizador das aprendizagens. Nessa perspectiva, o professor deve possuir noções sobre Psicologia, conhecer o estádio de desenvolvimento em que os seus alunos se encontram, conhecer as limitações e ritmos de aprendizagem de cada um deles. Deve ter a noção do grau de dificuldade das tarefas que propõe (em termos de operações cognitivas, o que é necessário efectuar, e de competências que é preciso possuir para as executar). Deve também planificar experiências de aprendizagem articuladas significativamente, hierarquizadas segundo o grau de dificuldade e adequadas ao nível de desenvolvimento das crianças a que se destina a intervenção pedagógica.

Jovens pobres e aproveitamento escolar – perspectiva psicossociológica

Contrariamente aos outros jovens, aqueles que provêm de famílias pobres não prolongam a escolaridade. Pelo contrário, tendem a abandoná-la precocemente. Alguns jovens ingressam no mercado de trabalho antes de ter legalmente idade para se dedicarem a uma actividade profissional. Essa entrada compulsiva na vida adulta é igualmente marcada pela contracção de responsabilidades familiares.

O âmbito psicossociológico da questão prende-se ao estabelecimento e à análise dos fenómenos de dependência dos jovens relativamente aos pais e também aos seus pares. Estudos realizados demonstram que os jovens são mais dependentes dos pais na projecção do futuro e mais dependentes dos pares nas relações sociais e interpessoais. De qualquer modo, ambos os suportes (parental e dos pares) podem melhorar o desempenho escolar dos jovens.

Segundo ERIKSON (1968), a formação da identidade de um indivíduo ocorre na adolescência. Para o referido autor, essa fase da vida é um "período de 'moratória' que permite ao jovem 'trabalhar' na definição da sua identidade" (DETRY e SIMAS, 2001, p. 224). Não se trata de uma questão linear a afirmação de que a gestão da crise inerente ao período de formação da identidade constitui uma forma de desenvolvimento. Existem variantes de ordem social e outras de ordem psicológica que entram em linha de conta, de acordo com as autoras anteriormente citadas

> à medida que se avança em idade existe uma tendência decrescente em conceitualizar a identidade exclusivamente como social e exterior e uma tendência crescente em conceitualizar a identidade como psicológica e interior. (DETRY e SIMAS, 2001, p. 226)

Assim sendo, poderemos perspectivar a questão do sucesso escolar, segundo uma abordagem da Psicologia do desenvolvimento.

Abordagem desenvolvimentista – construção do futuro

A investigação levada a cabo por DETRY e CARDOSO (1996), por meio dos testes efectuados, dá conta de uma realidade relativamente à organização cognitiva própria da adolescência, do nível das operações lógicas que o adolescente põe em acção e das competências cognitivas que ele desenvolve. Comparativamente aos jovens "não pobres", os jovens de meios sociais desfavorecidos revelaram maior dificuldade em passar para o nível das operações formais. Na perspectiva de PIAGET (1970), a inteligência é uma adaptação definida pelo equilíbrio conseguido entre o indivíduo e o meio. Assim, o desempenho cognitivo do sujeito para executar uma tarefa, resolver um problema, corresponde a uma transformação do seu conhecimento anterior. Daí a importância da variável que constitui a construção do futuro.

Dificuldades na resolução de problemas prendem-se com a falta de conhecimentos, e não com os limites da capacidade do sujeito no tratamento da informação. Segundo PERRET-CLERMONT (1979), essa transformação resultante da interacção social tem efeitos de desequilíbrio e reconstrução cognitiva. DETRY e SIMAS sintetizam esse fenómeno do seguinte modo: "O progresso no raciocínio operatório formal vai também permitir a construção de 'eus hipotéticos': 'eus futuros' ou 'eus possíveis'" (DETRY e SIMAS, 2001, p. 231). As autoras realçam igualmente o facto de as capacidades cognitivas permitirem ao adolescente dar-se conta dessas inconstâncias e indefinições, permitindo-lhe ultrapassá-las.

A investigação levada a cabo permitiu demonstrar que os jovens do bairro do Zambujal (os pobres) revelam dificuldades em construir, projectar o futuro, estabelecer objectivos a longo prazo e controlar os objectivos que pensam poder atingir.

Curiosamente, nas respostas às entrevistas esses jovens não conseguem perspectivar-se como intervenientes activos desse processo: "Estou esperando que me arranjem emprego"; "Não apareceu nada"; "Estou esperando que apareça alguma coisa".

Uma grande percentagem revela que os jovens carentes atribuem importância à escola para conseguir um emprego melhor, ou simplesmente um emprego. Contudo, essa ideia não se tornava suficientemente válida para não abandonarem os estudos ou, em noutros casos, regressarem à escola. Esses jovens têm dificuldade em realizar aquilo a que HAVIGHURST (1948), citado por DETRY e CARDOSO (1996), designou por "tarefas do desenvolvimento na adolescência", dentre as quais construir o futuro, e fazem-no contraditoriamente, pois o futuro passa, nas sociedades modernas, pela Escola.

Esse aspecto leva-nos a questionar, repensar, o papel que a Escola pode, e deve ter junto dos jovens, como facilitadora da aquisição do conhecimento e na construção da identidade profissional dos jovens. Em termos de motivação extrínseca, a possibilidade de o jovem construir activamente, na Escola ou com a ajuda da Escola, essa identidade, pode ser o ponto chave para manter os jovens "pobres" a estudar, pelo menos até o fim da escolaridade obrigatória.

O cognitivo e o social na adolescência

Para PERRET-CLERMONT (1979), tal como para ERIKSON (1967), a inteligência constrói-se na interacção social. De acordo com os vários autores citados no presente texto, a questão principal da adolescência é a sua inserção no mundo dos adultos. De acordo com os referidos autores, essa inserção traduz-se em vários aspectos, como: o adolescente começa a considerar-se adulto e projecta a sua vida futura. Essa fase caracteriza-se "por um tipo de reflexão que ultrapassa a realidade presente e que se compromete na possibilidade do futuro" (CLAES *apud* DETRY, 1996, p. 34).

Essa evolução no raciocínio torna-se possível devido ao surgimento, no adolescente, do raciocínio formal. A questão coloca-se precisamente na dificuldade que crianças e jovens não escolarizados, ou pouco escolarizados, revelam em atingir o nível de desenvolvimento correspondente ao das operações formais. Estudos realizados nesse campo confirmam que, na ausência de estimulação do meio, os indivíduos se mantêm no nível das operações concretas.

Nesse âmbito, VIGOSTSKY (1985) postula precisamente que "todas as funções mentais superiores são relações sociais interiorizadas" (VIGOTSKY *apud* DETRY e CARDOSO, 1996, p. 35), tudo o que está na mente existiu primeiro no social, pois a "cognição é uma linguagem que foi interiorizada" (DETRY e CARDOSO, 1996, p. 35). VIGOSTSKY (1985), por seu turno, refere na sua obra que o sistema de signos culturais passa pela transformação dos processos mentais do indivíduo. De acordo com o quadro teórico apresentado pode-se afirmar que a estimulação social influencia positivamente a construção da actividade cognitiva. Nesse âmbito, questões muito importantes – que podem orientar o trabalho de investigadores e professores, principalmente – podem apontar para intervenções psicopedagógicas que devem incidir em actividades e metodologias as quais propiciem o pensamento ao nível das operações formais como forma de construir o horizonte de futuro.

Processos do conhecimento – entraves metacognitivos

PERRET-CLERMONT (1979), por sua vez, coloca a problemática do insucesso escolar da forma seguinte: teremos de imputar os fracassos "à insuficiência das bases psicológicas nas quais se fundamentam essas intervenções pedagógicas", principalmente no que respeita ao desconhecimento dos processos psicossociais em jogo no desenvolvimento escolar?

Numa perspectiva sociológica, o meio orienta e reforça certas aquisições. Relativamente ao abandono escolar em bairros degradados, o meio social e familiar desfavorece os jovens em idade escolar.

As variáveis evidenciadas por DETRY e CARDOSO (1996) ilustram como "não é a classe social em si mesma a responsável pelos atrasos de desenvolvimento intelectual ou escolar, mas sim uma forma de carência social que se lhe encontra estreitamente ligada" (PERRET-CLERMONT *apud* DETRY e SIMAS, 2001, p. 141). A variável do desenvolvimento cognitivo, que foi considerada como explicativa do abandono escolar registado entre os jovens, objecto deste estudo, não deve ser considerada apenas como causa, pois ela funciona igualmente como efeito do abandono escolar.

Numa situação ideal, o percurso dos adolescentes da dependência para a emancipação seria percorrido com os suportes parental e dos pares equilibradamente. No entanto, nem sempre é assim, o suporte parental na adolescência no seio das famílias mais pobres, muitas vezes, falha.

Para os pobres, residentes no bairro degradado, é clara a importância da Escola para se conseguir um emprego melhor, ou apenas para se conseguir emprego (cinquenta por cento das respostas apontam nesse sentido). Para os outros jovens (os não pobres) é apenas para valorização pessoal.

Apesar de os jovens carentes terem consciência de que a Escola é importante para a vida futura, esse aspecto não se torna suficientemente forte para, de per si, manter, ou fazer regressar os alunos com essas características à Escola. Muitas vezes, um trabalho precário e mal pago ou ilegal resolve a vida no momento imediato, sobrepondo-se às preocupações acerca da vida profissional futura.

Podemos afirmar que, nesse contexto, a Escola apresenta desafios e resultados distantes no tempo (trimestres, anos lectivos), que se chocam precisamente com a incapacidade dos jovens "pobres" em integrar o passado e construir o futuro, de acordo com a posição defendida por NEUENSCHWANDER (2002), tornando pertinente a questão do tempo, tal como realçaram DETRY e SIMAS (2001, p. 228). Podemos acrescentar que a inércia vivida pelo adolescente não indo à escola, esperando por um emprego, confirma esta questão temporal: o adolescente não controla essa relação temporal, não age no presente, no sentido de resolver objectivos próximos, que concorrem para a construção do futuro, que é o da vida adulta. Por outras palavras, esses adolescentes demonstram incapacidade de integrar o seu passado, agir e projectar no presente para construir o seu futuro.

Aplicação a contextos educativos

A investigação levada a cabo por DETRY e CARDOSO circunscreve-se à zona do bairro do Zambujal, o qual tem características físicas e culturais próprias, que conferem ao bairro alguma homogeneidade. Em articulação com a investigação feita, a obra das referidas autoras dá conta de uma intervenção psicopedagógica junto à população escolar, envolvendo a leitura e a produção de enunciados escritos.

Poderemos defender a aplicação dos resultados da investigação a outros contextos educativos por diversas razões. Por um lado, porque o próprio texto de Detry e Cardoso refere que: "existe heterogeneidade entre os jovens do Zambujal" (DETRY e CARDOSO, 1996, p. 19), quer ao nível das capacidades quer do suporte familiar. Ora, nas escolas, verifica-se a existência de turmas heterogéneas e, em outros casos, a existência de turmas maioritariamente constituídas por alunos oriundos de bairros pobres ou degradados. Essa é a realidade de muitas escolas da periferia das grandes cidades.

Por outro lado, também a metodologia utilizada, os instrumentos e a fundamentação teórica, suporte da investigação, conferem fiabilidade aos resultados. A respeito desse propósito poder-se-á relatar algumas intervenções no âmbito da disciplina de Língua Portuguesa, confirmando e reforçando a utilidade que tem para os professores a referida investigação.

Desenvolvimento de competências – leitura e escrita

A escola a que me reporto situa-se precisamente junto a um bairro degradado chamado Quinta do Chegadinho. Os alunos desse bairro inserem-se em famílias de fracos recursos económicos, famílias que se envolvem pouco no percurso escolar das suas crianças e dos seus jovens. Por razões que não cabem discutir no âmbito deste trabalho, constata-se que esses alunos são colocados na mesma turma, transferindo para a escola o ambiente, as regras, os valores, os comportamentos[1] e a linguagem desses mesmos bairros. Daí

---

1. É interessante destacar que, ao longo de treze anos de experiência pedagógica com turmas desse tipo de bairro, o professor pode constatar que as regras comportamentais dessas zonas são transferidas para a escola, entrando facilmente em conflito com as normas e regulamentos internos da escola. Os comportamentos de liderança são dos mais difíceis de controlar e de contornar, mas desse controle depende, algumas vezes, o sucesso do professor na relação com os alunos e na manutenção da disciplina. Esses são factores essenciais para o envolvimento nas tarefas escolares. Em 1995, tive oportunidade de observar aulas de uma professora estagiária cujo comportamento dos alunos era caótico. Foi necessário algum tempo para se compreender que tudo era orquestrado por um aluno, líder do bairro. A solução mostrou-se fácil: o aluno foi chamado a exercer a sua liderança dentro da sala de aula. Fora da escola, ajudava os outros a recolher jornais nos cafés do bairro. Esses jornais foram o ponto de partida para a leitura e a escrita e, mais tarde, foram vendidos à autarquia ao quilograma. O aluno-líder seguiu carreira militar e sua carreira é, hoje, de sucesso.

resultam turmas muito difíceis em termos de comportamento disciplinar e fracas em termos de aproveitamento.

Conforme foi largamente comprovado, esse tipo de aluno apresenta limitações nas suas competências linguísticas, orais e escritas, que condicionam a sua aprendizagem nas diversas disciplinas. A este propósito poder-se-á citar ANA DOMINGOS:

> A forma de linguagem, presente na socialização familiar, induz precocemente na criança diferentes modos de percepção que têm implicações psicológicas e sociológicas na aprendizagem escolar. (DOMINGOS, 1986, p. 13)

> (...) o modo de uso da língua é assim um importante determinante sociológico da percepção e esta tem implicações cognitivas, afectivas e sociais sobre o comportamento e, consequentemente, sobre a aprendizagem. (DOMINGOS, 1986, p. 30)

Sabendo dessa relação entre os alunos de famílias pobres e a dificuldade de aprendizagem, envolvendo a aquisição de conhecimentos linguísticos, o trabalho pedagógico do professor de língua materna torna-se extremamente complexo. Diversos autores, tais como DETRY e SIMAS demonstram que:

> A pobreza persistente (avaliada ao nível pré-natal, no nascimento, e durante toda a infância até aos treze anos de idade) tem efeitos negativos, associados ao nível de competência verbal e das competências na matemática e na leitura. (DETRY e SIMAS, 2001, p. 236)

Por essa razão, a intervenção pedagógica descrita na obra de DETRY e CARDOSO (1996), *Construção do Futuro e Construção do Conhecimento*, serve de modelo a outras intervenções pedagógicas que pretendam desenvolver competências por meio de estratégias que envolvam o conflito cognitivo para a construção do conhecimento, propiciando a construção do futuro. DOISE (1984) defende precisamente que o conflito sociocognitivo resulta em desenvolvimento cognitivo. O conflito sociocognitivo existe quando, numa única e mesma situação, várias abordagens cognitivas a respeito do mesmo problema são produzidas socialmente. Nessas circunstâncias, do confronto entre as diversas abordagens resultará numa nova síntese, mais complexa e mais bem adaptada para a resolução de um problema.

Se o fraco desempenho linguístico e pouco interesse nas tarefas de leitura e escrita dos alunos provenientes de meios pobres são um problema para o professor de língua materna, os textos[2] são um precioso ponto de partida para colocar o aluno perante dilemas pessoais e sociais, passíveis de serem discutidos em grupo. Os mesmos textos possibilitam o enriquecimento de pontos de vista e alargamento de perspectivas. A dramatização permite, de forma lúdica, o envolvimento do aluno e o colmatar falhas na "descentração", possibilitando ao jovem "colocar-se na pele do outro" para melhor compreendê-lo, pois a dramatização e a escrita de diálogos permitem colocar personagens e opiniões em conflito (de uma forma distanciada, evitando confronto). Esse tipo de tarefa e abordagem provoca mudanças positivas no comportamento desses jovens em termos de maior envolvimento nas tarefas escolares, na motivação para permanecer na escola e no comportamento disciplinar.

Exemplificação de práticas integradas na perspectiva apresentada neste capítulo

Os textos e a escrita têm para os alunos, mais ainda para os alunos "pobres", um carácter de inacessibilidade, pois habituaram-se a ver o produto final alinhado correctamente. A estratégia conducente à escrita que tenho posto em prática envolve a desmitificação do processo e do conteúdo da escrita. Como é que essas estratégias podem ser operacionalizadas?

Descrevo, a título de exemplo, um percurso de escrita executado em 1998 com alunos do 9º ano de escolaridade, oriundos do Bairro do Chegadinho. Devido a limitações desses alunos na competência da escrita, a opção foi produzir com eles textos poéticos, porque são curtos, repetitivos, podem se incluir frases curtas, facilitam a relação e a coerência de ideias, entre outros aspectos. Primeiramente, foi preciso levar os alunos a compreender que os textos (até os poéticos) falam do dia a dia, das coisas simples do quotidiano. Em segundo lugar, também os escritores competentes, entre eles o próprio professor, se enganam, erram, riscam e apagam.

---

2. Os textos devem ser de diversas tipologias (argumentativos, informativos, poéticos etc.) e seleccionados com base em rigorosos critérios de acordo com o nível etário, linguístico e cultural dos alunos.

Nessa fase, os alunos foram confrontados com o processo, viram o professor escrever, viram "como é que ele fazia".

Observar, também, textos rasurados de outros autores é uma boa estratégia. Em 1998, os alunos foram confrontados com o texto de Ruy Belo, "Algumas Proposições com Crianças" (autor e texto do programa da disciplina de Língua Portuguesa), e convidados a escrever um texto com o título "Algumas proposições com jovens". Os alunos seguiram a estrutura, a ordenação e a coerência. Reduziram-se os erros às conjugações verbais e à ortografia, facilmente ultrapassada com a ajuda de dicionários e de gramáticas. Surgiram textos interessantes e criativos nos quais os alunos falavam de si próprios, de seus problemas e de seus pontos de vista. Para esses jovens, tornou-se mais fácil produzir outros tipos de texto, pois ao querer especificar, explicar, ao ultrapassar a estrutura limitada do texto, o aluno sente necessidade de produzir texto em prosa (o explicativo, o argumentativo ou outro).

No decurso dos anos lectivos de 2001 e 2002, verificou-se uma alteração curiosa relativamente aos alunos do Bairro do Chegadinho. Durante o verão, grande parte das casas foi demolida e os ocupantes transferidos para outro bairro nas imediações da escola a que pertenciam. Duas das turmas que me foram atribuídas eram compostas por alunos pobres residentes no novo bairro. Nos primeiros contactos com essas turmas, eu ouvia comentários dos outros professores como: "Dão-me sempre os alunos maus"; "Eles não sabem nada"; "Vão reprovar todos no 7º ano". Na verdade foi assim: poucos alunos conseguiram aproveitamento satisfatório, mas as expectativas dos professores terão sido alheias aos resultados?

As expectativas dos professores em relação aos alunos individuais, bem como à turma toda, afectam, na verdade, o estilo de interacção e de relação que os professores têm com os seus alunos e, em alguns casos, o que os alunos aprendem. A relação entre a classe social dos alunos e as expectativas dos professores, bem como as consequências dessas expectativas no desempenho e na autoestima dos alunos, têm sido objecto de reflexão desde os estudos de ROSENTHAL & JACOBSON (1968).

ARENDS (1995) evidencia precisamente a importância que o estatuto socioeconómico pode ter na aprendizagem escolar. A este respeito ARENDS reflecte sobre os resultados de investigações anteriores, afirmando que indicam que os alunos de um estatuto socioeconómico baixo possuem competências linguísticas que poderão não ser devidamente avaliadas através das tarefas escolares típicas. (ARENDS, 1995, p. 149-50)

Na verdade, os jovens pobres possuem uma criatividade funcional, que poderá ser posta em prática nas escolas por meio de metodologias de trabalho usando projectos que colocam desafios para a resolução de problemas práticos do seu quotidiano para os quais já desenvolveram competências, geralmente pouco ou nada valorizadas na escola. A falta de autoconfiança para acreditar no próprio percurso escolar faz com que alguns alunos não se empenhem nas tarefas.

Em 2001 e 2002, a turma, considerada como a pior da escola, prestou-se a um percurso de trabalho semelhante ao de 1998, anteriormente descrito, dessa vez uma turma do 7º ano de escolaridade, planificado e implementado por mim. O maior problema dessa turma era os alunos recusarem-se a ler e a produzir enunciados escritos.

A estratégia adoptada foi colocar os alunos na posição de ouvintes: ouvir o professor ler, ver o professor escrever e dramatizar os textos. Em todas as aulas um excerto de um livro servia de modelo para introduzir um tema de leitura, uma reflexão que fosse apresentada oralmente, ou dramatizada, ou escrita.

Inicialmente, os jovens ofereceram resistência e inibição relativamente à escrita, por saberem que não dominavam as técnicas, por receio de se exporem ao ridículo junto aos pares, que faziam parte do mesmo grupo do bairro.

A desmitificação dos temas, a dramatização dos textos e a desdramatização do erro teve consequências positivas para o envolvimento desses alunos no trabalho e no aproveitamento. A título de exemplo refira-se o texto colectivo[3] produzido pelos alunos sobre os seus pensamentos. No dia em que a professora chegou à aula, leu o texto e disse: "Foram vocês que escreveram", o aluno mais reticente começou a escrever, a ler e a participar regularmente

---

3. O texto é uma colagem de excertos produzidos pelos alunos e que são representativos daquilo que os alunos discutiram em aula. O texto foi produzido no âmbito da obra *À beira do lago dos encantos*, de Maria Alberta Menéres, e tinha por objectivo levar os alunos a reflectir sobre aquilo que os preocupa, em que costumam pensar, daí o título: "Eu sou o pensamento e aqui me apresento".

das actividades. Foi o último a decidir-se porque não se permitia errar, ou cair no ridículo, ou dar o mau exemplo, precisamente por ser o líder do grupo, da turma e dos jovens do bairro. Esse aluno que, em dezembro, considerou a hipótese de abandonar os estudos, em fevereiro começou a envolver-se no trabalho, terminou o ano lectivo com sucesso escolar e estava motivado para continuar os estudos até terminar a escolaridade obrigatória. Esse facto teve muita importância, porque, sendo o líder, influenciou positivamente os seus pares.

As palavras de ERIKSON (1968) parecem vir a propósito:

> Se a segunda fase estabeleceu a necessidade de ser definido pelo que se pode "querer" livremente, então o adolescente procura agora uma oportunidade de decidir, com livre assentimento, sobre um dos rumos acessíveis ou inevitáveis de dever e serviço; e, ao mesmo tempo, tem um medo mortal de ser forçado a actividades em que se sentisse exposto ao ridículo ou à dúvida sobre si próprio. (ERIKSON, 1968, p. 129)

O mesmo autor refere ainda o papel do professor na formação da identidade dos seus alunos, referindo que o desenvolvimento de um sentido de inferioridade, o sentimento de que "eu nunca prestarei para nada", é um perigo que pode ser minimizado quando o professor sabe enfatizar o que uma criança pode fazer sozinha.[4]

O trabalho de preparação, planificação relativo à aquisição de competências linguísticas é complexo e exige, da parte do professor, a consciência dos processos psicossociais e ainda das competências linguísticas, científicas e pedagógicas que lhe permitam arquitectar percursos de aprendizagem adequados, que prepare os alunos para a vida. Na mediação entre o jovem e o conhecimento, o professor é realmente fundamental, visto que é o organizador das aprendizagens. Acerca da importância do professor de língua materna, importa referir as palavras de DULCELINA SANTOS:

> "Uma língua não pode ser ensinada, treinada, automatizada, só pode ser percepcionada, intuída (*awareness*), adquirida experimentalmente, logo de

---

4. Possibilitando e maximizando a aprendizagem a partir da zona proximal de desenvolvimento, conforme a perspectiva de Vigotsky.

modo complexo. Deve ser aprendida em processo reflectido, marcado por estratégias adequadas que até podem ser sugeridas, ensinadas (SANTOS, 2002, p. 143).

Referências bibliográficas

ARENDS, R. *Aprender a ensinar*. Amadora: MacGraw-Hill, 1995.
BUCHEL, F. P. *L'Éducation cognitive: le developpment de la capacitè d'apprentissage et son èvaluation*. Lausanne: Delachany et Niestlé, 1995.
DETRY, B.; CARDOSO, A. *Construção do futuro e construção do conhecimento*. Lisboa: Fundação Calouste Gulbenkian, 1996.
DETRY, B; SIMAS, F. *Educação, cognição e desenvolvimento*. Lisboa: Fundação Calouste Gulbenkian, 2001.
DOISE , W. "Régulations sociales des opérations cognitives". In: HINDE, A.; PERRET-CLERMONT, A. *Relations interpersonnelles et développement des saviors*, Symposium de la Fondation Fyssen, 1984.
DOMINGOS, A. et al. *A teoria de Bernstein em Sociologia da Educação*. Lisboa: Fundação Calouste Gulbenkian, 1986.
ERIKSON, E. *Identidade, juventude e crise*. Tradução de Álvaro Cabral. Rio de Janeiro: Zahar, 1967.
HAVIGHURST, R. J. *Developmental tasks and education*. Nova York: McKay, 1972.
NEUENSCHWANDER, M. *Desenvolvimento e identidade na adolescência*. Coimbra: Almedina, 2002.
PASCUAL-LEONE, J. Organismic Processes for Neo-Piagetian Theories: A Dialectical Causal Account of Cognitive Development. In: *The Neo-Piagetian Theories of Cognitive Development: Toward an Integration*. Amsterdã: Ed. Demetriou, 1988.
PERRET-CLERMONT, A. *A Construção da inteligência na interacção social*. Lisboa: Instituto Piaget, 1979.
PIAGET, J. *Le Langage et la pensée chez l' enfant*. Neuchâtel: Delachaux et Niestlé, 1970.
RIBAUPIERRE, A.; RIEBEN, L. Etude du fonctionnement opératoire: quelques problèmes methodologiques. *Bulletin de Psychologie*, Tome XXXVIII, n. 372, 1985.

ROSENTHAL, R.; JACOBSON, L. *Pygmalion in the classroom*. Nova York: Rinehart and Winston, 1968.

SANTOS, D. S. *Prestígio Linguístico e ensino da língua materna*. Porto: Porto Editora, 2002. Colecção Mundo dos Saberes 29.

TUCKMAN, B. *Manual de investigação em educação*. Lisboa: Fundação Calouste Gulbenkian, 2000.

Pensando sobre o texto

1. Problematize a relação língua, escola e sociedade, articulando as conclusões do estudo realizado por Detry e Cardoso.
2. Explicite o essencial das teorias cognitivistas e desenvolvimentistas.
3. Explique a importância de estratégias metacognitivas na aquisição do conhecimento.
4. Refira o papel da Escola como lugar privilegiado da aprendizagem.

CAPÍTULO 9

Formação de professores e a relação entre atitude face à matemática e literacia matemática

Maria André Trindade

É dever do Estado português [...] promover a democratização da educação e as demais condições para que a educação, realizada através da escola e de outros meios formativos, contribua para a igualdade de oportunidades, a superação das desigualdades económicas, sociais e culturais, o desenvolvimento da personalidade e do espírito de tolerância, de compreensão mútua, de solidariedade e de responsabilidade, para o progresso social e para a participação democrática na vida colectiva.
(PORTUGAL. Constituição da República Portuguesa. Artigo nº 73, Título III, § nº 2, da Constituição da República Portuguesa, 2005)

O sistema educativo [português] responde às necessidades resultantes da realidade social, contribuindo para o desenvolvimento harmonioso da personalidade dos indivíduos, incentivando a formação de cidadãos livres, responsáveis, autónomos e solidários e valorizando a dimensão humana do trabalho.
A educação promove o desenvolvimento do espírito democrático e pluralista, respeitador dos outros e das suas ideias, aberto ao diálogo e à livre troca de opiniões, formando cidadãos capazes de julgarem com espírito crítico e criativo o meio social em que se integram e de se empenharem na sua transformação progressiva.
(Lei nº 46/1986, de 14 de outubro, artigo 2º, §§4 e 5. *In* Lei de Bases do Sistema Educativo Português)

Preparar e facilitar a integração dos jovens estudantes numa sociedade democrática e tecnologicamente avançada constitui um dos objectivos principais dos sistemas educativos europeus e, em particular, do português. Consequentemente, a instituição escolar deve proporcionar aos estudantes ferramentas e competências para que eles possam ser cidadãos capazes de ler e interpretar a realidade do seu quotidiano e possam intervir de forma crítica, lúcida e responsável sobre essa mesma realidade. Deste modo, poderão existir cidadãos capazes de contribuir para o progresso da sociedade em que estão inseridos. Naturalmente que o carácter compreensivo e complexo da realidade requer a aplicação de "ferramentas"/competências matemáticas na sua "leitura", pelo que é indispensável que a Escola as possa fornecer a todos os jovens, dependendo a sua aquisição apenas das diferentes capacidades de cada um. Então, essa deve ser, em nossa opinião, a principal finalidade da "educação matemática" no ensino obrigatório.

A declaração do ano 2000 como "Ano Mundial da Matemática" mostra bem a importância do processo de alfabetização numérica no contexto socio-económico-tecnológico em que vivemos.

Também o estudo nacional de literacia, intitulado *"A Literacia em Portugal: resultados de uma pesquisa extensiva e monográfica"*,[1] veio evidenciar a relevância da problemática educativa e cultural no que diz respeito à avaliação de competências de *literacia*, e que esta não é uma problemática da exclusiva responsabilidade dos governos, mas, antes, exige o envolvimento e a participação de toda a sociedade.

Se por Literacia se entender as capacidades de processamento de informação na vida quotidiana, então, o conhecimento rigoroso da distribuição destas competências na população afigura-se-nos necessário ao delineamento de políticas conscientes, nos campos educacional, cultural e sócio-económico, as quais devem contribuir para um quadro de desenvolvimento integrado e sustentável. Na verdade, a promoção da literacia implica mudanças em todos os níveis do sistema educativo (desde a pré-escolar ao superior), no

---

1. Primeiro estudo deste género realizado em Portugal e inspirado em estudos pioneiros do mesmo género, realizados nos Estados Unidos da América (EUA) e no Canadá, e que decorreu de uma iniciativa conjunta do Conselho Nacional de Educação, da Fundação Calouste Gulbenkian e do Instituto de Ciências Sociais da Universidade de Lisboa, para além de outras individualidades nacionais e estrangeiras que também deram o seu contributo.

que respeita à sua articulação e interacção à luz de um modelo de Educação permanente. De facto, o ser humano habita um planeta cada vez mais complexo e, portanto, requerendo uma divulgação maior e um maior domínio da Matemática, de forma a torná-lo mais facilmente inteligível por um número crescente de cidadãos. Por isso, a Matemática é, também, cada vez mais encarada como instrumento de poder por parte, quer dos países mais desenvolvidos, quer dos cidadãos matematicamente mais preparados.

Assim, parece-nos lógico que os sistemas educativos se preocupem cada vez mais com o desenvolvimento do processo de ensino e de aprendizagem e, neste caso específico, com a educação em Matemática. Com efeito, é este o campo que nos interessa particularmente, e, sendo ele tão vasto, decidimos concentrar nossa atenção numa componente da aprendizagem da Matemática que, em nosso entender, a condiciona de forma decisiva a atitude em face da Matemática.

Assim, impõe-se uma reflexão sobre:

> o que se pretende, actualmente, do ensino da Matemática – considerando as principais mudanças ocorridas nas últimas décadas;
> o papel a desempenhar pela escola nesse processo; e
> as exigências que se colocam, neste contexto, ao professor de Matemática.

Ao pretendermos que a disciplina de Matemática tenha um papel relevante no "assegurar uma formação geral comum a todos os portugueses" (Lei nº 46/1986, de 14 de outubro, artigo 7º *In* Lei de Bases do Sistema Educativo Português), estamos a utilizar o conceito de uma Matemática para todos. Com contornos pouco definidos, este conceito não está ainda totalmente elaborado e assimilado, nem são claramente visíveis todas as suas implicações ou consequências, quer para o ensino, quer para a aprendizagem desta matéria.

A Matemática para todos corre o risco de ser associada à "Matemática para não matemáticos". Tal designação é infeliz e encerra alguns perigos. Em primeiro lugar, porque sugere que, caso se destinasse a futuros matemáticos, a actual Matemática escolar, no fundo, até serviria ao papel pretendido. Segundo, porque pode dar origem a um entendimento segundo o qual há uma Matemática de primeira – aquela que serviria àqueles que porventura pretendam seguir um curso nessa área –, e outra, de segunda, para os restantes. Em terceiro lugar, porque tal designação evidencia, sobretudo, diferenças ao nível dos conceitos matemáticos a ensinar, e, finalmente, porque sugere que o ensino da Matemática se justifica, principalmente, em função de necessidades subsequentes, colocando-se, assim, a ênfase nos aspectos mais instrumentais da Matemática e menos nas suas potencialidades formativas (GUIMARÃES, 1996).

Ainda que hoje se reconheça que os alunos precisam saber mais Matemática (ou, talvez, outra Matemática), Matemática para todos não pode significar uma espécie de um "máximo de Matemática", pois tal entendimento levaria à sobrecarga dos programas, dos alunos e dos professores, e seria de eficácia duvidosa. No entanto, Matemática para todos não pode ser entendida como uma espécie de "Matemática mínima", de um nível inferior, menos exigente. Pelo contrário, por razões sociais, psicológicas e da própria Matemática, reconhece-se que esta disciplina escolar de hoje deve privilegiar capacidades de nível superior – de análise, crítica, estabelecimento de conexões, diversidade de representações, resolução de problemas etc. – visando aos níveis cognitivos elevados, devendo, ainda, promover o desenvolvimento das capacidades de decisão.

A par disso, por se reconhecer que a Matemática está hoje cada vez mais presente em muitos sectores da vida pessoal e social, é importante que todos os alunos saibam pensar e se comunicar matematicamente, e que o ensino desta disciplina vise ao desenvolvimento de atitudes positivas face a essa ciência e um melhor conhecimento do papel que tem desempenhado ao longo da história da humanidade.

Por se pretender para todos, a Matemática escolar deve mudar o nível dos objectivos, dos conteúdos e das metodologias. *Educação para todos – Matemática para todos*, é no fundo o desafio que os professores certamente já sentem há algum tempo, e sentirão de forma cada vez mais intensa (GUIMARÃES, 1996).

Acreditando no senso comum quando afirma que só aprendemos verdadeiramente aquilo que de facto nos interessa, o que se poderá interpretar como só se produz verdadeira aprendizagem[2] quando desenvolvemos uma atitude positiva face àquilo que se pretende aprender.

---

2. No sentido de aprendizagem significativa (AUSUBEL, 1968).

Também DAMÁSIO (2000) ressalta que as emoções estão presentes durante todo o desenvolvimento humano, assim como em todas as suas experiências e, ainda, que recentes estudos em laboratório mostram que a emoção integra processos de raciocínio e decisão, isto é, que o mecanismo neurológico da emoção é subjacente ao mecanismo do raciocínio.

Foi com esta convicção que desenvolvemos nosso estudo, no qual tentámos explicitar esta relação, que acreditamos significativa, entre atitude face à Matemática e literacia matemática, bem como reflectir um pouco sobre quais as exigências que esta relação vem impor ao professor de Matemática. Procurámos, assim, acrescentar ainda um pequeno contributo, susceptível de ter alguma utilidade no que respeita à formação, quer inicial, quer contínua, deste tipo de professor.

O trabalho surgiu de uma tomada de consciência perante uma situação de agravamento progressivo no que diz respeito aos níveis de insucesso em Matemática no contexto escolar e educativo português. Na verdade, têm vindo a ser presentes à comunidade científica da Educação estudos de origem diversa que patenteiam as dificuldades crescentes dos estudantes portugueses no processo de educação em Matemática. Estas dificuldades podem ser consideradas um importante factor designativo do nível de (i)literacia matemática da população portuguesa.

Aceitando a asserção de GRAFF (1987) de que o conceito de literacia envolve a construção de significado com base em fontes variadas de informação e exige a comunicação desse significado a um conjunto variado de receptores, somos levados a questionar o que a instituição escolar é (ou pode vir a ser) capaz de fazer para preparar os indivíduos no sentido de poderem tornar-se, permanentemente, literados. Com efeito, a permanência é o factor primordial e actual do conceito de literacia na opinião de POWEL (1990).

Perspectivando a temática atrás esboçada por meio da relação interactiva dos conceitos de (in)sucesso em Matemática, alfabetização numérica e atitude face à disciplina de Matemática, procurámos iluminar o enquadramento teórico do conteúdo a trabalhar.

O objectivo geral da tarefa que nós cometemos orientava-se em dois sentidos:

❯ a procura de pistas explicativas sobre a possível influência que a atitude dos alunos, face à disciplina de Matemática, poderia ter sobre o nível de literacia por eles alcançado nessa disciplina;
❯ para a reflexão sobre os desafios que se colocam, no âmbito da formação de professores de Matemática, relativamente à sua capacidade de resposta face a esta problemática.

Importa, porém, esclarecer dois dos conceitos chave deste trabalho: os de "atitude" e de *literacia* matemática.

Na tentativa de definição de "atitude" em contexto de ensino e de aprendizagem da Matemática – em cujo rigor nos empenhámos, tentando, assim, ultrapassar uma das críticas feitas a todos aqueles que trabalham as atitudes no ensino[3] – é importante ainda realçar que se podem distinguir duas grandes categorias (NATIONAL COUNCIL OF TEACHERS OF MATHEMATICS, 1989):

❯ atitudes face à (ou, para com a) Matemática
❯ atitudes matemáticas

A primeira categoria de atitudes é marcadamente afectiva (interesse, apreço, valorização ...), enquanto na segunda sobressai a componente cognitiva.

Nosso trabalho incidiu sobre o primeiro tipo – atitudes face à Matemática –, mas tal não significa que menosprezássemos a componente cognitiva. Efectivamente ela foi considerada sempre que pertinente ou necessária, mas, de facto, a ênfase foi colocada na componente afectiva.

No que respeita ao conceito de (i)literacia matemática, ele é, segundo RASCH (1992), um factor que afecta tanto os alunos como os professores, na medida em que também estes, para que o seu ensino seja eficaz, deverão ter desenvolvido literacia matemática e ter consciência da importância desta disciplina.

Se assim não for, o mais provável é que não gostem da disciplina, adquiram uma preparação deficiente e mantenham concepções erróneas (*misconceptions*) relativamente ao conhecimento matemático. Esta situação é tanto mais

---

3. MCLEOD (1991, p. 576): "Os educadores, ao contrário dos psicólogos, contentam-se com uma definição pouco rigorosa de atitude e isso pode ser observado através dos instrumentos de medida que são desenhados para medir isoladamente componentes específicas da atitude".

grave quanto é natural que estes factores não sejam os mais favoráveis à promoção do sucesso dos seus alunos na disciplina em causa. Se o professor de Matemática não tiver gosto, não sentir prazer em ensinar e não for suficientemente conhecedor face às matérias que ensina, é pouco provável que ele possa levar seus alunos a sentir prazer em aprender Matemática. Esse prazer é um dos motores que podem levar ao sucesso e à construção da literacia matemática, porque dificilmente esquecemos aquilo de que realmente gostamos.

Se é um facto que o conhecimento evolui hoje a uma velocidade nunca antes verificada, então o mais importante talvez não seja tanto a captação do conhecimento em si, por meio de rotinas mais ou menos elaboradas, mas, antes, a preparação do aluno para o processamento da informação captada em função das suas vivências, informação posteriormente organizada, em esquemas próprios e integrada nas estruturas de pensamento que já possui. Ou seja, uma organização curricular formada por princípios construtivistas (DRIVER & OLDHAM, 1986) poderá ser um caminho para evitar que os nossos estudantes actuais se venham a tornar adultos matematicamente iliterados (ou, o que é ainda pior, professores de matemática iliterados).

Assim, os objectivos que devem presidir o ensino da Matemática para todos enformam a justificação do lugar de destaque que a Matemática ocupa no sistema escolar. Por um lado, a aplicabilidade a inúmeros problemas do quotidiano e, por outro, as características próprias desta disciplina constituem uma combinação que serve objectivos ligados ao desenvolvimento de capacidades e hábitos intelectuais, assim como formas de raciocínio e de comunicação. Por outras palavras, podemos dizer que a aprendizagem da Matemática deverá contribuir para a formação de cidadãos matematicamente literados, com as implicações já atrás referidas.

As intenções educativas preconizadas não devem, pois, consistir na adição de um certo conhecimento a um conjunto de capacidades e atitudes, mas, sim, na formação e desenvolvimento de um saber útil – a que o aluno atribui valor – pela integração de capacidades e atitudes, integração esta promotora da aquisição de certo tipo de conhecimentos, viabilizando a respectiva utilização em situações diversificadas do quotidiano dos alunos. Trata-se, pois, de um saber-fazer em situação, mobilizador das capacidades, atitudes e conhecimentos necessários para dar resposta satisfatória às questões problemáticas que a situação (de ensino) apresenta. Essa resposta, que não deve ser confundida com o treino, pode passar pela pesquisa e selecção de nova informação, pela construção de novos conhecimentos, pela aquisição de novos procedimentos e habilidades, pelo desenvolvimento de capacidades ou, ainda, pela aquisição e desenvolvimento de novas atitudes e valores.

Um ensino virado para a aquisição e desenvolvimento da literacia matemática traduzir-se-á na "aquisição e mobilização de saberes e de saberes-fazeres" que permitam ao aluno (futuro cidadão) "ler" e interpretar a realidade do seu quotidiano nos diferentes conceitos matemáticos, explícitos ou implícitos, que a enformam.

O nosso estudo incidiu sobre alunos do 9º ano de escolaridade, visto ser este o último degrau da escolaridade obrigatória no sistema educativo português (Lei nº 46/1986, de 14 de outubro, artigo 7º *In* Lei de Bases do Sistema Educativo Português).

É lícito esperar que, ao saírem deste segmento de ensino, todos os alunos tenham adquirido e desenvolvido as várias capacidades humanas exigidas para uma completa inserção num mundo em constante mudança e a sensibilidade às influências sociais e culturais. Ou seja, de acordo com o conceito apresentado por GRAFF (1987), parece lícito esperar que todos os alunos, sujeitos do processo da educação básica obrigatória, sejam cidadãos literados, capazes de intervir de forma consciente no mundo que os rodeia.

Assim, o trabalho que realizámos pretendia:

> ❯ em primeiro lugar, caracterizar e tentar explicar a relação, que críamos existir, entre a atitude dos alunos face à Matemática e o nível de literacia matemática desses mesmos alunos;
> ❯ reflectir sobre as exigências que esta relação impõe ao professor de Matemática.[4]

Os resultados foram obtidos com base numa metodologia (descrever em 3 ou 4 linhas) através de (instrumentos de recolha). Isso permitiu-nos concluir que, no que respeita à caracterização da atitude dos alunos face à Matemática, que a maioria dos inquiridos:

---

4. Tentámos, desta forma, acrescentar um pequeno contributo na resposta a dar às repercussões dessas mesmas exigências na formação dos professores de Matemática.

1. não manifestava ansiedade face à Matemática;
2. não gostava de se relacionar com esta disciplina;
3. não reconhecia o aspecto lúdico da Matemática;
4. manifestava não saber estudar Matemática;
5. reconhecia-lhe um valor utilitário, isto é, como se fosse "um mal necessário";
6. sentia-se motivada para estudar Matemática;
7. reconhecia a Matemática como uma disciplina interessante e com utilidade;
8. expressava confiança nas suas capacidades de melhorar o seu desempenho na disciplina de Matemática e alargar o leque das suas possibilidades de futuro;
9. manifestava desagrado em resolver problemas de Matemática;
10. não considerava a Matemática uma disciplina muito teórica, ou pouco interessante;

Também pudemos concluir que:

❭ as manifestações, por parte dos alunos intervenientes, de ansiedade, gosto, utilidade, motivação e autoconfiança, não variaram em função do género, nível etário ou mesmo com a classificação obtida na disciplina de Matemática no final do ensino básico;
❭ o historial de sucesso ou insucesso académico na disciplina de Matemática parecia condicionar a postura destes alunos face à disciplina de Matemática;

No que respeita à literacia matemática, os resultados obtidos permitem-nos afirmar que:

1. a sua consonância quer com os estudos realizados sobre Literacia, quer com a investigação realizada sobre o nível de insucesso dos alunos portugueses na disciplina de Matemática;
2. apresentam uma correlação positiva com o nível de classificação obtido pelos alunos no final do ensino básico;

3. o número de reprovações na disciplina de Matemática, ao longo do ensino básico, parece ser um mau indicador para o nível de literacia matemática desses alunos;
4. os principais factores aparentemente impeditivos de sucesso são:
   > a dificuldade em encontrar estratégias adequadas em termos de resolução de problemas;
   > a dificuldade em estabelecer relações entre conceitos;
   > a dificuldade em reconhecer padrões;
   > a falta de espírito crítico em relação às ordens de grandeza.

Julgámos pertinente salientar, ainda, que a nossa preocupação fundamental na realização deste estudo foi tentar compreender se existia uma relação significativa, e qual o seu tipo, entre a atitude dos alunos face à disciplina de Matemática e o nível de literacia matemática dos mesmos.

Mas, tal não implicava que abandonássemos uma reflexão cuidada sobre o perfil desejado para o Professor de Matemática neste contexto e, consequentemente, sobre o papel da formação de professores neste âmbito.

Essa reflexão levou-nos à elaboração de um módulo de formação para professores de Matemática que visava capacitá-los para o desenvolvimento de atitudes positivas nos seus alunos relativamente à Matemática. Este módulo tinha, necessariamente, que ser aplicado a um grupo de professores que desejassem continuar a sua formação.

Os principais objectivos dessa formação foram:
1. identificar os fundamentos para a formação, desenvolvimento e medida de atitudes;
2. analisar estratégias para o desenvolvimento de atitudes;
3. seleccionar e aplicar, em contexto de sala de aula, estratégias para o desenvolvimento de atitudes positivas face à disciplina de Matemática;
4. analisar e debater os resultados das estratégias aplicadas.

Os temas que estiveram na base do desenvolvimento deste módulo foram os a seguir apresentados:

A. A atitude face à disciplina de Matemática e o sucesso escolar dos alunos – alguns resultados da investigação educacional;

B. O conceito de atitude e as suas componentes estruturantes;

C. Noções básicas sobre a medição de atitudes – instrumentos mais utilizados;

D. Estratégias para o desenvolvimento de atitudes – variáveis condicionantes e sua análise;

E. Elaboração de estratégias para o desenvolvimento de atitudes positivas face à disciplina de Matemática;

F. Análise, interpretação e debate dos resultados obtidos na sala de aula, após a aplicação do módulo.

Esta formação centrou-se, essencialmente, no desenvolvimento de atitudes positivas face à Matemática, não dando grande relevância ao desenvolvimento do nível de literacia matemática, uma vez que, como verificámos no estudo referido, existe uma relação estreita entre estes dois aspectos. Os principais aspectos a trabalhar com os professores foram aqueles que o estudo realizado mostrou serem os que maior influência têm, quer na atitude dos alunos face à disciplina de Matemática, quer no nível de literacia matemática alcançado por aqueles: a ansiedade dos alunos face à Matemática e a utilidade que estes reconhecem no estudo desta ciência.

Com efeito, ao tentar dar resposta às reflexões impostas pelas conclusões deste estudo, um aspecto que, de imediato, ressaltou foi a influência do grau de ansiedade dos alunos em relação à disciplina de Matemática e a utilidade que lhe reconhecem (ou não) como "ferramenta" de interpretação e intervenção, no seu quotidiano, quer na atitude desses alunos face à Matemática, quer no seu nível de literacia matemática.

Os resultados obtidos após a aplicação do módulo de formação parecem indicar que, para desenvolver nos alunos uma atitude mais positiva face à Matemática, e levá-los a obter um bom nível de literacia matemática, será fundamental formar professores que tenham a capacidade (a coragem e até a audácia!) de "combater" e reduzir ao máximo a ansiedade que seus alunos têm ou desenvolvem (e é comum desenvolverem) face à Matemática, e que sejam capazes de abordar esta disciplina como um instrumento relevante e fundamental na interpretação e na intervenção no quotidiano, ligando-a, assim, ao contexto vivencial dos estudantes.

Para concluir, acrescentaremos que é nossa convicção, face ao estudo atrás desenhado em traços muito gerais, que o "perfil desejável" do actual professor de Matemática será o de um profissional capaz, também, de facilitar o desenvolvimento de atitudes positivas face à Matemática, uma vez que este desenvolvimento apresenta uma forte correlação positiva com o nível de literacia matemática que os alunos vêm a atingir e, consequentemente, com o seu sucesso educativo. Desse modo, se aprender matemática implica a existência de uma atitude positiva face à Matemática, então, ensinar Matemática implica, necessariamente, facilitar o desenvolvimento dessa atitude, pelo que a formação de professores de Matemática aptos a enfrentar o desafio que se lhes coloca vem a enquadrar-se numa didáctica do socioafectivo.

Quando tentamos que os nossos alunos aprendam algo relativamente afastado dos seus interesses, exige-se-nos que o acto de ensino seja imbuído de afectividade. Assim... será possível ensinar Matemática sem... sentimento?

Questões finais

Descrição de um caso

Após a análise dos dados recolhidos quando da implementação do módulo de formação já atrás mencionado, deparou-se-nos um caso interessante que gostaríamos de partilhar convosco, até porque é um exemplo ilustrativo do que foi concluído. Trata-se do caso do professor António, docente do quadro de uma escola do Ensino Básico (1º até 9º ano de escolaridade) da região de Évora, em Portugal.

Estruturámos esse módulo de formação em duas partes. A primeira visou ao enquadramento teórico da problemática em estudo e centrou-se, essencialmente, no primeiro objectivo atrás definido: Identificar os fundamentos para a formação, desenvolvimento e medida de atitudes.

Este objectivo foi operacionalizado e desenvolvido através dos temas:

1. Atitude face à disciplina de Matemática e sucesso escolar dos alunos: alguns resultados da investigação educacional;
2. O conceito de atitude e as suas componentes estruturantes; e
3. Noções básicas sobre a medida de atitudes: instrumentos mais utilizados;

As estratégias seguidas neste primeiro momento da formação centraram-se, preferencialmente, no debate, na análise de documentos oficiais e na apresentação, comentário, experimentação e análise de resultados obtidos mediante a utilização de vários instrumentos de medida de atitudes.

Foi interessante registar que a postura inicial do professor António se traduzia por comentários do tipo:

> "... isto da atitude face à Matemática é tudo treta!";
> "... bem, mas o que interessa é saber Matemática!";
> "... se se souber gosta-se e pronto!..."; ou
> " ... o mais importante é saber!..."

Assumia, pois, como primordial, o conhecimento "puro e duro" desta ciência.

Depois de termos começado a experimentar alguns instrumentos de medida de atitudes e a fazer a análise dos resultados obtidos pelos vários professores envolvidos na formação, o professor António começou a questionar-se e a considerar a hipótese de que talvez fosse importante utilizar alguns materiais e alguns meios auxiliares de ensino para "... ajudar os alunos a compreender melhor os conceitos".

A segunda parte da formação caracterizou-se pela utilização de uma metodologia de carácter mais prático e interventivo, e iniciou-se a partir do segundo objectivo, assim definido: "Analisar estratégias para o desenvolvimento de atitudes".

Sua exploração foi feita mediante o desenvolvimento do tema D: "Estratégias para o desenvolvimento de atitudes – variáveis condicionantes e sua análise".

A metodologia utilizada neste segundo momento de formação centrou-se, essencialmente, no visionamento, análise e comentário de situações de sala de aula videogravadas, por meio da análise e valorização sistemáticas das relações estratégia de ensino (tipo de tarefas) aprendizagens verificadas.

Nesta fase o professor António continuava a pronunciar-se em termos de:

> "... realmente, alguns alunos parecem empenhados e com mais vontade quando o professor lhes conta uma história [contextualiza] para explorar

os conceitos, mas, não sei se compensará o tempo que se perde com isso em vez de fazer mais exercícios!"

Após este segundo momento, passámos a trabalhar o terceiro objectivo: "Seleccionar e aplicar, em contexto de sala de aula, estratégias para o desenvolvimento de atitudes positivas face à disciplina de Matemática" em coordenação com a temática referida no tema E: "Elaboração de estratégias para o desenvolvimento de atitudes positivas face à disciplina de Matemática".

Os formandos trabalharam em pequenos grupos, sendo que cada elemento do grupo experimentava, nas suas aulas, as estratégias preconizadas, trazendo posteriormente os resultados obtidos para discussão no grupo.

Esta tarefa tinha como finalidades principais:

> levar os formandos a comparar e analisar entre si os resultados obtidos;
> levá-los, ainda, a identificar e caracterizar as semelhanças e as diferenças existentes;
> propiciar que eles encontrassem explicações a partir das condicionantes referentes ao desenvolvimento de atitudes positivas já anteriormente analisadas,
> conduzi-los a uma apreciação/avaliação de como cada um as considerou/enfatizou no trabalho desenvolvido com os seus alunos em contexto de sala de aula.

O trabalho desenvolvido pelos grupos foi apresentado, discutido e analisado em plenário, dando-se cumprimento ao 4º objectivo da formação, assim enunciado: "Analisar e debater os resultados das estratégias aplicadas", através da operacionalização dos temas E e F de formação.

Seguiram-se os objectivos números 5 – "Elaboração de estratégias para o desenvolvimento de atitudes positivas face à disciplina de Matemática" e 6 – "Análise, interpretação e debate dos resultados obtidos, na sala de aula, após a aplicação das estratégias elaboradas".

Estas actividades desenvolveram-se através das seguintes estratégias:

> assistência às aulas, quer por parte da formadora, quer por parte de outros elementos do grupo, de forma a objectivar os resultados obtidos,

> análise de aulas videogravadas mediante a utilização de instrumentos de registo adequados.

Todos estes recursos permitiram a objectivação dos resultados, facilitando depois a sua apresentação, discussão e análise, quer intragrupo, quer em plenário.

Foi durante as muitas sessões dedicadas à apresentação, discussão e análise dos resultados obtidos a partir da experimentação, em sala de aula, das estratégias elaboradas e dos relatos partilhados dos percursos realizados por todos os formandos,[5] que surgiram evidências inequívocas de uma atitude positiva face à Matemática.

Em primeiro lugar surgiu dos próprios professores de Matemática que foram formandos neste módulo. Foi gratificante registar afirmações do professor António, exprimindo que:

> "... afinal, no ensino da Matemática não são só os conteúdos que são importantes, é também preciso contextualizá-los na História da Humanidade e na sociedade tecnológica do nosso tempo."
> "... não é o fazer muitos exercícios que conta, mas sim, fazer aqueles 3 ou 4 que são pertinentes e que estimulam o debate, a argumentação e a comunicação matemática com sentido para e entre os alunos."

E, também, ver surgir do debate, em plenário, durante várias sessões de formação, conclusões ancoradas e fundamentadas nos resultados obtidos em sala de aula pelos professores-formandos, afirmações conscientes e reflexões pessoais em que os formandos consideraram possível, importante e, sem sombra de dúvida, vantajoso para o desempenho dos alunos, envolver o plano socioafectivo no processo de ensino e de aprendizagem da Matemática.

---

5. Que muitas vezes exigiram reformulações, fruto da reflexão que foi sendo feita.

Questões reflexivas

1. Considere o programa de Matemática que lecciona aos seus alunos. Em conjunto com os seus colegas, e de acordo com a experiência lectiva de todos, indique as alterações que lhes pareçam pertinentes em:

   1.1 Finalidades e objectivos;
   1.2 Conteúdos;
   1.3 Metodologias (não esqueça a importância da História da Matemática, nem a ligação Matemática–Tecnologia–Sociedade);
   1.4 Processo de avaliação das aprendizagens (note que as aprendizagens preconizadas são, essencialmente, de ordem cognitiva e socioafectiva);
   1.5 Recursos necessários para a leccionação.

2. Em conjunto com os colegas, elabore uma proposta às autoridades académicas para cursos curtos de actualização científica e pedagógico-didáctica, fundada no levantamento de necessidades dos docentes envolvidos.
3. Critique a relevância das atitudes matemáticas e das atitudes em relação à Matemática para o ensino desta disciplina.
4. Debata com os seus colegas a ideia, ainda hegemónica na sociedade, de que "o que importa, no ensino da Matemática, são os conteúdos cognitivos. O resto virá depois!...".

Questões de aplicação

1. Em conjunto com seus colegas, professores de Matemática da escola onde trabalha, identifique, por meio de uma pequena investigação por questionário:

   1.1 As atitudes em relação à Matemática dos alunos a vosso cargo;
   1.2 As atitudes matemáticas desses mesmos alunos.

2. Face aos resultados obtidos, desenhe estratégias de ensino adequadas para esses alunos, em colaboração com os seus colegas.

SUGESTÃO 1: Construa grupos de alunos, por classe, com resultados semelhantes.

> Inicie o trabalho focando as atitudes em relação à Matemática (componente afectiva);
> Recorde que a mudança de atitude requer tempo. Dedique pelo menos um mês a esta tarefa.

SUGESTÃO 2: Inicie o trabalho sobre atitudes matemáticas depois de se assegurar de que os seus alunos têm uma atitude diferente em relação à Matemática.

> Recorde que as tarefas abertas são promotoras de debate, oportunidade para verificar, corrigir e desenvolver a objectividade, a abertura de espírito e a flexibilidade mental dos seus alunos.

3. Utilizando o "Ciclo de Kolb" para as aprendizagens

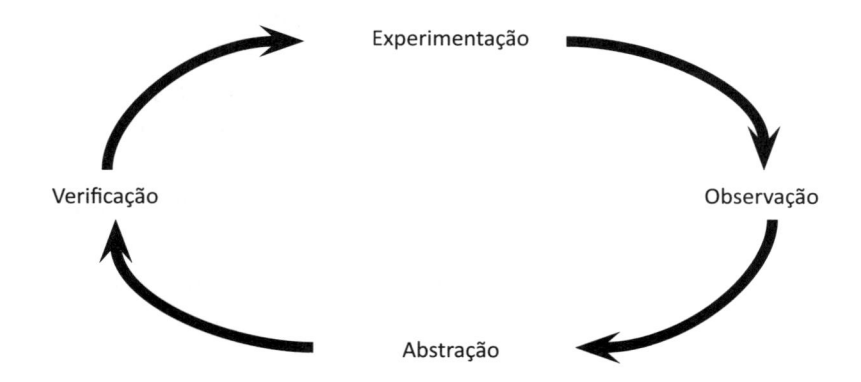

Experimentação → Observação → Abstração → Verificação → Experimentação

Construa uma situação de aprendizagem sobre um conteúdo matemático à sua escolha.

Referências bibliográficas

AIKEN Jr., L. R. Attitudes toward mathematics. *Review of Educational research*. n. 40, 1970, p. 551-96.

ALLPORT, G. W. Attitudes. In: C. MURCHISON; *A handbook of social psychology*. Worcester, Mass. Clark University Press, 1935.

ALMEIDA, L. S.; BARROS, A. M.; MOURÃO, A. P. Factores pessoais e situacionais do rendimento na Matemática: avaliação e intervenção. *Quadrante*, I, 1992, p. 163-83.

ANDERSON, L. W. *Attitudes and their measurment. Educational research, methodology and measurement: An international handbook*. Oxford: Pergamon Press, 1988.

ASSOCIAÇÃO DE PROFESSORES DE MATEMÁTICA. *Renovação do currículo de Matemática*. Lisboa: APM, 1988.

AUSUBEL, D. P. *Educational psychology: a cognitive view*. New Cork: Holt, 1968.

BENAVENTE, A. (coord.) *A literacia em Portugal: resultados de uma pesquisa extensiva e monográfica*. Lisboa: Fundação Calouste Gulbenkian, 1996.

BUXTON, L. *Do you panic about math? Coping with math anxiety*. Londres: Heinemann Educational Books, 1981.

DAMÁSIO, A. *O mistério da consciência*. Lisboa: Publicações Europa-América, 2000.

DRIVER, R.; OLDHAM, V. A constructivist approach to curriculum development. *Science Education*, n. 13, 1986, p. 105-22.

GÓMEZ-CHACÓN, I. M. *Matemática emocional: los afectos en el aprendizaje matemático*. Madrid: Narcea, 1996.

GRAFF, H. J. The lagacies of literacy: continuities and contradictions in western culture and society. Bloomington. In: *Clearinghouse on Reading and Communication Skills* (ERIC Document Service nº ED 311395), 1987.

GUIMARÃES, H. Nova década, novos desafios. In: *Dez anos de ProfMat – Intervenções*. Lisboa: APM, 1996.

HÉRNÁNDEZ, R. P.; GÓMEZ-CHACÓN, I. M. Las actitudes en educación matemática. Estratégias para el cambio. *UNO – Revista de didáctica de las Matemáticas*, n. 13, 1997, p. 41-61.

KEIL. Attitude development. In: HUSEN, T.; POSTLETHWAITE, T. N. *The international encyclopedia of education: research and studies*. v. I. Oxford: Pergamon Press, 1985.

LOPES, I. Como é que as emoções estão presentes na aprendizagem da Matemática? In: BOAVIDA, A. M. et al. *Aprendizagens em Matemática*. Lisboa: Sociedade Portuguesa de Ciências de Educação, 1997.

MCLEOD, D. Research on affect in Mathematics education: a reconceptualization. In: MCLEOD, D.; ADAMS, V. M. *Affect and Mathematical problem solving – a new perspective*. New York: Springler-Verlag, 1991, p. 575-96.

NATIONAL COUNCIL OF TEACHERS OF MATHEMATICS. *Profectionals Standarts for Mathematics Teaching*. Reston: NCTM, 1989.

NÓVOA, A. Concepções e práticas de formação contínua de professores. In: *Formação contínua de professores: realidades e perspectivas*. Aveiro: Publicações da Universidade de Aveiro, 1991.

PORTUGAL. Conselho Nacional de Educação. Situação nacional da literacia. In: *Actas do seminário sobre a situação de literacia*. Lisboa: CNE, 1995.

PORTUGAL. *Constituição da República Portuguesa*. Lei Constitucional nº 1/2005, de 12 de agosto de 2005. Sétima revisão constitucional. Lisboa: *Diário da República* n. 155, Série I-A.

PORTUGAL. Ministério da Educação. *Lei de bases do sistema educativo – Lei nº 46/1986, de 14 de outubro. de 1986*. Lisboa: ME, 1986.

POWELL, W. R. Adult literacy: programs of the future. Comunicação apresentada no *Annual Meeting of the International Reading Associatione*, 1990.

RASCH, K. Mathematical literacy to empower teacher education students. In: *The 21st Centuary – How can this become reality?* Maryville University of Saint Louis MO. Clearinghouse on Assessment and Evaluation (ERIC Document Service nº ED351291), 1992.

SANCHEZ, J. E.; RUIZ, P. O. *La enseñanza de actitudes y valores*. Valencia: Nau Llibres, 1988.

SENSENBAUGH. Multiplicities of literacies in the 1990s. Bloomington. In: *Clearinghouse on Reading and Communication Skills* (ERIC Document Service nº ED320138), 1990.

SHAMOS, M. *The myth of scientific literacy*. New Brunswick: Rutger University Press, 1995.

TAPIA, M. The attitudes toward mathematics instrument. Toscaloosa. In: *Clearinghouse on Teachers and Administrators and policymakers and Practionaires* (SE059692) (ERIC Document Service nº ED404165), 1996.

TRINDADE, M. A. *As relações entre a atitude dos alunos face à disciplina de Matemática e o seu nível de literacia matemática: caracterização e contributo para a formação de professores de matemática*. Tese (Doutorado em Formação de Professores) (Trabalho não publicado.). Badajoz: ICE, Universidad de Extremadura, 2004.

VILA CORTS, A.; CALLEJO, M. L. *Matemáticas para aprender a pensar: el papel de las creencias en la resolución de problemas*. Madrid: Narcea, 2004.

WHITEHEAD, A. *The aims of education and others essays*. New York: The Free Press, 1957.

CAPÍTULO 10

Ensinar Ciências nos anos iniciais do Ensino Fundamental

Alfonso Gómez Paiva

> É por isso que se mandam as crianças à escola: não tanto para que aprendam alguma coisa, mas para que se habituem a estar calmas e sentadas e a cumprir escrupulosamente o que se lhes ordena, de modo que depois não pensem mesmo que têm de pôr em prática as suas ideias.
>
> (Immanuel Kant)[1]

Apresentação

Diante dessa escola bem formatada, com orientações predeterminadas pelo sistema educacional, metas a atingir e seus atores preocupados com a carreira, não podemos esquecer que essa escola cumpre um papel social e, portanto, cada disciplina tem uma razão de existir no currículo. Neste capítulo discutiremos algumas questões que nós, professores, ao ensinarmos, precisamos nos perguntar, tanto durante o período de planejamento como ao longo do ano letivo. São elas: por que, para que, o que e como ensinar Ciências. Caso contrário, estaremos concordando com Kant.

> Não estudamos para a vida, mas para a escola.
>
> (Sêneca)[2]

---

1. Disponível em http://www.pensador.info/frase/Nzk5NA/.
2. Disponível em http://www.pensador.info/frase/MTY1NDA/.

O currículo de Ciências e sua função social

É frequente ouvir dos alunos: "Por que esta ou aquela disciplina é necessária?" ou "Para que se aprende isto ou aquilo?". Essas perguntas podem até parecer absurdas e às vezes ingênuas, mas nós professores temos respostas concretas e convincentes para elas? Até que ponto Sêneca está certo? Como professores, precisamos deixar claro o papel da disciplina de Ciências para pais e alunos. Se partirmos da ideia de que a escola existe para colaborar com o processo de socialização do estudante, então, a escola deverá possibilitar a esse estudante ampliar as redes de saberes para que exerça a cidadania com responsabilidade.

Nesse sentido, as disciplinas devem dirigir seus esforços, dentro do seu campo de atuação, para viabilizar ou criar circunstâncias adequadas e favoráveis à aprendizagem dos alunos; o docente deve selecionar conteúdos úteis que insiram os alunos na sociedade, sem torná-los reprodutores ou conformistas da situação, mas sim pessoas críticas e autônomas, que possam participar do processo de transformação social. Esse processo é inerente a qualquer sistema político, econômico e social. Por outro lado, não podemos nos esquecer de que aprender é uma aventura e, portanto, a disciplina deve saciar a curiosidade dos alunos. Como propõe RUBEM ALVES, temos de ensinar não só as ferramentas, como também os brinquedos. Uma satisfaz o corpo e o outro a alma, única forma para podermos voar e alcançar nossos objetivos como indivíduos, profissionais e membros de uma coletividade.

Como membros de uma coletividade, a disciplina deve discutir conteúdos que desenvolvam a reflexão sobre determinadas questões de interesse social, sejam de abrangência global, como as mudanças climáticas e a pobreza, sejam questões endógenas, como o desperdício de água na unidade escolar e a necessidade de normas de conduta na escola. Como indivíduo, temos interesse e curiosidade sobre determinados assuntos ligados à nossa faixa etária e a determinada época, que não são necessariamente úteis para a coletividade, porém, satisfazem necessidades particulares. O mundo das crianças, conforme os *Parâmetros Curriculares Nacionais (PCN) de Ciências Naturais* para os anos iniciais do ensino fundamental, é carregado de magia e fantasia, a escola deve considerá-lo, bem como possibilitar às crianças que comparem esse mundo carregado de magia com o mundo real.

Dinossauros, dragões, monstros e mamutes fazem parte desse universo infantojuvenil entre o real e a fantasia.

As disciplinas de Língua Portuguesa e Matemática são muito valorizadas por terem papéis claros para a sociedade. Ler, escrever e saber as quatro operações são conteúdos que elegemos como básicos para que o indivíduo se insira na sociedade e cumpra seu papel de cidadão. Porém, aqui cabe uma pergunta:

Será que esses saberes são suficientes hoje para a sociedade contemporânea?

Diante disso, qual seria a razão de ensinar Ciências na atualidade para crianças entre seis e dez anos de idade cursando os anos iniciais do ensino fundamental?

Esta pergunta poderia ser formulada de outra forma:

Como a disciplina de Ciências pode colaborar com a formação cidadã do indivíduo na atualidade e quais os conteúdos que atenderiam a essas necessidades?

> Há escolas que são gaiolas e há escolas que são asas. Escolas que são gaiolas existem para que os pássaros desaprendam a arte do voo. Pássaros engaiolados são pássaros sob controle. Engaiolados, o seu dono pode levá-los para onde quiser. Pássaros engaiolados sempre têm um dono. Deixaram de ser pássaros. Porque a essência dos pássaros é o voo.
> Escolas que são asas não amam pássaros engaiolados. O que elas amam são pássaros em voo. Existem para dar aos pássaros coragem para voar. Ensinar o voo, isso elas não podem fazer, porque o voo já nasce dentro dos pássaros. O voo não pode ser ensinado. Só pode ser encorajado. (RUBEM ALVES)[3]

A sociedade desenvolvimentista, que acreditava no meio de produção industrial como solução para as questões sociais, após algumas décadas, começou a sentir os problemas decorrentes do processo de industrialização e a preocupação com o meio ambiente foi sendo considerada.

Vários casos marcantes na história mundial lembram os problemas ambientais gerados por esse meio de produção chamado indústria. Isso decorre da sociedade consumista, materialista, imediatista e individualista na qual

---

3. Disponível em http://www.rubemalves.com.br/gaiolaseasas.htm.

vivemos, em que o respeito, a solidariedade e a cooperação, muitas vezes, só acontecem por conveniência. Agora, como explicar que, em nossa sociedade cada vez menos analfabeta e mais ciente das quatro operações, seja cada vez mais difícil de encontrar pessoas que assumam suas responsabilidades, que estejam predispostas a colaborar sem visar algo em troca, que respeitem o próximo e que sejam éticas?

Para STUART HALL (1999), isso ocorre porque a sociedade atual passa por uma crise de identidade, devido ao deslocamento de suas estruturas e de seus processos centrais, abalando os quadros de referências que as pessoas possuíam. Isso fragmentou as paisagens culturais de classe, gênero, sexualidade, etnia, raça e nacionalidade que, no passado, tinham nos fornecido sólidas localizações como indivíduos sociais, ou seja, mudaram também as identidades pessoais, o que abalou a ideia que temos de nós próprios como sujeitos integrados.

Acredito que seja possível aprender a ler, a escrever e a fazer as quatro operações e, ao mesmo tempo, aprender um conjunto de valores que possibilite às pessoas conviverem harmoniosamente entre si e com o meio ambiente. Desenvolvendo, além de conhecimentos e atitudes, habilidades que as tornem mais dignas de viver em sociedade no nosso planeta.

Nessa perspectiva, a disciplina de Ciências tem um papel importantíssimo, pois as pessoas no mundo contemporâneo estão muito mais expostas e próximas dos produtos da ciência e da tecnologia que em outras épocas. A cidadania atualmente não pode ser pensada dissociada dos conhecimentos científicos e tecnológicos. O celular, o micro-ondas, o *chip*, o GPS,[4] o *pen drive*, a ultrassonografia, a tomografia, o televisor de plasma e de LCD,[5] o MP3, os aditivos nos alimentos industrializados, todos esses são alguns exemplos de produtos da ciência e da tecnologia que fazem parte do cotidiano da nossa sociedade. As pessoas precisam saber analisar criticamente para se posicionarem e, se for o caso, consumir com consciência esses produtos. Questões polêmicas como a clonagem, os transgênicos, a geração de energia limpa, o consumismo, o reaproveitamento e a reciclagem de materiais, as mudanças climáticas, entre outras, impuseram à sociedade um conjunto de

---

4. GPS (Sistema de Posicionamento Global) é um sistema que determina a posição por meio de satélite.
5. LCD (*Liquid Cristal Display*).

saberes mínimo para que o indivíduo possa assumir plenamente a cidadania. Por consequência, faz-se necessária a existência da disciplina de Ciências no ensino básico.

Para ABIB, M. L. V. S. (2003):

> Trata-se, portanto, de fazer com que nós, os educadores – qualquer que seja o nosso campo específico de trabalho – contribuamos para tornar possível a participação cívica na busca de soluções (ABIB, M. L. V. S., 2003, p. 125).

Nessa mesma linha de pensamento, CACHAPUZ (2005), ao discutir a educação científica para todos os cidadãos, faz referência à Conferência Mundial sobre a Ciência promovida pela UNESCO[6] em 1999, na cidade de Budapeste, em que se declarou:

> Para que um país esteja em condições de satisfazer as necessidades fundamentais de sua população, o ensino das ciências e a tecnologia é um imperativo estratégico. Como parte dessa educação científica e tecnológica, os estudantes deveriam aprender a resolver problemas concretos e a satisfazer as necessidades da sociedade, [...] a fim de melhorar a participação dos cidadãos na tomada de decisões relativas à aplicação dos novos conhecimentos (Conferência Mundial sobre a Ciência, 1999, Budapeste, *apud* CACHAPUZ, 2005, p. 20).

Portanto, CACHAPUZ *et al.* (2005) acreditam que seja possível a alfabetização científica para a formação de cidadãos que possam fundamentar suas escolhas e posturas diante das diversas questões propostas pela sociedade contemporânea. Para isso, estes autores acreditam que tais posturas ou decisões podem ser tomadas apoiadas em conhecimentos científicos mínimos, vinculados a uma abordagem ética do assunto.

Para HARLEN (1998), devemos ensinar Ciências nos anos iniciais do ensino fundamental porque:

> ❯ dificulta a consolidação de ideias que não sejam científicas e de mitos construídos durante a história de vida da criança;

---

6. UNESCO (*United Nations Educational Scientific and Cultural Organization*).

> facilita que os conteúdos científicos sejam mais bem trabalhados nos níveis subsequentes;
> contribui para a compreensão de mundo do ponto de vista científico;
> contribui para o desenvolvimento de procedimentos e atitudes científicas;
> é importante para criar atitudes positivas relacionadas às ciências como atividade humana.

Os *PCNs de Ciências Naturais*, ao justificar a necessidade do ensino dessa disciplina para crianças entre seis e dez anos, adotaram os mesmos argumentos discutidos pela comunidade científica. Afirmando que a sociedade supervaloriza os conhecimentos científicos, devido, como já foi dito, à crescente influência da ciência e da tecnologia em nossas vidas, e o modelo de desenvolvimento adotado não considerou os prejuízos ambientais e o bem-estar do cidadão. Por outro lado, os tabus e os preconceitos sociais, a diversidade cultural e a influência da mídia exigem do cidadão uma série de posturas e de decisões que precisam ser adotadas com autonomia.

Ao se considerar ser o ensino fundamental o nível de escolarização obrigatório no Brasil, não se pode pensar no ensino de Ciências como um ensino propedêutico, voltado para uma aprendizagem efetiva em momento futuro. A criança não é cidadã do futuro, mas já é cidadã hoje, e, nesse sentido, conhecer ciência é ampliar a sua possibilidade presente de participação social e viabilizar sua capacidade plena de participação social no futuro (BRASIL. Ministério da Educação. Secretaria de Educação Fundamental. *Parâmetros Curriculares Nacionais – Ciências Naturais: ensino de primeira à quarta série*. Brasília: MEC, 1997, v. 4. p. 22).

Por isso, este documento oficial do Ministério da Educação propõe, em nível nacional, que o ensino de Ciências colabore para que o aluno possa se reconhecer como parte do Universo e como indivíduo, contribuindo para o questionamento do que ele vê e ouve, principalmente com relação às informações veiculadas pela mídia, na perspectiva de reconstruir as relações homem-homem e homem-natureza.

O que devemos ensinar

Diante do exposto surge a pergunta:
O que devemos ensinar de Ciências para crianças dos anos iniciais do ensino fundamental? Tal pergunta está diretamente vinculada aos objetivos que queremos atingir dentro das razões existenciais da disciplina. Entre os objetivos propostos pelos *PCNs* estão:

> - observar, registrar e comunicar algumas semelhanças e diferenças entre diversos ambientes, identificando a presença comum de água, seres vivos, ar, luz, calor, solo e características específicas dos ambientes diferentes;
> - estabelecer relações entre características e comportamentos dos seres vivos e condições do ambiente em que vivem, valorizando a diversidade da vida;
> - observar e identificar algumas características do corpo humano e alguns comportamentos nas diferentes fases da vida, no homem e na mulher, aproximando-se à noção de ciclo vital do ser humano e respeitando as diferenças individuais;
> [...]
> - realizar experimentos simples sobre os materiais e objetos do ambiente para investigar características e propriedades dos materiais e de algumas formas de energia;
> [...]
> - organizar e registrar informações por meio de desenhos, quadros, esquemas, listas e pequenos textos, sob orientação do professor;
> [...]
> - valorizar atitudes e comportamentos favoráveis à saúde, em relação à alimentação e à higiene pessoal, desenvolvendo a responsabilidade no cuidado com o próprio corpo e com os espaços que habita (BRASIL. Ministério da Educação. Secretaria da Educação Fundamental. *Parâmetros curriculares Nacionais – Ciências Naturais: ensino de primeira à quarta série.* Brasília: MEC, 1997. v. 4. p. 46-7).

Uma breve análise dos objetivos acima deixa claro que para os *PCNs* a disciplina de Ciências deve desenvolver, além dos conceitos, habilidades e atitudes científicas.

Entre as habilidades científicas que os estudiosos sugerem para ser desenvolvidas nas crianças dos Anos Iniciais do Ensino Fundamental (AIEF) estão: a observação, o registro, a comunicação, o estabelecimento de relações, a experimentação, a medição, a classificação, a investigação, o levantamento de hipóteses, a previsão, entre outras. Aparentemente, as habilidades de previsão, levantamento de hipóteses, investigação e experimentação têm o mesmo sentido, mas HARLEN (1998) os diferencia conceitualmente. Para esta autora, estabelecer hipóteses seria a habilidade de imaginar uma explicação para o fenômeno observado, a previsão seria a habilidade de prever o que ocorreria se a hipótese estivesse correta ou com base nos dados observados.

A observação é uma das habilidades mais importantes que o ensino de Ciências pode desenvolver, e como HARLAN e RIVKIN (2002) afirmam, a observação e a experimentação são as habilidades que podem ser desenvolvidas desde a infância.

Não se trata apenas de "ver", de "enxergar", observar é perceber detalhes, muitas vezes "ocultos" aparentemente, que colaboram com a solução de determinado problema. A observação possibilita à criança utilizar todos os sentidos para obter informações que fundamentem suas explicações.

Para que a observação seja desenvolvida com maior eficiência, HARLEN (1998) propõe que os professores considerem quatro aspectos ao sugerirem tarefas que a estimulem:

> o interesse dos alunos em observar o objeto (fenômeno, material etc.);
> o tempo de observação;
> o estímulo à observação;
> a necessidade de comentários sobre as observações realizadas.

A experimentação é outra habilidade que pode ser desenvolvida desde a educação infantil. A experimentação procura fazer que o estudante manipule um conjunto de materiais com o objetivo de esclarecer um problema específico, funcionando como um recurso para testar as hipóteses. Outra habilidade proposta por HARLEN (1998) que pode gerar dúvidas é a investigação, pois outras habilidades já citadas se enquadrariam nela, como é o caso da elaboração de hipóteses. No entanto, a autora apresenta a investigação como habilidade independente. Para ela, esta habilidade está relacionada ao planejamento e ao desenvolvimento de uma investigação, e não ao que descobrir. No caso de crianças dos AIEF, o planejamento e a realização da investigação ocorrem praticamente juntos. A criança planeja somente o primeiro passo, e em seguida o executa; em função do resultado, a criança planeja e executa a próxima ação, e assim sucessivamente, até chegar ao resultado esperado (HARLEN, 1998).

Por exemplo, se o problema que a investigação vai solucionar for: como podemos comprovar se a mata ciliar contribui para evitar a erosão? O estudante, para solucionar este problema, deverá propor um experimento que teste as suas hipóteses. A elaboração dessa proposta constitui a habilidade denominada investigação.

Sabemos da importância da comunicação. No caso do ensino de Ciências, ela deve esclarecer duas questões: Como o problema foi solucionado? Por que o problema foi solucionado dessa forma?

HARLEN (1998) afirma que a comunicação materializa o pensamento e as reflexões, que no ensino de Ciências são muito importantes, pois possibilita a reorganização das ideias e o preenchimento de algumas lacunas. Há várias formas de se comunicar, seja por meio da linguagem escrita ou falada, seja por meio de símbolos ou figuras ou de gráficos, cada linguagem é adequada a determinado fim. Para que essa habilidade ocorra da melhor forma possível, faz-se necessário o desenvolvimento do registro. É ele que possibilitará ao estudante transformar um conjunto de dados em informações úteis para a solução de um problema. Durante a observação e a experimentação, coleta-se um conjunto de dados que precisam ser registrados. Como vimos, existem várias formas de registrar os dados, por meio de fotos, gravações em vídeo ou áudio, textos, tabelas etc.

Quanto às atitudes, os *PCNs* propõem ensinar Ciências para que o estudante: valorize a diversidade da vida; respeite as diferenças individuais; valorize atitudes e comportamentos favoráveis à saúde; desenvolva a responsabilidade no cuidar do próprio corpo e do ambiente.

Para os especialistas não há um consenso sobre as atitudes científicas que podem ser desenvolvidas. Alguns acreditam que seja possível desenvolver atitudes científicas para que os alunos possam enfrentar os problemas, utilizando os métodos de indagação e de experimentação atribuídos à ciência.

Porém, segundo POZO e GÓMEZ CRESPO (2004), há um número crescente de especialistas que duvidam da relevância dessas atitudes científicas para o enfrentamento dos problemas que se apresentam no cotidiano. Para eles, a simples aplicação diária de certas habilidades preestabelecidas seria o oposto do que se chamou espírito da curiosidade, que, aliado ao de autonomia, caracteriza o fazer científico. Esses autores propõem três tipos de atitudes, que podem ser desenvolvidas nos alunos. São elas: para a ciência, para a aprendizagem da ciência e para as implicações sociais das ciências.

As atitudes para a ciência são aquelas que permitem aos alunos abordar determinado problema, segundo a sua natureza. Isso significa:

a) motivar uma postura crítica diante do problema proposto;
b) incentivar o gosto pelo rigor e pela precisão do trabalho científico;
c) estimular a sensibilidade pela ordem e a limpeza dos materiais de trabalho.

É importante para o aluno perceber e comparar as diferentes posturas que o ser humano adota para compreender o mundo, ou seja, a científica, a religiosa, a artística, entre outras. Isso o ajuda a entender melhor a natureza da ciência e a perceber as suas limitações.

As atitudes para a aprendizagem da ciência procuram desenvolver no aluno uma postura de buscar o conhecimento científico de forma construtiva, aprofundando o assunto e evitando uma abordagem superficial. A aprendizagem da ciência, ao ser encarada como um processo de construção coletiva, na qual os alunos cooperam com seus colegas, socializam as informações, aprendem a ouvir e aprendem a apresentar o seu ponto de vista, contribui com o desenvolvimento de atitudes que podem influir mais no futuro acadêmico e pessoal desses alunos do que os próprios conceitos científicos.

No caso das atitudes para as implicações sociais da ciência, POZO e GÓMEZ CRESPO (2004) citam: a adoção de uma posição diante do uso social da ciência e das mudanças sociais, tanto no sentido ideológico como no de mudança de hábitos. Por exemplo, o desenvolvimento de hábitos de consumo, a valorização crítica dos usos e abusos da ciência, entre outras.

HARLEN (1998) também propõe algumas atitudes científicas que podem ser desenvolvidas nos alunos dos AIEF, como: a curiosidade, o respeito às provas, a flexibilidade, a reflexão crítica e a sensibilidade com relação aos seres vivos e ao meio ambiente. Tais atitudes ao serem desenvolvidas nos alunos permitem que eles não se satisfaçam facilmente com qualquer tipo de explicação, buscando razões mais coerentes e, ao mesmo tempo, estejam abertos para novas explicações.

A forma de ensinar Ciências define o que se ensina

A forma pela qual ensinamos determinado assunto privilegia e enfoca certos conceitos, habilidades e atitudes, definindo o conjunto de conteúdos abordados e revelando também a intenção do professor com relação ao que se quer ensinar. Por exemplo, se quisermos desenvolver na criança o espírito investigativo e a observação, a simples leitura de um bom texto sobre o processo de investigação, abordando as etapas e a função delas, com vários exemplos, não desenvolverá no estudante tais habilidades, é preciso desenvolver um conjunto de atividades que estimulem o saber fazer, que caracteriza o conteúdo procedimental.

Outro exemplo, é imaginar que certa professora, para trabalhar determinado assunto, tenha realizado as seguintes tarefas com a sua classe: leitura do texto, questões de interpretação e correção na lousa. Tais tarefas estarão desenvolvendo: habilidades de leitura, de interpretação e de escrita; atitude de respeito à professora; conceitos que essa professora julgou importante.

Porém, se a professora decidir discutir com a classe o tema antes da leitura, ela estará desenvolvendo outras habilidades e atitudes, além das citadas, como a postura crítica e a oralidade, além de possibilitar a abordagem de conteúdos conceituais[7] sobre a temática que não foram valorizados pela docente ao preparar a atividade, mas que são importantes para os alunos. Outra forma de trabalhar o mesmo assunto, e que modifica o conjunto de conteúdos trabalhados, seria: problematização do assunto, discussão do problema em pequenos grupos, socialização das ideias discutidas pelos grupos, leitura do texto, questões de interpretação, correção na lousa. Essa sequência de tarefas desenvolve também o trabalho em equipe, o respeito à opinião do

---

[7]. César Coll, em 1986, classificou os conteúdos em três tipos: atitudinais, procedimentais (habilidades) e conceituais (conceitos, princípios e fatos).

outro, a observação e a interpretação de imagens. O exemplo mostra que os conteúdos trabalhados foram diferentes em virtude da forma pela qual a professora abordou o assunto. Portanto, a simples seleção dos conteúdos conceituais não define necessariamente todos os conteúdos que podem ser trabalhados.

Entre as orientações metodológicas apontadas pelas pesquisas na área do ensino de Ciências está a valorização dos conhecimentos prévios dos alunos. Nós estamos constantemente explorando o mundo e com isso ampliando nossos saberes (saber conhecer, saber fazer e saber ser), por isso a necessidade de levantar e contrapor as concepções dos estudantes com as concepções científicas.

Um recurso didático bastante recomendado pelos especialistas para abordar os conteúdos de Ciências é o uso de perguntas. Para HARLEN (1998), as perguntas desempenham funções diferentes durante a aula; por exemplo, os alunos fazem as perguntas para ampliar os seus conhecimentos, mas os professores usam as perguntas para promover a reflexão, para verificar a aprendizagem, para controlar a disciplina e o cumprimento das tarefas, para desafiar os alunos a buscarem soluções etc.

Outro aspecto apontado pelos especialistas com relação à forma de ensinar Ciências é o caráter social da construção do conhecimento. Esse aspecto impõe aos cientistas a necessidade de discutir com seus colegas as suas ideias e as suas concepções. É essa interação que possibilita a construção de novos conhecimentos. Por isso, os especialistas acreditam na necessidade de atividades nas quais o aluno possa socializar seus conhecimentos, discutindo, posicionando-se e respeitando a posição do outro. Durante o planejamento, o professor precisa refletir sobre a organização social da classe, pois a forma de agrupamento dos alunos poderá, ou não, contribuir com o caráter social da construção do conhecimento.

Por exemplo, uma atividade investigativa, como as propostas por CARVALHO *et al.* (1998), requer, em cada tarefa, uma forma de agrupamento. A metodologia dessas atividades consiste em quatro etapas ou tarefas. Na primeira, o professor apresenta aos alunos o problema e o material; esta etapa requer que a turma esteja agrupada em um único conjunto, pois os alunos devem prestar atenção no professor, compreender o problema e conhecer os objetos que vão manipular. Na segunda etapa, os alunos agem sobre os objetos com dois propósitos: inicialmente, ver como reagem e, depois, obter o efeito desejado, na tentativa de descobrir como resolver o problema proposto. Dessa forma, agir sobre os objetos requer que os alunos se reúnam em pequenos grupos, em que cada um possa agir, trocar ideias, levantar e testar as suas hipóteses. Na terceira etapa, os alunos discutem a solução do problema. Em primeiro lugar, cada um expõe como o problema foi solucionado pelo grupo; a seguir, discute-se o porquê dessa solução. Portanto, nessa etapa, os alunos tomam consciência do como e do porquê o efeito desejado foi produzido, procurando estabelecer relações com o cotidiano. Essa socialização do como e do porquê exige que a turma forme um único grupo, no qual cada aluno deve ouvir e se posicionar diante das ideias e opiniões dos demais. Por último, os alunos, individualmente (outra forma de agrupamento que a tarefa exige), elaboram um relatório sobre a atividade, escrevendo e desenhando o que aconteceu.

MORAES (1992) propõe cinco momentos para o ensino de Ciências pela perspectiva construtivista. São eles:

1 – definir um tema, propondo um conjunto de questionamentos ou problemas a serem investigados;
2 – possibilitar às crianças demonstrarem seu conhecimento sobre o assunto a ser estudado;
3 – proporcionar atividades concretas em que se procure responder algumas das questões levantadas e aprofundar a discussão do tema;
4 – complementar os estudos através de consulta de livros ou outras fontes de informação;
5 – propiciar a sistematização das aprendizagens. (MORAES, 1992, p. 15)

O aluno, ao buscar respostas aos problemas levantados, apoiado nos seus conhecimentos prévios, vivenciando e discutindo com seus colegas e com o professor atividades que tenham significado para si, constrói novos conhecimentos, que ampliam suas redes de saberes e saberes fazeres, como também permite o desenvolvimento de atitudes científicas e éticas diante do processo. Este é o papel do aluno, proposto por MORAES (1992): o papel de protagonista da sua aprendizagem.

No caso do professor, MORAES (1992) propõe um papel de coadjuvante no processo de aprendizagem do aluno. Nesse papel, o professor promove situações que criam as condições necessárias para que o aluno seja o protagonista da sua aprendizagem. Assim, a tarefa do professor não se limita a expor ou a verbalizar os conteúdos para que os alunos os memorizem, mas compreende também o de estimular o espírito crítico, a curiosidade, a observação, a comunicação oral e escrita, entre outras habilidades.

DELIZOICOV (1990) também propôs uma metodologia para o ensino de Ciências que considera o cotidiano do aluno, sugerindo o papel de coadjuvante ao professor e de protagonista ao aluno. De acordo com a metodologia proposta, a prática educativa consistiria em três momentos pedagógicos: a problematização inicial, a organização do conhecimento e a aplicação do conhecimento. A problematização, segundo esse autor, consiste em levantar questões sobre o assunto dentro do universo do aluno, no intuito de motivar a criança e, ao mesmo tempo, permitir que ela estabeleça as relações com o conhecimento científico que será trabalhado. O papel do professor é questionar, deixar no ar uma sensação de querer descobrir, criando um clima desafiador, no qual o aluno precise de outras explicações para resolver o problema proposto. Na organização do conhecimento, o professor propõe uma série de tarefas que possibilita ao aluno ampliar as suas redes de saberes e saberes fazeres, contrapondo as ideias iniciais aos conceitos científicos, permitindo ao aluno que ele possa satisfazer a sua curiosidade. Por último, o momento da aplicação do conhecimento, que consiste em rever os conceitos e aplicá-los a outras situações e questões.

Como podemos verificar, as metodologias apresentadas são baseadas em teorias construtivistas de aprendizagem – nas quais a problematização, os conhecimentos prévios dos alunos, a valorização do cotidiano do aluno, a contraposição das ideias prévias com as cientificamente aceitas e a sistematização de atividades que valorizem não somente os conhecimentos, mas as habilidades e as atitudes – e formam os princípios ou os fundamentos do como ensinar Ciências na atualidade. Em todas as metodologias, o aluno é o protagonista do processo, é ele quem deverá agir e refletir sobre a sua ação, na perspectiva de construir o seu conhecimento, num movimento de aproximação às ideias cientificamente aceitas. Ao professor cabe a função de auxiliar os alunos a desenvolverem suas ideias, a levantar e comprovar suas hipóteses, introduzindo, no momento que julgar necessário, os termos científicos. Além de promover a socialização das informações e a cooperação entre os alunos, outro papel do professor é introduzir ideias mais científicas, tendo o cuidado de não apresentar essas ideias como as únicas corretas, mas como alternativas que devem ser comprovadas.

Assim, o ensino de Ciências poderá cumprir o papel que tem na sociedade, discutindo temas pertinentes, promovendo habilidades e atitudes científicas, colaborando com a desmitificação de certos fenômenos, bem como refletindo sobre a não neutralidade da ciência.

Referências bibliográficas

ABIB, M. L. V. S. *et al.* A Educação Científica e a Situação do Mundo: um Programa de Atividades Dirigido a Professores. *Ciência e Educação* (Unesp), Bauru, v. 9, n. 1, p. 123-146, 2003.

ALVES, R. Gaiolas e Asas. Disponível em: <http://www.cuidardoser.com.br/gaiolas-e-asas.htm>. Acesso em: 9/11/2007.

BRASIL. Ministério da Educação. Secretaria de Educação Fundamental. *Parâmetros curriculares nacionais – Ciências Naturais: ensino de primeira à quarta série.* Brasília: MEC, 1997.

CACHAPUZ, A *et al.* *A necessária renovação do ensino das ciências.* São Paulo: Cortes, 2005.

CARVALHO *et al.* *Ciências no ensino fundamental: o conhecimento físico.* São Paulo: Scipione, 1998.

DELIZOICOV, D. & ANGOTTI, J.A. *Metodologia do ensino de ciências.* São Paulo: Cortez, 1990.

HALL, S. *Identidade cultural na pós-modernidade.* Rio de Janeiro: DP&A, 1999.

HARLAN, J. D.; RIVIKIN, M. S. *Ciências na educação infantil: uma abordagem integrada.* Porto Alegre: Artmed, 2002.

HARLEN, W. *Enseñanza y aprendizaje de lãs ciencias.* Madrid: Morata, 1998.

MORAES, R. *Ciências para as séries iniciais e alfabetização.* Porto Alegre: Sagra-DC Luzzatto, 1992.

POZO MUNICIO, J. I.; GÓMEZ CRESPO, M. A. *Aprender y enseñar ciência.* Madrid: Morata, 2004.

Dicas de *sites* e de locais para visitas

NASA
No *site* da Nasa você encontra material para *download*, além de várias imagens. Quando as naves decolam ou aterrissam, eles filmam em tempo real.
<http://www.nasa.gov/externalflash/nasa_gen/index.html>

Agência Espacial Europeia (ESA)
Este *site* possui um *link* destinado às crianças e aos professores. Apresenta várias informações a respeito do espaço e da Terra, inclusive sobre mudanças climáticas. Algumas das suas páginas podem ser visualizadas em português ou em espanhol.
Vale a pena conferir. O *site* disponibiliza especialmente para crianças um arquivo que contém um satélite fabricado pela ESA que pode ser impresso e montado. <http://www.esa.int/esaCP/index.html>

Zoológico de São Paulo
O *site* conta a história do zoológico, descreve os bastidores do dia a dia desse local, apresenta informações sobre a alimentação dos animais e outras informações interessantes. <http://www.zoologico.sp.gov.br/>

Aquário do Guarujá
Neste *site* há informações a respeito do ambiente marinho, entre outras curiosidades. Para crianças, há um *link* no qual é possível baixar figuras para colorir. O Aquário do Guarujá é considerado o maior da América Latina. <http://www.aquarioguaruja.com.br/paginiciok.htm>

San Diego Zoo
O *site* do Zoológico de San Diego possui uma série de informações para professores, atividades experimentais para crianças e a possibilidade de você ver ao vivo o que o panda, o elefante, o orangotango e o urso-polar estão fazendo. As câmeras desse zoológico ficam ligadas o dia todo; se você tiver paciência vale a pena ficar acompanhando pela internet. O endereço do *site* é <http://www.sandiegozoo.org/>, para ver os animais: <http://www.sandiegozoo.org/videos/index.html>.

Revista Ciência Hoje e *Ciência Hoje das Crianças*
Uma publicação da Sociedade Científica mais importante do Brasil, a Sociedade Brasileira para o Progresso da Ciência (SBPC). São duas revistas, uma destinada ao público jovem e adulto, e a outra, às crianças. Possui várias informações úteis e novidades. Você pode encontrar estas revistas impressas ou *on-line*. Acesse a revista para adultos <http://cienciahoje.uol.com.br/>, e a revista para crianças <http://cienciahoje.uol.com.br/view/235>.

Associação Mundial de Educadores Infantis
Esta Associação nasceu como consequência dos contatos de profissionais da área de educação pré-escolar de diferentes países durante o I Congresso Internacional de Educação Precoce (Oportuna), comemorada no fim de 1991 em Vitoria, Espanha. Nesse encontro internacional, fez-se evidente a necessidade de maior contato e intercâmbio de experiências entre os educadores infantis de todo o mundo. A todos que se interessam pela área de educação infantil: <http://www.waece.org/portugues/asociacion/objetivo.php>.

Associação dos Profissionais da Educação da Infância (APEI)
"O objectivo último de uma associação deste tipo é constituir-se como um espaço de identidade profissional do conjunto dos educadores. Ora, para se afirmar como uma referência identitária, tem que trabalhar, simultaneamente na consolidação de um saber próprio dos educadores e na elaboração de normas de conduta profissional ([...)] Neste momento de transição a APEI tem de se assumir como um espaço de referência e de debate assegurando as rupturas e as continuidades necessárias à evolução dos educadores de infância." (António Nóvoa) (*CEI* nº 16) <http://apei.no.sapo.pt/>

Domínio público
Muitos títulos de livros de domínio público estão disponíveis neste *site*, como: *O gato de botas*, *Pinóquio*, *A divina comédia* etc. Você encontra todas essas obras consagradas em arquivos para *download*.
<www.dominiopublico.gov.br>

Science for news kids
Este *site*, em inglês, tem várias dicas, informações, jogos e uma parte dedicada aos professores. <http://www.sciencenewsforkids.org/>

Renctas
Desde 1999 a Renctas, uma organização não governamental sem fins lucrativos, combate o tráfico de animais silvestres. Foram publicados na internet alguns vídeos sobre o tráfico desses animais. Para assisti-los é só clicar nos *links* abaixo:
1) Amor de bicho não se compra (duração 3min38s)
   <http://www.youtube.com/watch?v=eqGJ-UjN1HI>
2) O tráfico de animais silvestres (duração 05min15s)
   <http://www.youtube.com/watch?v=uAVoLpD7PKA>
3) A Renctas (duração 1min1s)
   <http://www.youtube.com/watch?v=ulVoBC6vqnc>
4) Comercial "Mãozinhas" (duração 1min5s)
   <http://www.youtube.com/watch?v=MDK_euv71aA>
5) Exposição Renctas/Infraero – Brasília (duração 56s)
   <http://www.youtube.com/watch?v=GuvVaQ4XJ_E>
Se quiser conhecer o trabalho da Renctas, acesse <www.renctas.org.br>.

Museu de Zoologia da Universidade de São Paulo (USP)
A exposição de longa duração apresenta a história dos animais na Terra e as atividades de pesquisa do Museu de Zoologia. Além disso, o Museu organiza periodicamente uma nova exposição temporária. Informações para visitantes: Exposições – de terça-feira a domingo, das 10h às 17h, os ingressos custam R$ 2,00 (cada). <http://www.usp.br/mz/>

Pensando sobre o texto

1. Existem inúmeros conteúdos conceituais, que tradicionalmente são trabalhados do 1º ao 5º ano do ensino fundamental, entre eles os animais. De acordo com os estudiosos da área, a disciplina de Ciências cumpre um papel social no currículo escolar. Diante do que foi discutido sobre o porquê ensinar Ciências para os alunos dos AIEF, justifique a importância de ensinarmos esse tema para as crianças nesse nível de ensino.

2. Esqueça os conteúdos tradicionalmente abordados nos AIEF. Imagine alunos da faixa etária que você está acostumado a trabalhar. Depois, reflita: O que eles gostam? Do que eles precisam como cidadãos? Selecione um conjunto de vinte conteúdos importantes para eles, tanto social como individualmente. Não há necessidade de atender apenas a este ou àquele ano de escolaridade, desde que seja para crianças dos AIEF. Depois, justifique a necessidade de cada um. Lembre-se de que os PCNs não definiram conteúdos, mas fizeram algumas sugestões dentro das orientações estabelecidas.
3. Imagine que você levou sua turma de 1º ano ao zoológico. Como você trabalharia a observação dos animais de modo a atender aos quatro aspectos propostos por HARLEN (1998) e ao mesmo tempo às justificativas apresentadas por você na questão 1?
4. Na sociedade atual, nos deparamos constantemente com diversas substâncias, principalmente em casa. Existem vários tipos de materiais de limpeza, como produtos que contêm amoníaco, água sanitária e sabão em pedra. Na cozinha: o vinagre, o limão, o açúcar e o sal. Sem falar nos remédios, como o hidróxido de magnésio (leite de magnésia).

Vamos então desenvolver algumas habilidades científicas.

Adquira pequenas quantidades dos materiais citados (no máximo um copinho plástico de cada um). Construa uma tabela como a do modelo abaixo, observe os materiais e descreva-os.

Nome do material	Informações

a) Como você classificaria os materiais descritos? Justifique.
b) Agora faça um chá de repolho-roxo (ele deve ficar da cor roxa!). Depois, responda à questão: Como os materiais descritos acima podem ser classificados, se for utilizado como critério a reação desses materiais quando misturados com o chá?
c) Compare as duas classificações: a realizada no item **a** com a realizada no item **b**. Por fim, escreva o que você observou.
d) O que podemos concluir desse experimento?

5. O que você acha da clonagem para salvar vidas? Para aumentar a produção e a qualidade dos alimentos? Assista ao filme *A Ilha*, do diretor Michael Bay. Procure obter mais informações sobre a clonagem e escreva sua posição sobre o assunto, justificando-a.
6. Leia a mensagem do Professor Shozo Motoyama:[8]

> Diante do quadro contraditório do mundo de hoje, carregado de tintas negras, torna-se necessário interrogar o papel e o significado da ciência.
> Será ela realmente, como querem alguns intelectuais de tendências místicas, a principal responsável pela opressão e miséria existente em todo o planeta?
> Ou será a esperança de uma sociedade verdadeiramente democrática como apregoam alguns cientistas sonhadores?

Pensando na bomba atômica, nas vacinas, na eletricidade e nos canhões, qual é a sua posição sobre o tema ciência?
Sua posição está no sentido adotado pelos intelectuais de tendências místicas, ou no sentido adotado por alguns cientistas sonhadores, ou em outro sentido? Explique.
7. Com base no que foi discutido sobre a forma de ensinar Ciências e imaginando a excursão para o zoológico, proponha algumas perguntas que você faria para a turma durante essa visita e explique a sua finalidade. Não se esqueça do que você respondeu nas questões 1 e 3.
Se desejar discutir as possibilidades de respostas para as questões levantadas, estabelecendo uma comunicação de mão dupla e ampliando nossas redes de saberes, favor enviar as respostas para o endereço eletrônico <alfonso@ibirapuera.br>.

---

[8]. Motoyama escreveu a apresentação da versão brasileira da obra *História Ilustrada da Ciência*, de Collin A. Ronan da Universidade de Cambridge.

CAPÍTULO 11

Alternativas metodológicas para a construção e desenvolvimento de competências matemáticas

Douglas da Silva Tinti
Maria Teresa Izaguirre Crewe

Apresentação

Por muito tempo, acreditou-se que para se ensinar Matemática era necessário dominar todas as suas técnicas e conceitos. No entanto, já sabemos que para se falar em Educação Matemática precisamos romper com este paradigma e focalizar, na formação docente, os saberes para a construção de competências de ensino, vislumbrando o bom desenvolvimento do processo de aprendizagem e significação.

Assim como nós, você também acredita que:

> Reflexão crítica acerca da formação de professores é um dos elementos fundamentais para esta mudança de paradigma?
> É preciso buscar metodologias que favoreçam a significação e a contextualização?
> Temos de alicerçar valores para a construção de uma educação para a cidadania?

Se suas respostas foram positivas, então continue a ler este capítulo, pois desejamos que este seja um auxílio para elucidar e superar alguns dilemas de uma sala de aula.

Introdução

A sociedade atual, devido aos avanços tecnológicos e o acesso rápido à informação, pode ser denominada sociedade do conhecimento, e está cada vez mais exigente, seletiva e veloz. Isso traz reflexos para toda a dinâmica escolar. A falta de interesse dos alunos com relação à escola é um dos pontos evidentes nesta sociedade. De modo particular, percebemos que nas aulas de Matemática os moldes de ensino tradicionalista não motivam os alunos a construírem conhecimento, não possibilitando também a percepção da aplicabilidade da Matemática em seu cotidiano.

Observamos também na cultura familiar (pós-industrial) o pensamento de que o "passar de ano" vem sendo um dos únicos objetivos da dinâmica escolar. Com isto a aquisição de conhecimento não é posta em evidência e o papel da escola acaba sendo invertido:

> é frequente ouvir que hoje as famílias mandam seus filhos à escola fundamentalmente porque lá são atendidas as necessidades básicas, alimentares ou de contenção social. É frequente, também, que os mestres e professores façam um deslocamento do que se chamou dimensão de ensino da prática docente para outras dimensões, como a comunitária e a assistencial, e que, dada a situação de crise social, a retribuição salarial e o sonho de um trabalho estável sejam as razões fundamentais que justificam o comparecimento à escola. (POGRÉ *et al.*, 2006, p. 18)

Dessa forma, os professores deverão se preparar para lidar com situações de ordem cultural, cognitiva, sexual, afetiva, social e emocional influindo nas concepções sobre a Matemática, a Educação e o Ensino, a Escola e o Currículo.

Diante deste cenário, espera-se dos professores a superação das antigas metodologias de ensino, dos dilemas e adversidades do cotidiano escolar, a fim de capacitar seus alunos para acompanharem o desenvolvimento da sociedade.

Além de novos saberes e competências, a sociedade atual espera que a escola também desenvolva sujeitos capazes de promover continuamente seu próprio aprendizado. Assim, os saberes e os processos de ensinar e aprender tradicionalmente desenvolvidos pela escola mostram-se cada vez mais obsoletos e desinteressantes para os alunos. O professor vê-se desafiado a aprender a ensinar de modos diferentes do que lhe foi ensinado. (FREITAS et al., 2005, p. 89)

Acreditamos que é preciso repensar tanto a formação de professores quanto o processo de ensino da Matemática, considerando as transformações sociais, econômicas e culturais que estamos vivenciando.

De acordo com PEREZ et al. (2002, p. 60), "a formação do professor deverá constituir novos domínios de ação e investigação, de grande importância para o futuro da sociedade, numa época de acelerada transformação do ser humano, que busca desenvolver seu projeto de cidadania".

Diante deste cenário, o que se espera de um professor de Matemática? De acordo com MOURA (1990):

> ser educador em matemática é entender esse conhecimento como um valor cultural. É conhecer os métodos e as leis gerais da matemática, suas especificidades; como esse conhecimento contribui para a apreensão da realidade. É, ainda, ver cada homem como produtor de conhecimento, ao interagir com outros homens na busca de soluções tanto de problemas que estas interações suscitam quanto daqueles outros que a natureza nos coloca como desafios. (MOURA, 1990, p. 64)

Percebemos que os questionamentos sobre o significado da Matemática, bem como sua aplicabilidade, ainda estão presentes tanto no ambiente escolar como no processo de formação docente. Dessa forma, faremos algumas considerações sobre a formação docente e o processo ensino-aprendizagem de Matemática, destacando o desenvolvimento de competências democráticas do educando, pois acreditamos que "o educador democrático não pode negar-se o dever de, na sua prática docente, reforçar a capacidade crítica do educando, sua curiosidade, sua insubmissão" (FREIRE, 1996, p. 28).

Alternativas metodológicas para o ensino de Matemática

Com o desenvolvimento da Educação Matemática como campo de conhecimento e de desenvolvimento profissionais, muitos estudos e discussões

sobre as dificuldades encontradas pelos professores, no processo ensino-
-aprendizagem, vêm contribuindo para a superação de alguns dilemas
e obstáculos.

Um dos grandes obstáculos encontrados por nós, professores, e talvez o
maior, é o pensamento de que a Matemática é um "bicho de sete cabeças",
ou seja, algo para poucos, caracterizando-a como eletiva. O que observamos e queremos enfatizar é que, se a Matemática for tratada por meio de
procedimentos meramente mecânicos e sem significado, impossibilitando o
aluno de se apropriar deste conhecimento, ele não aprenderá, uma vez que
"aprender é apropriar-se do que foi aprendido, é tornar algo seu, é interio-
rizá-lo" (CHARLOT, 2001, p. 20).

De acordo com as orientações dos *Parâmetros Curriculares Nacionais*
(2006), ao ensinar Matemática os professores devem desenvolver as seguintes competências nos educandos:

> identificar os conhecimentos matemáticos como meios para compreender
e transformar o mundo à sua volta e perceber o caráter de jogo intelectual,
característico da Matemática, como aspecto que estimula o interesse, a
curiosidade, o espírito de investigação e o desenvolvimento da capacidade
para resolver problemas;

> fazer observações sistemáticas de aspectos quantitativos e qualitativos do
ponto de vista do conhecimento e estabelecer o maior número possível
de relações entre eles, utilizando para isso o conhecimento matemático
(aritmético, geométrico, métrico, algébrico, estatístico, combinatório, pro-
babilístico); selecionar, organizar e produzir informações relevantes, para
interpretá-las e avaliá-las criticamente;

> resolver situações-problema, sabendo validar estratégias e resultados, de-
senvolvendo formas de raciocínio e processos, como dedução, indução,
intuição, analogia, estimativa, e utilizando conceitos e procedimentos matemáticos, bem como instrumentos tecnológicos disponíveis;

> comunicar-se matematicamente, ou seja, descrever, representar e apresen-
tar resultados com precisão e argumentar sobre suas conjecturas, fazendo
uso da linguagem oral e estabelecendo relações entre ela e diferentes representações matemáticas;

> estabelecer conexões entre temas matemáticos de diferentes campos e entre
esses temas e conhecimentos de outras áreas curriculares;

> sentir-se seguro da própria capacidade de construir conhecimentos matemáticos, desenvolvendo a autoestima e a perseverança na busca de soluções;

> interagir com seus pares de forma cooperativa, trabalhando coletivamente na busca de soluções para problemas propostos, identificando aspectos consensuais ou não na discussão de um assunto, respeitando o modo de pensar dos colegas e aprendendo com eles (BRASIL. Ministério da Educação. Secretaria de Educação Fundamental. *Parâmetros Curriculares Nacionais: Matemática*. Brasília: MEC, 1997, v. 3. p. 37).

Tais competências podem ser desenvolvidas por meio de experiências matemáticas diversificadas, utilizando recursos adequados à realidade dos alunos. Para SCHMITT e FERREIRA (2004), "conhecer o contexto de vida dos alunos é, portanto, uma referência primeira e fundamental para o planejamento das aulas por parte do professor". Outro ponto importante é buscar uma metodologia que supere o ensino tradicionalista – que está centrado na memorização, nas técnicas mecanicistas e exaustivas –, permitindo que a Matemática aprendida tenha significado para o aluno e lhe permita associá-la com outros conhecimentos, desenvolvendo assim a aprendizagem significativa.

Mas o que vem a ser aprendizagem significativa? Qual a diferença entre aprendizagem mecânica e aprendizagem significativa? Recorremos ao modelo apresentado pelo psicólogo DAVID PAUL AUSUBEL para melhor compreendermos estes conceitos:

APRENDIZAGEM

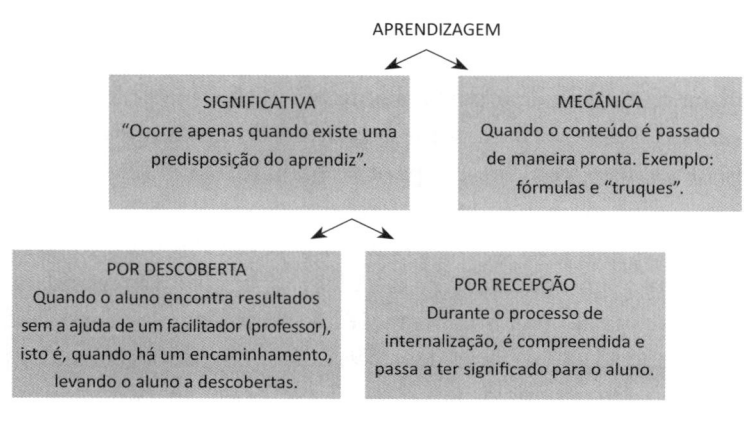

SIGNIFICATIVA
"Ocorre apenas quando existe uma predisposição do aprendiz".

MECÂNICA
Quando o conteúdo é passado de maneira pronta. Exemplo: fórmulas e "truques".

POR DESCOBERTA
Quando o aluno encontra resultados sem a ajuda de um facilitador (professor), isto é, quando há um encaminhamento, levando o aluno a descobertas.

POR RECEPÇÃO
Durante o processo de internalização, é compreendida e passa a ter significado para o aluno.

Figura 11.1

(Fonte: AUSUBEL, *apud* JANUARIO, Gilberto; TINTI, Douglas da Silva; Manipulando materiais, (re)descobrindo a Matemática: possibilidades em sala de aula. In: *II Jornada Nacional de Educação Matemática e XV Jornada Regional de Educação Matemática*, 2008, Passo Fundo. Anais... Passo Fundo: Universidade de Passo Fundo, 2008. Volume único. p. 7.)

Para AUSUBEL, os conhecimentos prévios que os alunos já possuem é um dos fatores que propiciam a aprendizagem significativa. Todos já sabemos algo, mesmo concebido fora do ambiente escolar, que serve de apoio à estruturação das novas informações que os alunos assimilam. Os conhecimentos prévios e as novas informações, por meio da organização cognitiva, interagem e integram-se e, dessa forma, o educando atribui significado ao que está sendo trabalhando. Para AUSUBEL (1963, p. 58), "a aprendizagem significativa é o mecanismo humano, por excelência, para adquirir e armazenar a vasta quantidade de ideias e informações representadas em qualquer campo de conhecimento".

A aprendizagem significativa pode ser concebida de duas formas: por descoberta – quando o conteúdo é trabalhado por meio de encaminhamentos e situações didáticas que promovam a interação do aluno que, motivado, vê relevância e associa o que é novo com os subsunçores, apropriando-se do significado; por recepção – é quando o conteúdo já é apresentado pronto, sem encaminhamentos, porém, o aprendiz atribui importância e assimila o que está sendo proposto ao fazer a interação entre o novo e o que já traz consigo.

Segundo AUSUBEL, além de ser significativa, a aprendizagem também pode ser mecânica. Esta ocorre quando as novas informações não têm relevância para o aluno e este não desenvolve nenhuma interação entre o que é novo e o que ele já possui de conhecimentos prévios; por não ter relevância ao aprendiz, este não tem nenhuma motivação em assimilar o que está sendo proposto.

Diante de diversas teorias que tratam sobre os processos de ensino e de aprendizagem, AUSUBEL vem contribuir ao revelar que a aprendizagem se dá de forma cumulativa e a partir de organização e integração na estrutura cognitiva. Isto nos faz refletir sobre a postura do professor ao preparar sua aula e escolher uma metodologia para trabalhar determinado conteúdo que desperte nos educandos o prazer em aprender.

Ao longo dos anos, em todo o mundo, muitos professores, psicólogos, matemáticos e pedagogos, pautados na psicologia cognitiva, vêm estudando caminhos para a superação das fragmentações encontradas no ensino tradicional. No final dos anos 1980 e início dos 1990, diversos países reformularam seus currículos a fim de contemplar tais estudos. No Brasil, os *Parâmetros Curriculares Nacionais (PCN)* constituem a expressão oficial dessa renovação.

Com base em IMENES e LELLIS (1997) destacamos os métodos adotados pelo ensino renovado:

Quadro 11.1

Abordagem	Aplicabilidade
Histórica	Usam-se motivações da história da Matemática como ponto de partida para o aprendizado. Por exemplo, discutir por que o nosso sistema de numeração indo-arábico recebe este nome.
Etnomatemática	Trata-se de valorizar e usar como ponto de partida os conhecimentos matemáticos do grupo cultural ao qual os alunos pertencem, aproveitando o máximo possível do saber extraescolar. As diferenças culturais podem ser significativas até para alunos de mesma idade e mesma classe social. Por exemplo, nas cidades pequenas, crianças de classe média costumam ir a pé à escola, enquanto, nas metrópoles, elas vão de automóvel ou ônibus. Assim, o professor da cidade pequena terá facilidades se quiser abordar mapas e itinerários. Por outro lado, o professor da metrópole tem a oportunidade de trabalhar as medidas de comprimento e de tempo usando o velocímetro dos veículos para ensinar.
Modelagem	O ponto de partida deve ser uma situação motivadora, que faça parte da realidade do aluno. O ensino se desenvolve com base em modelos matemáticos que se apliquem à situação. Exemplo: numa escola, a coleta seletiva de lixo pode ser a situação de partida. Primeiro, reúnem-se dados sobre a quantidade coletada a cada dia da semana. A partir daí, pode-se ensinar o uso de tabelas (mostrando as quantidades coletadas), médias (para calcular a quantidade média da semana), e assim por diante.
Jogos	O objetivo é abordar os conteúdos por meio de jogos, aproveitando o universo lúdico que tanto atrai crianças e adolescentes.
Resolução de problemas	Os alunos defrontam-se com problemas, a partir dos quais vão construindo seu saber matemático. É importante observar que primeiro vêm os problemas, enquanto a teoria é deixada para uma fase posterior (o que inverte a prática habitual). Naturalmente, o processo depende muito da boa escolha dos problemas e de um conjunto de atitudes adequadas do professor, o que exige planejamento e preparo.

Conforme observamos, as metodologias apresentadas anteriormente podem propiciar uma aula dinâmica e, desta forma, incentivar a participação efetiva dos alunos. Acreditamos também que tais metodologias podem favorecer a contextualização, uma vez que:

> a contextualização do saber é uma das mais importantes noções pedagógicas que deve ocupar um lugar de maior destaque na análise didática contemporânea. Trata-se de um conceito didático fundamental para a expansão do significado escolar. O valor educacional de uma disciplina expande na medida em que o aluno compreende os vínculos do conteúdo estudado com um contexto compreensível para ele. (PAIS, *apud* SILVA; RIBAS, 2003, p. 80-1)

Por meio do empenho, da reflexão e da socialização de educadores do mundo todo, a cada ano surgem novas metodologias que favorecem esse processo de aprendizagem significativa.

A partir do que foi exposto, observamos ser inúmeras as possibilidades que o professor tem de tornar o ensino de Matemática algo significativo e contextualizado, contribuindo, assim, para a construção e desenvolvimento de competências e habilidades cruciais para o desenvolvimento social.

Acreditamos que seja importante a experimentação de tais alternativas metodológicas pelos professores de Matemática, seja em espaços de formação inicial e/ou continuada, e que as coloquem em prática em suas aulas, propiciando assim melhora no ensino-aprendizagem.

Dessa forma, conseguiremos transpor os paradigmas que circundam a Matemática e construir uma sociedade justa e igualitária.

Referências Bibliográficas

AUSUBEL, D. P. *The psychology of meaningful verbal learning*. New York: Grune and Stratton, 1963

BRASIL. Ministério da Educação. Secretaria de Educação Fundamental. *Parâmetros Curriculares Nacionais: Matemática*. Brasília: MEC, 1997, v. 3.

CHARLOT, B. A noção de relação com o saber: bases de apoio teórico e fundamentos antropológicos. In: CHARLOT, B. (Org.). *Os jovens e o saber: perspectivas mundiais*. Porto Alegre: Artmed, 2001.

D'AMBROSIO, U. *Educação matemática: da teoria à prática*. Campinas: Papirus, 1996.

FIORENTINI, D. O papel da pesquisa e da reflexão no desenvolvimento profissional do professor de Matemática. In: *Anais VI - Enem*. Rio Grande do Sul: Editora da Universidade do Vale do Rio dos Sinos, 1998.

FREIRE, P. *Pedagogia da autonomia*. 21. ed. São Paulo: Paz e Terra, 1996. 165 p.

FREITAS, M. T. M. et al. O desafio de ser professor de Matemática hoje no Brasil. In: FIORENTINI, D.; NACARATO, A. M. (Org.). *Cultura, formação e desenvolvimento profissional de professores que ensinam Matemática*. São Paulo: Musa Editora, 2005. 223 p.

JANUARIO, G.; TINTI, D. S. Manipulando materiais, (re)descobrindo a Matemática: possibilidades em sala de aula. In: *II Jornada Nacional de Educação Matemática e XV Jornada Regional de Educação Matemática*, 2008, Passo Fundo. Anais... Passo Fundo: Universidade de Passo Fundo, 2008. Volume único.

IMENES, L. M.; LELLIS, M. C. Manual Pedagógico. In: IMENES, L. M.; LELLIS, M. C. *Matemática: livro do professor*. São Paulo: Scipione, 1997.

MOURA, M. O. de. O jogo na educação matemática. In: *Ideias: o cotidiano da pré-escola*. n. 7. São Paulo: FDE, 1990.

PEREZ, G. Formação de professores de Matemática sob a perspectiva do desenvolvimento profissional. In: BICUDO, M. A. V. (Org.). *Pesquisa em educação matemática: concepções & perspectivas*. São Paulo: Unesp, 1999.

PEREZ, G. et al. Desenvolvimento profissional e prática reflexiva. *Revista Bolema*, Rio Claro, ano 15, n. 17, p. 59-70, 2002.

POGRÉ, P.; SIDARTA, Equipe do Colégio. *O ensino para a compreensão: a importância da reflexão e da ação no processo de ensino-aprendizagem*. Vila Velha: Hoper, 2006.

SCHMITT, C. L.; FERREIRA, C. A educação matemática escolar relacionada ao cotidiano do educando. *Revista de divulgação técnico-científica do ICPG*, Blumenau, n. 6, p. 14-17, 2004.

SILVA, E. F.; RIBAS, M. H. *A prova do ENEM: o que pensam os professores de Matemática?* Dissertação (Mestrado em Educação). Universidade Estadual de Ponta Grossa, Ponta Grossa, 2003.

SKOVSMOSE, O. *Educação matemática crítica: a questão da democracia*. Campinas: Papirus, 2001.

Pensando sobre o texto

1. Os processos educacionais em Matemática, desenvolvidos nas escolas, estão comprometidos com a construção das competências?
2. Quais metodologias de ensino estimulam a participação efetiva do aluno na construção do conhecimento matemático?
3. Essas metodologias, que você citou na resposta da questão 2, levam o aluno a contemplar a aplicabilidade dos conhecimentos matemáticos em seu cotidiano fora da escola?
4. Será que os alunos conseguem aplicar os conteúdos abordados nas aulas de Matemática para resolver os problemas do dia a dia?
5. Alunos e professores percebem o significado do conhecimento matemático para o desenvolvimento da sociedade?
5. De que maneira os espaços de formação de professores podem contribuir para o desenvolvimento de uma Educação Matemática engajada na construção das competências abordadas neste capítulo?
6. Será que a reflexão sobre a prática, a investigação e a autonomia dos alunos devem ser priorizadas na proposta descrita neste capítulo?

CAPÍTULO 12

Língua Portuguesa: fio condutor na construção do conhecimento

Gláuci Helena Mora Dias

A linguagem

Com base no referencial de BAKHTIN e de pesquisadores que, em seus estudos sobre a Educação, se pautaram pela busca de um ensino democrático, o propósito deste capítulo é apresentar, de maneira geral, a função da linguagem no âmbito escolar e suas implicações sociais, a fim de buscar respaldo teórico para a análise da necessidade de um trabalho sociointerativo com a linguagem.

De acordo com BAKHTIN (2003), todos os campos da atividade humana estão ligados ao uso multiforme e complexo da linguagem, o que explica ainda mais o poder que o uso da palavra articulada ou escrita tem. A vida cotidiana é, sobretudo, a vida com a linguagem; é por meio dela que participamos com o outro, que coexistimos, que podemos transcender o plano da realidade e do cotidiano para vivenciarmos a literatura, o sonho, o devaneio, aquilo que compartilhamos, aquilo em que acreditamos, que conhecemos e que poderemos conhecer.

Para GERALDI (2003, p. 4), a "linguagem é fundamental no desenvolvimento de todo e qualquer homem; (...) condição *sine qua non* na apreensão de conceitos, que permitem aos sujeitos compreender o mundo e nele agir". Ainda segundo o autor, a linguagem pode garantir ao homem o lugar de locutor, a posição de sujeito ativo, autônomo e reflexivo.

Ela (a linguagem) lhe permite considerar o "outro" como alvo de interlocução, assegurando todas as práticas discursivas e sociais. Pela linguagem, cada um de nós consagra a essência do ser humano, em um constante vir a ser, integrado à condição de "habitantes" de um mundo, por excelência dinâmico e complexo (COLELLO, 2007, p. 18-9).

Por isso, conhecer e dominar as nuanças da linguagem humana significa, pelo menos em princípio, ter autonomia e acesso livre ao conhecimento e à lei da convivência em sociedade; é possuir autonomia e acesso livre ao conhecimento; é poder evitar a manipulação de um sistema social alienante; é, também, saber jogar o "jogo" da linguagem para impressionar as outras pessoas, para mudar comportamentos, para atuar sobre o outro, visando sempre uma intenção, com atitudes ativas e reflexivas.

Essa existência do mito do poder da linguagem, analisado por FIORIN (2006), remete-nos ao fascínio que a linguagem exerce e sempre exerceu sobre o ser humano, já que ele adquire o poder de nomear, criar, transformar, trocar experiências etc.

No primeiro livro da Bíblia, o Gênesis, há dois relatos da criação. No primeiro, Deus cria o mundo falando. No início, não havia nada. Depois, há o caos. No princípio, criou Deus o céu e a terra. A terra, contudo, estava vazia e vaga e as trevas cobriam o abismo e o espírito de Deus pairava sobre as águas. (I, 1-2). A passagem do caos à ordem (= cosmo) faz-se por meio de um ato de linguagem. É esta que dá sentido ao mundo. O poder criador da divindade é exercido pela linguagem, já que nela e por ela se ordena o mundo. Deus disse: Faça-se a luz. E a luz foi feita. E viu Deus que a luz era boa: e separou a luz e as trevas. Deus chamou a luz dia e as trevas noite; fez-se uma tarde e uma manhã, primeiro dia. (I, 3-5). O mito quer mostrar o poder criador da linguagem, que dá ao homem a capacidade de ordenar o mundo, de categorizá-lo. Com os signos, o homem cria universos de sentido. As línguas não são nomenclaturas que se aplicam a uma realidade preordenada, mas são modos de interpretar o mundo. Por isso, estudar a linguagem é a forma de entender a cultura, de compreender o homem em sua marcha sobre a Terra. (FIORIN, 2006, p. 73)

Seguindo essas perspectivas, defendemos que o trabalho com a linguagem na escola deve ser significativo e como forma de constituição de sujeitos autônomos em sociedade de cultura escrita.

Ter habilidade de uso da linguagem é dispor, nos diversos campos da atividade humana, da oportunidade de diálogos talvez jamais realizados e realizáveis, oportunidade de conhecer o mundo, de visitar lugares, de conhecer pessoas e coisas diferentes, de descobrir sentimentos fecundos de autoconhecimento, (re)conhecimento de mundos internos e externos e poder participar da sociedade, constituindo-se como um ser humano social, um indivíduo, já que a linguagem promove a união do indivíduo com a cultura.

Com base no pressuposto de que a escola cada vez mais é responsável pela formação de sujeitos leitores e escritores (LERNER, 2006) é que se torna evidente o mal-estar que ela tem gerado em relação à inserção de seus alunos na cultura escrita, principalmente nos setores menos favorecidos.

Ressalte-se que, apesar de atribuirmos à escola, em grande parte, a responsabilidade pedagógica, não podemos desconsiderar outros fatores que interferem na eficiência da aprendizagem, como a responsabilidade social (má distribuição de renda, falta de condições reais de inserção na sociedade, falta de emprego), e políticas (falta de acesso aos bens culturais, tais como: teatro, músicas, literatura, cinema etc.) que, muitas vezes, são mascaradas pelo discurso do senso comum e, particularmente, pela mídia, que tanto critica as habilidades leitoras e escritoras da população brasileira.

Tais são os pontos fundamentais que nos permitem enfocar mais especificamente os percalços em relação ao ensino de língua materna na escola. As reflexões e os postulados trazidos aqui nos instigam a perguntas que se constituem como eixos condutores ao longo da nossa reflexão: Quais são os fatores interferentes na prática cotidiana do ensino de língua materna? Como os professores têm trabalhado a linguagem?

A escola reprodutivista

Reflitamos sobre a escola apoiados nas citações abaixo:

> A vida é dialógica por natureza. Viver significa participar de um diálogo: interrogar, escutar, responder, concordar etc. Neste diálogo o homem participa

todo e com toda a sua vida: com os olhos, os lábios, as mãos, a alma, o espírito, com o corpo todo, com as suas ações. Ele se põe todo na palavra, e esta palavra entra no tecido dialógico da existência humana, no simpósio universal. (BAKHTIN, 2003, p. 348)

No entanto...

Em relação à forma como a escola trata as experiências de leitura das pessoas, eu diria que a instituição de ensino é um aparelho de recontextualização. A escola desloca textos de seus "lugares naturais", da produção e do consumo, e os põe em um território diferente. A escola "escolariza" tudo que toca. Literatura, na escola, não se mantém literatura. Os preceitos escolares submetem tudo à sua dinâmica. (LAROSSA, 2007[1])

A escola, como instituição pública, é um território de especialistas em "ensinar o mundo longe do mundo": o espaço privilegiado de uma aprendizagem sistematizada que requer certo afastamento do real em benefício de uma reorganização burocrática, temporal e metodológica supostamente favorável à aprendizagem. (COLELLO, 2007, p. 102)

No âmbito essencial da vida, o ser humano se configura como existência sentida, experimentada para se constituir como indivíduo. Essa é uma referência significativa para refletirmos sobre o espaço ensino-escola da Educação brasileira no que concerne ao trabalho com a linguagem, mais especificamente nas aulas de Língua Portuguesa. Porém, é preciso deixar claro que todos os professores trabalham a linguagem, seja ela a linguagem matemática, a histórica, a geográfica, a artística, entre outras áreas do conhecimento.

Parece existir um abismo que separa a prática escolar tradicional da prática social da leitura e da escrita. Longe de estar imersa no universo vivo e real de significação, a língua aparece à parte da realidade dos alunos. Nas palavras de COLELLO (2007): "Historicamente, a instituição escolar nasceu e se fortaleceu apoiada na oposição entre vida e aprendizagem, uma

---

1. Jorge Larossa, disponível em <http://www.alb.com.br/index.asp>. Acesso em junho de 2007.

gênese que marcou a sua evolução e, hoje, mais do que nunca compromete sua eficácia" (COLELLO, 2007, p. 101).

A perda da eficácia, à qual COLELLO se refere, verifica-se em relação à função que muitas escolas conteudistas e tradicionais têm exercido. Função que não considera o ser humano com autonomia e autoria, capaz de ampliar seus referenciais de mundo. Pelo contrário, essa escola tem cumprido "melhor" a função informativa, cuja concepção conteudista de Educação tem como papel primordial promover um saber enciclopedista. Nessa função, "a aprendizagem supõe a acumulação de informação, a qual se dá pela segmentação do saber (disciplinas escolares)" (BRITTO, 2003, p. 44).

Inúmeros estudos realizados nos últimos anos (COLELLO, 2007; GERALDI, 2003; KRAMER, 2000; LERNER, 2002; SMOLKA, 2003; ZACCUR, 2000; etc.) denunciam a prática pedagógica reducionista traduzida por um processo de desumanização, que ignora o ser humano e o considera como aparelho reprodutor da ideologia dominante, cumpridor de tarefas em etapas, sendo incapaz de refletir sobre estar no mundo.

Nesse âmbito educacional, prevalece uma concepção de aprendizagem passiva baseada em aulas expositivas, em exercícios de fixação, em modelos de ensino compatíveis com a ideologia de dominação própria da sociedade desigual e com a desativação da potencialidade criativa. Dessa forma, não há espaços de diálogos, mas, sim, espaços de silêncio em que "alunos só falam e escrevem naquela linguagem falsa e defensiva que inventam para tratar com os professores e outras autoridades" (FREIRE, 1996, p. 21).

Vale ponderar que muitos livros didáticos, propagadores desse modelo de ensino e da linguagem falsa e defensiva, asseguram a continuidade de uma prática pedagógica artificial, traindo os propósitos de construção de significados e de comunicação que deveriam reger o ensino de língua. Exemplos de uma prática artificial são os exercícios de cópia, as tarefas mecânicas de fixação da escrita e as práticas fechadas de leitura no âmbito da disciplina estudada que acabam por transformar todo gênero textual em texto "didático", tendo como meta apenas o plano da funcionalidade.

Os conteúdos, bem ou mal ensinados ou aprendidos, não assumem um âmbito de possibilidades existenciais (FREIRE, 2005) de autoria nas diferentes formas de dizer, mas produzem a dimensão instrumental da língua tão bem representada nas lições dos livros didáticos de preencher lacunas, apontar "erros", circular substantivo comum ou coletivo, substantivo biforme, singular ou plural, aumentativo ou diminutivo etc. Exercícios que artificializam a prática social da escrita. Dessa forma, o que se observa é a promoção de uma aniquilação ativa e autônoma nas formas de dizer, de ler, de ser e de se comportar. Essa aniquilação desativa a potencialidade criativa dos alunos.

Muitas pesquisas significativas apontam para a mudança no referencial da Educação. Dentre essas pesquisas, vale destacar os estudos psicogenéticos em especial *A psicogênese da língua escrita*, de FERREIRO e TEBEROSKY (1985), as quais, desde a década de 1980, trouxeram um novo olhar para a aprendizagem da escrita. Entendida como representação da língua, a escrita, então concebida como objeto fechado, codificado, passível de aquisição mecânica no ensino, passa a ser um objeto complexo, amplo, multifacetado, que é aprendido mediante processos de elaboração cognitiva. A pergunta que orientava os estudos sobre a aquisição da leitura e da escrita mudou de "como se ensina", deslocando-se para o "como se aprende". Desse modo, a escrita, objeto de conhecimento, deve passar a ser ensinada na perspectiva de quem aprende, isto é, levando-se em consideração o modo como cada aprendiz vai construindo o saber sobre o sistema linguístico. Além disso, tem-se o pressuposto de que antes da experiência escolar, a criança já tem uma compreensão da leitura e da escrita, em um referencial de conhecimento que deveria mudar o olhar do professor para a construção do sistema linguístico pelo aprendiz.

COLELLO (2007) faz um panorama muito elucidativo sobre as contribuições significativas para mudança de concepção do objeto da escrita:

> Desde as críticas de Paulo Freire sobre a concepção instrumental e apolítica da língua escrita, muitas foram as contribuições que, nos últimos anos, revolucionaram a compreensão que hoje temos sobre o processo de alfabetização. Na década de 80, os estudos de linguística, psicolinguística e sociolinguística redimensionaram as relações entre o falar e o escrever, revendo os princípios que sustentavam a discriminação e a correção da língua. Paralelamente, as pesquisas psicogenéticas, lideradas por Emilia Ferreiro e colaboradores, esforçaram-se por evidenciar os processos cognitivos de aprendizagem de um sistema que, longe de ser um código, merece ser tomado como efetivo

conhecimento. A tradução e divulgação das obras de pesquisadores soviéticos situaram a dimensão social inerente à aprendizagem da escrita. Por um lado, Vygotsky e Luria chamando a atenção para a relação dialética entre o homem e seu mundo, situando o contexto sociocultural como importante referencial para a aprendizagem e valoração da escrita; por outro, Bakhtin enfatizando o caráter dialógico do ler e escrever. Finalmente, nos anos 90, os estudos sobre o letramento apontam para a relevância das práticas sociais na consideração dos requisitos, meios e metas do ensino da língua escrita. (COLELLO, 2007, p. 107)

Se não forem reconhecidas as mudanças de concepção da escrita, da leitura e da aquisição do conhecimento, o esforço pedagógico ficará longe da tentativa da condução do aluno à humanização nas relações socioafetivas e culturais na sociedade capitalista, e também de ser capaz de resgatar o reencontro do ser humano com sua própria liberdade.

À luz dessas reflexões, as habilidades de escrita e de leitura como constituição do ser humano, como forma de intervenção no mundo, são alijadas do ensino, principalmente nas aulas de Língua Portuguesa. Isso faz que os sujeitos se tornem alienados e não participativos de uma sociedade que valoriza a escrita. Esse processo de aprendizagem limita a liberdade e a realidade é dissimulada, determinando aos sujeitos o caminho que deve ser seguido. (BONAZZI e ECO, 1980; BOURDIEU, 1998 e 2007; DIONÍSIO e NOSELLA, 1981).

Pela complexidade do âmbito do ensino, importa questionar:

❭ Como o professor vem significando sua prática cotidiana?
❭ Como o professor tem sido formado para o exercício da prática docente?
❭ Ele está preparado para enfrentar o cotidiano escolar?
❭ Quais são as expectativas de um professor recém-formado? Diante da realidade educacional, quais são as perspectivas do professor?

Em síntese, tomando como ponto de partida o potencial libertador de ensino da língua em oposição ao ensino reprodutivista, objetiva-se com estes apontamentos contribuir para as reflexões sobre o ensino da língua materna nas escolas.

A concepção de língua materna

Toda e qualquer concepção de língua, gramática e norma articula uma postura política, que envolve uma teoria de compreensão e interpretação da realidade (GERALDI, 1987). Desse modo, a maneira, as concepções de ensino e o posicionamento teórico que marcam a metodologia adotada pelo professor e seus objetivos são necessariamente ideológicos.

Abordar a língua sob uma perspectiva exclusivamente normativa contribui para reproduzir uma série de conceitos equivocados de senso comum[2] e até preconceitos, que vêm sendo desmitificados por estudos na área da Linguística e da Psicologia.

Com base em BAKHTIN (2003 e 2006); BRITTO (1997 e 2003); GERALDI (1987, 1996 e 2003); LEITE (2006); OLSON (1997); POSSENTI (1997), discute-se aqui as concepções sobre língua, gramática e norma a fim de subsidiar a compreensão sobre a difícil permeabilidade das pesquisas acadêmicas nas práticas didáticas e, mais especificamente, no ensino da Língua Portuguesa. Nesse sentido, compreender o senso comum e as suas consequências sociais ou pedagógicas pode se constituir como um importante recurso para a revisão de práticas que discriminam e alienam. Entre os princípios de senso comum que sustentam as práticas discriminadoras da língua está a forte dicotomia entre a escrita e a oralidade.

OLSON (1997), contrariando autores de Aristóteles a Saussure, defende que a escrita não é mera transcrição da fala e que "não há sistema de escrita, inclusive o alfabeto, que torne evidentes todos os aspectos do que é dito" (OLSON, 1997, p. 275). Desse modo, refuta-se o pressuposto de que o sistema da escrita representa o que é dito, já que muitos estudos e pesquisas acadêmicos apontam importantes diferenças entre a escrita e a fala.

AUROUX (1998) ressalta essas diferenças, ponderando que a escrita, diferentemente da fala, realiza-se numa escala temporal única, é bidimensional, o que permite formas adicionais de organização de pensamento. Além disso, pressupõe o afastamento dos interlocutores, por não ocorrer a interação face a face, num mesmo espaço e tempo.

---

2. Segundo Demo (1985, p. 30), o senso comum "não possui sofisticação; não problematiza relação sujeito/objeto; acredita no que vê; não distingue entre fenômeno e essência entre o que aparece na superfície e o que existe por baixo. Ao mesmo tempo, assume informações de terceiros sem as criticar".

Podemos recorrer também à análise de gêneros do discurso de BAKHTIN (2003), em respaldo às complexas diferenças entre escrita e fala:

O emprego da língua efetua-se em formas de enunciados (orais e escritos) concretos e únicos, proferidos pelos integrantes desse ou daquele campo da atividade humana. Esses enunciados refletem as condições específicas e as finalidades de cada referido campo não só por seu conteúdo (temático) e pelo estilo de linguagem, ou seja, pela seleção dos recursos lexicais, fraseológicos e gramaticais da língua, mas, acima de tudo, por sua construção composicional. Todos esses três elementos – conteúdo temático, o estilo, a construção composicional – estão indissoluvelmente ligados no todo do enunciado e são igualmente determinados pela especificidade de um determinado campo da comunicação. Evidentemente, cada enunciado particular é individual, mas cada campo de utilização da língua elabora seus tipos relativamente estáveis de enunciados, os quais denominamos gêneros do discurso.
[...]
Cabe salientar em especial a extrema heterogeneidade dos gêneros dos discursos (orais e escritos), nos quais devemos incluir as breves réplicas do diálogo do cotidiano (saliente-se que a diversidade das modalidades de diálogo cotidiano é extraordinariamente grande em função do seu tema, da situação e da composição dos participantes), o relato do dia a dia, a carta (em todas as suas diversas formas), o comando militar lacônico padronizado, a ordem desdobrada e detalhada, o repertório bastante variado (padronizado na maioria dos casos) dos documentos oficiais e o diversificado universo das manifestações publicísticas (no amplo sentido do termo: sociais, políticas); mas aí devemos incluir as variadas formas das manifestações científicas e todos os gêneros literários (do provérbio ao romance de muitos volumes). Pode parecer que a heterogeneidade dos gêneros discursivos é tão grande que não há nem pode haver um plano único para o seu estudo: porque, neste caso, em um plano de estudo aparecem fenômenos sumamente heterogêneos, como as réplicas monovocais do dia a dia e o romance de muitos volumes [...]. (BAKHTIN, 2003, p. 262-3)

Segundo BRITTO (2003), não se desconsidera a extrema heterogeneidade dos gêneros discursivos, assim como não se estabelecem suposições falsas de que a escrita representa a fala e de que a fala deve seguir a escrita. Ressalte-se, no entanto, que, independentemente deste referencial, "ninguém escreve como fala e ninguém fala como escreve". (BRITTO, 2003, p. 40)

Enfim, as contribuições dos autores sobre as concepções da escrita sustentam a problematização dos conceitos/termos – língua, gramática e norma – e a falsa suposição de que, em função do aparecimento da escrita, surgiu a equivocada "tendência de compreender as formas de escrita, principalmente aquelas de maior elaboração, com a própria norma culta ou língua padrão" (BRITTO, 2003, p. 41).

> A escrita, que se estabeleceu a partir de um trabalho cultural e político sobre as variedades linguísticas, em um processo intenso de modificação, especialização, incorporação e padronização, impôs-se progressivamente como forma independente e modelar, constituindo-se em um superdialeto. Na elaboração deste superdialeto, definiram-se regras prescritivas, recusaram-se formas consideradas impróprias e elaborou-se um vasto vocabulário, pelos empréstimos diretos do latim clássico, que os renascentistas haviam recuperado em sua recusa ao latim medieval, e de outras línguas, e pela criação de termos técnicos e jargões profissionais. Entre as consequências para a língua, em função do aparecimento da escrita, estão: o estabelecimento de novas estruturas sintáticas da escrita, com construções frasais mais longas, inversões de ordem, inserção ou intercalação de sintagmas, processos coesivos mais complexos; a ampliação do léxico [...] a fixação de modelos mais rígidos de uso e correção das formas linguísticas; a criação de textos não lineares (tabela, quadros, gráficos); [...] a emergência de novos gêneros, alguns dos quais não se dizem, se leem. (BRITTO, 2003, p. 40)

O autor ainda considera que a relevância da escrita está na expansão da possibilidade da memória registrada e no estabelecimento de formas de organização intelectual mais sistemáticas e monitoradas, assim como na possibilidade de novas performances cognitivas.

Em outra forma de interpretação, muitos autores de gramáticas e muitos falantes da língua acreditam que a grande contribuição da escrita se refere à padronização de uma variedade linguística e ao conhecimento de normas de uso do código. Por essa via de argumentação, justificam-se muitas defesas equivocadas de que a fala deve seguir a escrita, já que esta é defendida como a própria norma culta. Por isso, proliferam exemplos em gramáticas e manuais de "bom" uso da língua que objetivam "ensinar" alunos e consulentes a falar e escrever "bem" e "corretamente". Esses livros apontam para uma concepção equivocada de língua: língua é a escrita padrão.

LEITE (2006) traz as contribuições de Greimas e Courtés, que compreendem a língua como uma macrossemiótica, cuja especificidade, embora parecendo evidente, não se deixa facilmente definir. De acordo com LEITE, há motivos para essa dificuldade de definição de língua, já que são várias as suas propriedades, por exemplo:

> a de formar signos – palavras, expressões, textos;
> a de informar;
> a de comunicar;
> a de mediar a interação humana.

Além disso, pela língua estuda-se o ser humano e a sociedade, e é por meio da língua que o universo é explicado. Portanto, a língua é o interpretante e a sociedade o interpretado. Assumindo essa complexidade, LEITE dialoga com BAKHTIN, BENVENISTE, GERALDI e BRITTO.

À luz desses pressupostos, defende-se aqui a ideia de que a língua é um objeto sociointeracionista. E, ao concebê-la em estreita relação com o fato social, o que fica evidente é a distância entre as pesquisas no âmbito acadêmico e as práticas do senso comum.

De fato, a despeito de tantos estudos realizados, a Linguística não conseguiu ainda ultrapassar as paredes dos centros de pesquisa e se difundir socialmente e em muitas práticas pedagógicas na escola de modo a fazer ressoar seu discurso em contraposição aos outros discursos equivocados que dizem a língua no Brasil (FARACO, 2004).

Seguindo esse raciocínio, muitos professores postulam que o aluno apresenta dificuldade em ler, escrever e interpretar textos por não dominar a gramática normativa. Argumento refutado pelos estudos linguísticos e pelos estudos e pesquisas sobre letramento.

Esse argumento equivocado de muitos professores sobre o ensino de Língua Portuguesa tem repercussão nas práticas pedagógicas do trabalho com a linguagem (em todas as áreas do conhecimento) na escola, o que contribui para o distanciamento da nossa realidade social, cultural e linguística. Dessa maneira, a leitura e a escrita se tornam atividades artificiais e mecânicas.

Para concluir, vale lembrar que a língua é tida como um recurso derivado da estrutura alienante que limita a liberdade e dissimula a realidade, determinando, assim, aos sujeitos o caminho que deve ser seguido. Essa é a razão pela qual podemos ser vítimas dessa estrutura. Ressalte-se, ainda, que o entendimento acerca da língua tem sido um dos entraves mais significativos para a ampliação do pensamento crítico e transformador, já que, quando a linguagem é concebida como sistema linguístico de estrutura abstrata, coloca os indivíduos numa posição passiva, submissa e resignada, não possibilitando a ruptura dos padrões ideológicos de manipulação social.

A prática pedagógica no ensino da língua materna: a escola que pretendemos

Ao trabalhar com a linguagem viva e humana em detrimento de um trabalho conteudista e prescritivista com a gramática normativa, trabalha-se também com o conhecimento prévio do aluno, trabalhando para o desenvolvimento de um interlocutor dos vários gêneros textuais, com suas várias funções (informativa-científica, documental, literária, persuasiva, metalinguística, entre outras) e com seus vários contextos socioculturais.

As contribuições de BAKHTIN às análises de textos e discursos que hoje se fazem com diferentes perspectivas teóricas, há muito tempo, ocupam um lugar de destaque em pesquisas e teorias. Este autor antecipou as principais orientações da linguística moderna, principalmente em relação aos estudos da enunciação, da interação verbal, das relações entre linguagem, sociedade e história e das relações entre linguagem e ideologia.

Nessa perspectiva, em uma abordagem condizente com os princípios sociointeracionistas de linguagem, concebe-se o texto como um processo construído em situação de interação, pressupondo sempre a presença de um interlocutor.

No decorrer deste capítulo, destacamos a importância de um trabalho vivo com a língua, transitando pelo universo textual existente. Por isso, vale a pena perguntar: o que, de fato, está faltando no ensino de Língua

Portuguesa para viabilizar uma abordagem pedagógica com este enfoque? Na tentativa de responder a essa pergunta, a ausência de alguns aspectos no trabalho com a linguagem parecem prejudicar o projeto de educação linguística. Um desses aspectos é a intertextualidade, o outro é a interdiscursividade, aspectos que passaremos a discutir.

Ao "diálogo" entre textos dá-se o nome de intertextualidade. A referência explícita ou implícita a outros textos, sejam eles orais, escritos, não verbais (imagens, fotografias, artes plásticas), cinema, música etc. é elemento de textualidade.

Ressalte-se que a leitura de uma imagem (tela, escultura, desenho, foto etc.) não pode se reduzir a identificar objetos retratados, mas sim descrever a imagem considerando e desencadeando nosso conhecimento sócio-histórico e cultural, de mundo e de vida. Do contrário, textos não verbais podem objetivar apenas a ilustração em uma perspectiva reprodutiva.

Promover o intertexto entre linguagens verbais e não verbais pressupõe o trânsito entre vários textos, possibilitando o enriquecimento linguístico ancorado nas possibilidades de reflexão e criação. Para tanto, importa que o trabalho de ancoragem e a mediação com a leitura façam emergir do texto tanto os seus significados explícitos como os discursos ideológicos. Mais do que objeto de estudo, o texto passa a ser também o meio para a autoria, isto é, a razão sobre a qual se funda o *contradiscurso*[3] aos discursos impostos pela ideologia que aliena o sujeito.

Os *contradiscursos* dos professores travados com os alunos poderiam ser como Fernando Pessoa os diz:

Deste modo ou daquele modo
Procuro despir-me do que aprendi
Procuro esquecer o modo de lembrar que me ensinaram,
E raspar a tinta com que me pintaram os sentidos,
Desencaixotar as minhas emoções verdadeiras

Alberto Caeiro[4]

---

3. Nas palavras de Santos (2000, p. 127), "o mundo atual é movido pelo discurso, nosso papel (do professor) é fornecer o contradiscurso".
4. Disponível em http://www.dominiopublico.gov.br/download/texto/wk000266.pdf. Acesso em julho 2009.

Os discursos também estão presentes em textos não verbais. Desta forma, é importante destacar o que caracteriza a interdiscursividade nos mais variados textos. Para ORLANDI, "O interdiscurso é a relação de um discurso com outros discursos" (ORLANDI, 1992, p. 89), e são as relações entre discursos que dão a particularidade que constitui todo discurso. Assim, "o interdiscurso é o conjunto do dizível, histórica e linguisticamente definido" (ORLANDI, 1992, p. 89), significando que o dizível é um já dito exterior à língua e ao sujeito.

De acordo com a autora:

as formações discursivas são diferentes regiões que recortam o interdiscurso e que refletem as diferenças ideológicas, o modo como as posições dos sujeitos, seus lugares sociais aí representados, constituem sentidos diferentes. (ORLANDI, 1992, p. 66)

A relação de interdiscursividade mobiliza,

inescapavelmente, a relação entre textos diferentes, ou seja, a intertextualidade. Esta relação é aquela que nos dá lugar da historicidade específica da enunciação. Ou seja, a enunciação em um texto se relaciona com a enunciação de outros textos efetivamente realizados, alterando-os, repetindo-os, omitindo-os, interpretando-os. Assim, pela interdiscursividade e sua necessária intertextualidade o sentido não é formal, mas tem uma materialidade, tem uma historicidade. (ORLANDI, 1992, p. 68)

Seguindo o raciocínio da autora, o conceito de intertextualidade torna-se necessário para a interdiscursividade e vice-versa. A intertextualidade e o interdiscurso pressupõem um capital cultural amplo e complexo para o conhecimento de remissões a obras ou a textos e passagens. Além disso, os intertextos e interdiscursos exigem do interlocutor a capacidade de interpretar o objetivo, a intenção daquela alusão e a citação, já que relacionam um texto concreto à memória textual coletiva, à memória do grupo ou à memória de um indivíduo específico.

Vejamos um exemplo disso com base na contemplação e análise da foto, da obra de arte e do poema a seguir:

Figura 12.1 – *Etiópia*, de Sebastião Salgado, 1984.[5]
© Sebastião Salgado/Amazonas images

Figura 12.2 – *Retirantes*, de Candido Portinari, 1944.[6]
Óleo sobre tela. Dimensões reais: 190 cm × 180 cm.
Reprodução autorizada por João Candido Portinari / Imagem do acervo do Projeto Portinari

---

5. Foto disponível em: <site.pirelli.14bits.com.br/autores/15/obra/49>. Acesso em fevereiro de 2009.
6. Obra de arte disponível em: <http://images.google.com.br/imgres?imgurl=http://oglobo.globo.com-portinari->. Acesso em fevereiro de 2009.

HIPÓTESE
E se deus é canhoto
e criou com a mão esquerda?
Isso explica, talvez, as coisas deste mundo.
                Carlos Drummond de Andrade (ANDRADE, 2007, p. 102).

A riqueza intertextual e interdiscursiva entre a fotografia de Salgado, a tela de Portinari e o poema de Drummond não pode ser relegada ao valor tarefeiro do trabalho com a linguagem verbal e não verbal, mas a uma mediação docente que proporcione a fruição, a possibilidade de um olhar reflexivo para a beleza da arte engajada, preocupada com o estar no mundo do ser humano.

Ironicamente, ressaltando o erro de Deus e não do ser humano, Drummond contesta as imagens de Candido Portinari e de Sebastião Salgado, repudiando esses acontecimentos (as famílias retirantes famintas de vida, de ajuda, de solidariedade, de justiça, de igualdade e em busca de sobrevivência) no mundo humano e, ao mesmo tempo, tão desumano.

Assim, com um olhar menos ingênuo mediado pelo professor, com as imagens e com o poema desencadeia-se a necessidade de falas e discussões sobre os interdiscursos e intertextos travados nos textos (verbais e não verbais). Desse modo, o aluno vai adquirindo a autoria de falas e de escritas mais autônomas e críticas. Nesse processo interlocutivo em sala de aula entre professor, aluno e os textos (foto, obra de arte e poema), a atividade com a linguagem está sempre e cada vez se reconstruindo e se transformando, já que outros textos, em uma constante, podem dialogar (GERALDI, 1996).

Nas aulas de língua materna, por meio da mediação docente, ao tomar contato eficiente com a multiplicidade de textos que circulam no cotidiano, o aluno se torna capaz de construir conhecimento autônomo e reflexivo em todas as áreas do saber.

Uma mediação cúmplice, responsiva e dialógica pode ser simbolizada pelo desenho de ESCHER (2008):

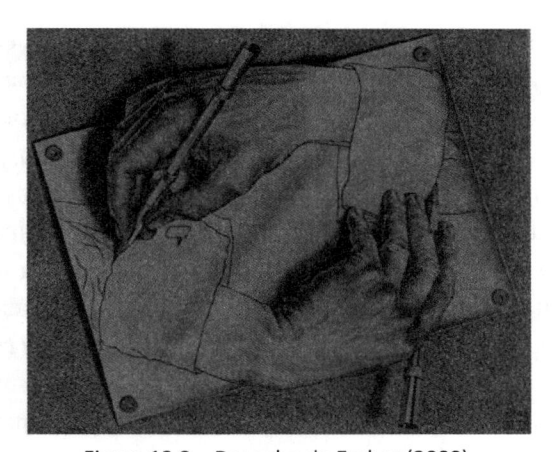

Figura 12.3 – Desenho de Escher (2008).
M.C. "Escher Drawing Hands" © 2009 The M.C. Escher Empresa-Holland. Todos os direitos reservados. www.mcescher.com

As ideias de COLELLO dão respaldo à necessidade dessa mediação docente:

Se a vida é rica em experiências, maior ainda é o potencial humano para compreendê-las, recriá-las, interpretar seus significados e considerar as suas relações em processos de elaboração mental que (nos diferentes arranjos pedagógicos) tendem a se beneficiar com as relações mestre-discípulo, aluno-escola (COLELLO, 2007, p. 48).

É importante ponderar que o sentido não está no texto, que é um veículo de comunicação entre o autor e o leitor, mas é sugerido pelo autor e constituído pelo leitor, isto é, o leitor passa a ser um construtor de sentidos tomando por base as pistas do texto.

Como ensinar, então, o aluno a LER um texto?

Não existe receita para o trabalho com a linguagem na escola. Porém, existem caminhos interpretativos que o professor pode percorrer, refletindo sobre as diferentes formas de ler:

> Ler para quê? (Para obter informação, para estudar, para entretenimento etc.).
> Ler por quê? (Por obrigação, por necessidade escolar ou do trabalho, por paixão etc.).
> Ler como? (Leitura pública, leitura individual, leitura coletiva etc.).

Ao tomar ciência do objetivo da leitura a ser realizada, é possível optar por uma metodologia que permita ao aluno sentir, durante a produção textual e a leitura, todas as emoções sinestésicas/cinestésicas presentes, a fruição, o fascínio, a dor... para que sua leitura produza um corpo perturbado, mas não fragmentado (BARTHES, 1988).

Integrar a leitura e a escrita a um mundo material e humano é proporcionar ao aluno uma educação libertadora, na qual educadores e educandos falam, escutam, leem e escrevem, exercitando seu potencial criativo e transformador, conscientes do lugar onde estão e dos horizontes que podem vislumbrar.

De acordo com KLEIMAN e MORAES (1999), para que essa metodologia seja possível é fundamental que o aluno se engaje cognitivamente para mobilizar seus conhecimentos e fazer sentido. Esse engajamento depende da relevância do assunto e da reelaboração do conhecimento que o aluno consegue fazer, por isso é necessária uma mediação na leitura. As autoras ainda orientam trabalhar com os textos a:

> contextualização;
> ativação do conhecimento prévio;
> construção do mapa textual;
> leitura individual com objetivo predefinido;
> verificação de hipóteses de leitura;
> verificação da situação de comunicação (Quem escreveu? Para quem? Para quê? Onde? Como isso se manifesta?);
> verificação do tipo de texto (gênero textual).

Nesse contexto, o falar e o escrever "bem" não estão ligados ao menor ou maior domínio da gramática normativa, mas sim às possibilidades de contato significativos com os mais variados textos que circulam na sociedade, principalmente no universo escolar.

Seguindo a concepção bakhtiniana de linguagem, a comunicação verbal e não verbal não pode ser compreendida fora de sua ligação com uma situação concreta, numa perspectiva de totalidade, integrada à vida humana. Ressalte-se que a escrita é importante na escola, porque é importante fora dela, e não o contrário (FERREIRO, 2001).

Assim, quando o aluno tem contato com as novas tecnologias, com as novas formas de trabalho e com seu cotidiano, ele adquire novos termos, novas formas de dizer, de pensar, de se posicionar, de refletir e, consequentemente, de escrever.

Algumas considerações

Esta reflexão objetivou trazer algumas contribuições para o ensino de língua materna na escola, destacando a existência de variedades e a pluralidade de usos da linguagem em diferentes contextos. Seguindo esse raciocínio, foi ponderado que a diversidade de gêneros textuais deve ser privilegiada e todas as formas de prática linguística devem ser exploradas, já que o trabalho com a oralidade, a leitura de textos escritos, a prática de produção de textos orais e escritos, e a prática de análise linguística seriam fundamentais e sustentariam o ensino de Língua Portuguesa. Nessa lógica, professores e alunos deverão considerar a língua em uma perspectiva mais ampla, entendendo seu caráter interdisciplinar.

No que tange às práticas de ensino, ficou marcada a mudança de referencial: o objeto de ensino da língua deixa de ser a norma culta, com teoria gramatical descontextualizada, fora da realidade do aluno, com prioridade para o ensino de uma língua supostamente estática e cristalizada; e passa a ser a leitura e a escrita, objetivando uma perspectiva mais crítica e reflexiva sobre os comportamentos linguísticos, privilegiando a formação linguística do aluno. Seguindo este "novo" referencial, importa que o aluno discuta o que vê e lê para conseguir se constituir como usuário da língua e participante do processo de aprendizagem.

À luz de muitos autores, foi destacado que a leitura e a redação na escola devem ser atividade real de significação, e não atividade linguística artificial em que o texto é apenas pretexto para atividades de metalinguagem (exercícios de fixação: morfologia, sintaxe e fonologia). A leitura deve ser resultado da integração entre autor, texto e leitor, já que o texto deve ser concebido como unidade de análise em que o leitor constrói os sentidos possíveis estabelecidos pelo escritor. Porém, quando se ignora a natureza dos discursos em sala de aula, apaga-se a ligação existente entre linguagem e vida e, ao fazer isso, ignora-se, a leitura e a escrita como ações culturais, articuladas a valores e saberes socialmente dados, como ato de posicionamento político diante do mundo.

Deste modo, cabe à escola proporcionar *encuentros*[7] com essas novas linguagens, ideologias e realidades.

Pensando nos discursos implícitos que desfiguram a realidade, limitando a nossa visão sobre o que merece ser considerado, a metáfora visual de DALI, a ilusão de ótica, parece ilustrar as tensões entre os discursos ideológicos implícitos de manipulação social não identificados no cotidiano pelos alunos e os contradiscursos que se mostram apenas com um olhar despido das vestes impostas pela sociedade desigual.

Figura 12.4[8] – © *Fondation Gala:* Dali, Salvador (1904-1989) © ARS, NY.
Aparição de rosto e fruteira numa praia. 1938. Óleo sobre tela. 45 x 56 5/8. The Ella Gallup Sumner and Mary Catlin Sumner Collection Fund. 1939.269 Local: Wadsworth Atheneum Museum of Art, Hartford, Connecticut, USA
Crédito da foto: Wadsworth Atheneum Museum of Art / Art Resource, NY

Para tanto, é necessário acesso igual a mediações significativas na sociedade com uma linguagem dialógica, viabilizando mecanismos para que se possa perceber o imperceptível, ampliando as óticas do conhecimento pelas múltiplas possibilidades de se lidar com ele. Está aí a possibilidade de formar homens críticos, que, efetivamente, aprenderam a compreender, a dialogar e a olhar com um olhar despido.

---

7. Termo utilizado por Afonso Lopéz Quintás *apud* Perissé, 2005, p. 25.
8. Obra de arte disponível em: <www.worldgallery.co.uk/art-print/Apparition-o...>. Acesso em janeiro de 2009.

Referências bibliográficas

ANDRADE, C. D. de. *Alguma poesia*. 8. ed. Rio de Janeiro: Record, 2007.

AUROUX, S. *A Filosofia da Linguagem*. Campinas: Ed. da Unicamp, 1998.

_____. *Norma lingüística*. São Paulo: Loyola, 2001.

BAGNO, M. *Preconceito lingüístico: o que é, como se faz*. 27. ed. São Paulo: Loyola, 2003.

_____. *Português ou brasileiro? Um convite à pesquisa*. 5. ed. São Paulo: Parábola, 2005.

_____. *Dramática da língua portuguesa: tradição gramatical, mídia e exclusão social*. 3. ed. São Paulo: Loyola, 2005.

_____. Nada na língua é por acaso: ciência e senso comum na educação em língua materna. Disponível em: <http://www.marcosbagno.com.br/art_nada-na-lingua-e-poracaso.htm>. Acesso em 23 ago. 2007.

BAKHTIN, M. *Estética da criação verbal*. São Paulo: Martins Fontes, 2003.

_____. *Marxismo e filosofia da linguagem*. São Paulo: Hucitec, 2006.

BARTHES, Roland. *O rumor da língua*. São Paulo: Brasilense, 1988.

_____. *Aula*. Tradução de Leyla Perrone-Moisés. São Paulo: Cultrix, 2004.

_____. *O prazer do texto*. Tradução de J. Guinsburg. São Paulo: Perspectiva, 2006.

BECHARA, E. *Moderna gramática portuguesa*. 37. ed. Rio de Janeiro: Lucerna, 2003.

BENVENISTE, E. *Problemas de lingüística geral II*. Campinas/São Paulo: Editora da Universidade Estadual de Campinas/Pontes, 1991.

BEZERRA, M. A. (Org.). *O livro didático de português: múltiplos olhares*. 3. ed. Rio de Janeiro: Lucerna, 2005.

BONAZZI, M.; ECO, U. *Mentiras que parecem verdades*. São Paulo: Summus, 1980.

BOURDIEU, P. *A economia das trocas lingüísticas*. São Paulo: EDUSP, 1998.

_____. *Escritos de educação*. NOGUEIRA, M. A.; CATANI, A. (Orgs.). 9. ed. Petrópolis: Vozes, 2007.

BRITTO, L. P. L. *A sombra do caos: ensino de língua × tradição gramatical*. Campinas: ALB & Mercado de Letras, 1997.

BRITTO, L. P. L.; TOREZAN, A. M. *Estratégias de aprendizagem utilizadas em atividades de estudo por estudantes universitários de primeira geração de longa escolaridade* (Projeto Fapesp). Sorocaba: Universidade de Sorocaba, 2001.

BRITTO, L. P. L. *Contra o consenso: cultura escrita, educação e participação*. Campinas: Mercado de Letras, 2003.

_____. *Fugindo da norma: educação e consciência lingüística*. (Versão em elaboração), 2004.

COLELLO, S. G. M. *A escola que (não) ensina a escrever*. São Paulo: Paz e Terra, 2007.

DEMO, P. *Introdução à metodologia da ciência*. São Paulo: Atlas, 1985.

DIAS, G. H. M. Paradidático: praga da leitura? Uma proposta para o nono ano. Disponível em: <http://www.alb.com.br/anais16/sem11pdf/sm11ss01_05.pdf> Acesso em janeiro de 2009.

ESCHER, M. C. *Drawing hands*. Lithograph, 1948. Disponível em: <http://www.mcescher.com/>. Acesso em outubro de 2008.

FARACO, C. (Org.). *Estrangeirismos: guerra em torno da língua*. São Paulo: Parábola, 2004.

_____. Guerras em torno da língua – questões de política lingüística.

FERREIRO, Emília. *Cultura escrita e educação*. Porto Alegre: Artes Médicas, 2001.

FERREIRO E.; TEBEROSKY A. *A psicogênese da língua escrita*. Porto Alegre: Artes Médicas, 1985.

_____. *Passado e presente dos verbos ler e escrever*. São Paulo: Cortez, 2005.

FIORIN, J. L. (Org.). *Introdução à lingüística: I objeto teórico*. 5. ed. São Paulo: Contexto, 2006.

_____. Considerações em torno do projeto de lei 1676/99. In: FARACO, C. (Org.). *Estrangeirismos: guerra em torno da língua*. São Paulo: Parábola, 2004.

FREIRE, P. *A importância do ato de ler: em três artigos que se completam*. São Paulo: Cortez, 1982.

FREIRE, P.; SHOR, I. *Medo e ousadia: o cotidiano do professor*. Tradução de Adriana Lopez. 5. ed. Rio de Janeiro: Paz e Terra, 1996.

FREIRE, P. *Pedagogia da autonomia: saberes necessários à prática educativa*. São Paulo: Paz e Terra, 2005.

GERALDI, J. W. (Org.). *O texto na sala de aula: leitura e produção*. 3. ed. Cascavel: Assoeste, 1987.

_____. *Linguagem e ensino: exercícios de militância e divulgação*. Campinas: ALB & Mercado de Letras, 1996.

_____. *Portos de passagem*. São Paulo: Martins Fontes, 2003.

GNERRE, M. *Linguagem, escrita e poder*. 4. ed. São Paulo: Martins Fontes, 2003.

GUEDES, P. C. E por que não nos defender da língua? In: FARACO, C. (Org.). *Estrangeirismos: guerra em torno da língua*. São Paulo: Parábola, 2004.

GUIMARÃES, E. Enunciação e história. In: GUIMARÃES, E. (Org.). *História e sentido na linguagem*. Campinas: Pontes, 1989.

_____. *Os limites do sentido: um estudo histórico e enunciativo da linguagem*. Campinas: Pontes, 1995.

GUIMARÃES, E.; ORLANDI, E. Unidade e dispersão: *uma questão do sujeito e do discurso*. In: ORLANDI, E. *Discurso e leitura*. 4. ed. São Paulo/Campinas: Cortez/Editora da Universidade Estadual de Campinas, 1999.

KATO, M. A. *No mundo da escrita: uma perspectiva psicolingüística*. 6. ed. São Paulo: Ática, 1998.

KLEIMAN, A.; MORAES, S. *Leitura e interdisciplinaridade: tecendo redes nos projetos de escola*. Campinas: Mercado de Letras, 1999.

KOCH, I. G. V.; TRAVAGLIA, L. C. *Texto e coerência*. São Paulo: Cortez, 1989.

KRAMER, S. Leitura e escrita como experiência – notas sobre seu papel na formação. In: ZACCUR, E. *A magia da linguagem*. Rio de Janeiro: DP&A, 2000.

LAJOLO, M.; ZILBERMAN, R. *A formação da leitura no Brasil*. São Paulo: Ática, 1998.

LAROSSA, J. 16º Congresso de Leitura do Brasil. Disponível em: <http://www.alb.com.br/index.asp>. Acesso em 12 jun. 2007.

LEITE, M. Q. *Metalinguagem e discurso: a configuração do purismo brasileiro*. 2. ed. São Paulo: Associação Editorial Humanitas/FFLCH-USP, 2006.

LERNER, D. *Ler e escrever na escola: o real, o possível e o necessário*. Tradução de Ernani Rosa. Porto Alegre: Artmed, 2002.

_____. É preciso dar sentido à leitura. *Revista Nova Escola*, São Paulo, p. 13, set. 2006.

MARCUSCHI, L. A. *Da fala para a escrita: atividades de retextualização*. 4. ed. São Paulo: Cortez, 2003.

_____. Compreensão de texto: algumas reflexões. In: DIONÍSIO, A. P.;
NOSELLA, M. As belas mentiras: a ideologia subjacente aos textos didáticos. 5. ed. São Paulo: Moraes, 1981.

OLSON, D. O mundo no papel: as implicações conceituais e cognitivas da leitura e da escrita. Tradução de Sérgio Bath. São Paulo: Ática, 1997.

ORLANDI, Eni. As formas do silêncio. Campinas: Editora da Universidade Estadual de Campinas, 1992.

PARÂMETROS CURRICULARES NACIONAIS – língua portuguesa: terceiro e quarto ciclos do ensino fundamental. Disponível em: <http://portal.mec.gov.br/seb/arquivos/pdf/portugues.pdf>. Acesso em outubro de 2008.

PERISSÉ, G. Filosofia, ética e literatura: uma proposta pedagógica. São Paulo: Manole, 2004.

PETTER, M. Linguagem, língua, lingüística. In: FIORIN, J. L (Org.). Introdução à linguística: objetos teóricos. São Paulo: Contexto, 2006.

PINTO, E. P. A língua escrita no Brasil. São Paulo: Ática, 1986.

_____. O português popular escrito. São Paulo: Contexto, 1990.

POSSENTI, S. Pragas da leitura. In: Leitura, escola e sociedade. São Paulo: FDE, n. 13, p. 27-33, 1994. (Série Idéias).

_____. Por que (não) ensinar gramática na escola. Campinas: Mercado de Letras, 1997.

SANTOS, M. Território e sociedade: entrevista com Milton Santos. São Paulo: Fundação Perseu Abramo, 2000.

SMOLKA, A. B.; GÓES, M. C. R. de (Orgs.). A linguagem e o outro no espaço escolar – Vygotsky e a construção do conhecimento. Campinas: Papirus, 2003.

ZACCUR, E. A magia da linguagem. Rio de Janeiro: DP&A, 2000.

Pensando sobre o texto

Reflexão sobre a prática pedagógica

1. O ser humano inventou a escrita, um sistema de representação paralelo ao oral, aspirando ao registro de suas descobertas, ideias e reflexões sobre o mundo. Uma das causas do encantamento da linguagem escrita é

a possibilidade de perpetuar e fazer perdurar, por meio do tempo e do espaço, essas ideias e reflexões humanas para serem lidas. Ao registrar os acontecimentos na escrita, esses textos podem ser interpretados de diferentes maneiras, segundo o ponto de vista do leitor envolvido, e da teoria, na maior parte das vezes implícita, a que ele recorre. Segundo Smith (1989), o leitor proficiente é aquele que antecipa significados e estruturas, compara pressupostos ideológicos, estabelece a intertextualidade, e não se preocupa com a decodificação. De acordo com esta afirmativa e com tudo o que já foi refletido sobre o ensino de língua materna, como podemos analisar os casos de leitores que não conseguem ir além do código, isto é, não leem com proficiência?
2. Serão apresentados abaixo textos (verbais e não verbais). Seguindo os pressupostos interpretativos já refletidos aqui, faça uma caminhada dialógica e interpretativa dos textos.

Texto 1
Canção do exílio

Minha terra tem palmeiras,
Onde canta o Sabiá;
As aves, que aqui gorjeiam,
Não gorjeiam como lá.

Nosso céu tem mais estrelas,
Nossas várzeas têm mais flores,
Nossos bosques têm mais vida,
Nossa vida mais amores.

Em cismar, sozinho, à noite,
Mais prazer eu encontro lá;
Minha terra tem palmeiras,
Onde canta o Sabiá.

Minha terra tem primores,
Que tais não encontro eu cá;

Em cismar – sozinho, à noite –
Mais prazer eu encontro lá;
Minha terra tem palmeiras,
Onde canta o Sabiá.

Não permita Deus que eu morra,
Sem que eu volte para lá;
Sem que desfrute os primores
Que não encontro por cá;
Sem qu'inda aviste as palmeiras,
Onde canta o Sabiá.

Gonçalves Dias – *Primeiros cantos* (1847)

Texto 2
Vida de Passarinho

Caulos, *Vida de Passarinho*, L&PM Editores, 2007.

Texto 3
Hino Nacional Brasileiro[9]

I
Ouviram do ipiranga as margens plácidas
De um povo heroico o brado retumbante,
E o sol da liberdade, em raios fúlgidos,
Brilhou no céu da pátria nesse instante.

Se o penhor dessa igualdade
Conseguimos conquistar com braço forte,
Em teu seio, ó liberdade,
Desafia o nosso peito a própria morte!
(...)

II
Deitado eternamente em berço esplêndido,
Ao som do mar e à luz do céu profundo,
Fulguras, ó Brasil, florão da América,
Iluminado ao sol do novo mundo!

Do que a terra mais garrida,
Teus risonhos, lindos campos têm mais flores;
"Nossos bosques têm mais vida,"
"Nossa vida" no teu seio "mais amores".

---

9. A letra do Hino Nacional do Brasil foi escrita por Joaquim Osório Duque Estrada (1870--1927) e a música é de Francisco Manuel da Silva (1795-1865). Tornou-se oficial no dia 1º de setembro de 1971, através da Lei nº 5700. Existe uma série de regras que devem ser seguidas no momento da execução do hino.

CAPÍTULO 13

Mudanças ortográficas no Português do Brasil

Tatiana Higa Pasini

O Acordo Ortográfico de 1990

Os países falantes de Língua Portuguesa – Angola, Brasil, Cabo Verde, Guiné Bissau, Moçambique, Portugal e São Tomé e Príncipe – assinaram o Acordo Ortográfico da Língua Portuguesa em 1990, com o intuito de unificar a ortografia e fortalecer internacionalmente o idioma e o respeito por ele. Este acordo entraria em vigor em 1º de janeiro de 1994, porém, não houve ratificação de todos os países integrantes da Comunidade dos Países de Língua Portuguesa (CPLP). No ano de 2004, em São Tomé e Príncipe, foi aprovado um Segundo Protocolo Modificativo ao Acordo Ortográfico, prevendo que o número mínimo de países para a ratificação deste acordo passasse a ser de três membros.

Timor Leste também assinou o acordo de unificação da ortografia da Língua Portuguesa. No entanto, os prazos de implantação do acordo não foram cumpridos. O governo do Brasil, igualmente, descumpriu o prazo devido à falta de adesão do Acordo Ortográfico por Portugal. Viveu-se um período de incerteza até março de 2008, quando Portugal aderiu ao Acordo Ortográfico. Em setembro do mesmo ano, o presidente Luiz Inácio Lula da Silva assinou o decreto, afirmando que as novas regras ortográficas entrariam em vigor em 1º de janeiro de 2009. O Brasil tem o período entre 1º de janeiro de 2009 e 31 de dezembro de 2012 para que os falantes do idioma se adaptem às novas regras.

As reformas ortográficas de 1931 e 1971

O Brasil já passou por duas reformas ortográficas anteriormente. Em 1911, Portugal elaborou a Primeira Reforma Ortográfica, mudando significativamente a língua escrita. O Brasil não aderiu à reforma e os dois países ficaram com as escritas diferentes. A Academia Brasileira de Letras e a Academia das Ciências de Lisboa começaram a discutir a proposta de uniformizar a grafia do idioma em 1924. Em 1931, foi firmado o Acordo Ortográfico Luso-brasileiro (30 abr. 1931) organizado por ambas Academias a fim de promover a unificação ortográfica. No entanto, houve divergências por parte dos dois países e a unificação não teve o êxito esperado. Portugal criou o *Vocabulário Ortográfico da Língua Portuguesa* (1940), e o Brasil, o *Pequeno Vocabulário Ortográfico da Língua Portuguesa* (1943), de modo a apresentar soluções para o acordo não vigorado entre ambas as nações.

As primeiras propostas de unificação ortográfica aceitas por Brasil e Portugal aconteceram apenas em 1971. A Academia Brasileira de Letras e a Academia de Ciências de Lisboa aceitaram suprimir os acentos, que causavam as divergências, nas palavras homógrafas e nas palavras derivadas com o sufixo "-mente". Em 1975 as Academias elaboraram um novo acordo, que não foi aprovado oficialmente. O Brasil permaneceu com as regras ortográficas de 1943 até que o Acordo Ortográfico de 1990 entrasse em vigor, em 1º de janeiro de 2009.

As novas regras do Acordo Ortográfico de 1990

O Acordo Ortográfico de 1990, segundo o Ministério de Educação, deve facilitar o intercâmbio cultural e científico entre os países que falam a Língua Portuguesa e ampliar a divulgação deste idioma.

A ortografia da Língua Portuguesa sofre as seguintes alterações:

I – ALFABETO:
O alfabeto passa a ter 26 letras. As letras k, w e y são incorporadas.

II – TREMA:
O sinal gráfico de dois pontos, o trema, usado em cima da letra "u", para indicar que esta letra deve ser pronunciada, será eliminado em palavras da

Língua Portuguesa. Porém, a pronúncia continuará a mesma. Apenas será mantido em nomes próprios de ordem estrangeira e em seus derivados.

III – ACENTUAÇÃO:
a) Os ditongos abertos -ei e -oi nas palavras paroxítonas não serão acentuados. Exemplos: assembleia, ideia, boia, heroico etc.
b) O hiato -oo não será acentuado.
   Exemplos: enjoo, voo, abençoo etc.
c) O hiato -ee dos verbos crer, dar, ler, ver e seus derivados, na terceira pessoa do plural, não serão acentuados.
   Exemplos: creem, leem, veem, deem etc.
d) As palavras paroxítonas homógrafas deixam de ser acentuadas.
   Exemplos: para (preposição e verbo), pelo (substantivo e verbo) e há mais três casos (pera, polo e pela).
   Observação: o acento diferencial permanece nos homógrafos: pode (terceira pessoa do singular do presente do modo indicativo do verbo poder) e pôde (terceira pessoa do singular do pretérito perfeito do modo indicativo) e também permanece em pôr (verbo), em oposição a por (preposição).
e) Não se acentuará o -u tônico nas formas verbais rizotônicas (acento na raiz), quando precedido de -g ou -q e seguido de -e ou -i (grupos que/qui e gue/gui). Exemplos: argui, apazigue, averigue, enxague etc.
f) Não se acentuará o -i ou -u tônicos das palavras paroxítonas quando precedidas de ditongo.
   Exemplos: boiuna, feiura, baiuca, feiume etc.

IV – USO DO HÍFEN:
a) Em compostos em que o prefixo ou falso prefixo termina em vogal e o segundo elemento começa por r ou s, devendo estas consoantes se duplicarem, não se usa hífen.
   Exemplos: antessala, autorretrato, antissocial, contrarregra, ultrassonografia, suprarrenal, suprassensível etc.
b) Em compostos em que o prefixo ou falso prefixo termina em vogal e o segundo elemento começa por vogal diferente não se usa hífen.
   Exemplos: autoajuda, autoescola, contraordem, extraoficial, infraestrutura, semiaberto, ultraocular etc.

c) Emprega-se o hífen nos compostos em que o prefixo ou falso prefixo termina em vogal e o segundo elemento começa por vogal igual.
Exemplos: anti-inflamatório, arqui-inimigo, micro-ondas, micro-ônibus, micro-orgânico etc.
Observação: no prefixo co-, em geral, não se usa hífen, mesmo que o segundo elemento comece pela vogal "o". Exemplo: coordenar etc.

d) Não se emprega o hífen em certos compostos em que se perdeu, em certa medida, a noção de composição.
Exemplos: mandachuva, paraquedas, girassol, paraquedismo e pontapé.
Observação: o uso do hífen permanece nas palavras compostas que não contêm elemento de ligação e constituem uma unidade sintagmática e semântica, mantendo acento próprio, bem como naquelas que designam espécies botânicas e zoológicas. Exemplos: ano-luz, azul-escuro, médico-cirurgião, conta-gotas, guarda-chuva, segunda-feira, tenente-coronel, beija-flor, couve-flor, erva-doce, mal-me-quer, bem-te-vi etc.

e) Translineação: deve-se repetir o hífen na mudança de linha quando a partição de uma palavra composta ou de um verbo pronominal, ou de uma combinação de palavras em que há hífen coincide com o final de um dos elementos ou membros.

Essas novas regras devem ser incorporadas até 31 de dezembro de 2012, conforme regulamentou o presidente Luiz Inácio Lula da Silva. Durante esse período de adaptação, ambas as regras serão aceitas.

Trabalhando a ortografia

Para se trabalhar a ortografia é importante entendê-la e defini-la. Segundo MORAIS (1998), faz-se necessário diferenciar a ortografia da escrita alfabética. A escrita alfabética consiste na compreensão das letras do alfabeto e de suas combinações. A ortografia é uma convenção social para colaborar na comunicação escrita.

A cristalização das formas das palavras ditas de modos diferentes permite a compreensão e a comunicação entre indivíduos de sociedades de origens diversificadas. É válido ressaltar que as convenções ortográficas são estabelecidas socialmente, como o ocorrido no Acordo Ortográfico de 1990, por exemplo.

Em contrapartida, MORAIS (1997) ressalta que, com a normatização ortográfica, se desenvolveu a noção de erro ortográfico com todo o seu conteúdo de culpa e transgressão da norma. O ato de escrever tornou-se uma atividade árdua para muitas pessoas, pois transgredir a norma é sinônimo de reprovação, de falta de conhecimento (CAGLIARI, 2001)

A escola torna-se fundamental no momento de ensino das normas ortográficas. CAGLIARI (2001) afirma que as pessoas devem ser espontâneas ao perguntar sobre a grafia de certas palavras, e não devem se sentir culpadas por não saber. Neste sentido, a escola deve mudar as estratégias de trabalho com a ortografia, pois ela é uma das responsáveis por avaliar a comunicação escrita e ter como foco os erros ortográficos.

Muitos professores adotaram uma postura negligente e preconceituosa em relação ao ensino de ortografia. Opondo-se às propostas tradicionais de ensino, cujo objetivo não era formar alunos leitores e produtores de textos, os professores deixaram de trabalhar com a ortografia acreditando que os alunos aprenderiam as normas ortográficas naturalmente. Esses professores não trabalhavam as regras, mas as cobravam na produção textual do aluno (MORAIS, 1998).

CAGLIARI (2001) defende a proposta de se trabalhar ortografia ao longo dos nove anos do ensino fundamental. A produção de textos espontâneos é um meio para que o professor saiba o que os alunos estão errando mais, para que prepare melhor suas aulas e trabalhe especificamente o necessário. Ao longo do ano letivo, o professor deve exigir mais do aluno, que eles não errem certas palavras a fim de que cheguem ao final com o domínio das normas ortográficas.

O contato com o texto produzido pelo aluno permite ao professor atuar diretamente nas dificuldades ortográficas. Essas dificuldades, segundo MORAIS (1998), podem revelar diferentes níveis de conhecimento do aluno. São eles:

- a falta de consciência de que cometeu um erro ortográfico;
- dúvidas no momento de escrever a palavra, pois a escreve de modos diferentes ao longo da produção textual;
- avanço em seu conhecimento, tornando-se capaz de detectar os erros e se autocorrigir.

Apropriar-se das normas ortográficas é um processo longo. Os erros ortográficos não podem atuar como uma barreira à produção textual, conforme corrobora MORAIS (1998).

Alternativa para se trabalhar a ortografia é a autocorreção, fazer que os alunos revejam seus textos e tentem melhorá-los. A leitura também é muito importante, pois por meio dela o aluno pode resolver dificuldades encontradas no seu dia a dia (CAGLIARI, 2001).

Faz-se essencial o ensino de ortografia no processo de comunicação escrita dentro e fora da escola. A escola, ao trabalhar as normas ortográficas, contribui para a diminuição das diferenças sociais, uma vez que estas normas são determinadas pela sociedade (MORAIS, 1998).

CAGLIARI (2001) afirma que a sociedade exerce seu gosto pela discriminação social, aproveitando-se das variações linguísticas menos prestigiadas, ou seja, as variações que não seguem as normas do Português padrão. A fala de pessoas menos favorecidas, que diferem da fala padrão, torna-se "errada". Como a ortografia não reflete a fala de nenhum falante em particular, ela é mais neutra e não deveria servir como objeto de discriminação social.

No entanto, CAGLIARI (2001) ressalta que a ortografia sofre reformas que tendem a beneficiar os falantes da variedade de prestígio, os que seguem as normas do Português padrão. O autor defende a ideia de que a ortografia sofra menos alterações possíveis, para que ela se torne cada vez mais um objeto neutro, já que a sociedade discrimina seus falantes por meio dos usos de linguagem.

MORAIS (1998) estabeleceu três princípios norteadores para o ensino de ortografia que podem servir como um guia didático para o professor. São eles:

I – A criança necessita conviver com modelos nos quais apareça a norma ortográfica;
II – A criança precisa ter um grande convívio com materiais impressos.
III – O professor precisa promover situações de ensino-aprendizagem que levem à explicitação dos conhecimentos infantis sobre a ortografia.
IV – O professor precisa definir metas ou expectativas para o rendimento ortográfico de seus alunos ao longo da escolaridade.

Além desses princípios norteadores para o ensino de ortografia, MORAIS (1998) desenvolveu princípios relativos ao encaminhamento das situações de ensino-aprendizagem, chamando a atenção do professor para alguns cuidados:

> A reflexão sobre a ortografia deve estar presente em todos os momentos da escrita.
> É preciso não controlar a escrita espontânea dos alunos.
> É preciso não fazer da nomenclatura gramatical um requisito para a aprendizagem de regras (contextuais e morfológico-gramaticais).
> É preciso promover sempre a discussão coletiva dos conhecimentos que as crianças expressam.
> É preciso fazer o registro escrito das descobertas das crianças – regras, listas de palavras etc.
> As atividades podem ser desenvolvidas coletivamente, em pequenos grupos ou em duplas.
> Ao definir metas, não se pode deixar de levar em conta a heterogeneidade de rendimento dos alunos.

O trabalho com ortografia tem sido desenvolvido, habitualmente, por meio de cópias de palavras, de listas de palavras soltas, sem qualquer discussão sobre por que tal palavra se escreve de tal maneira. Essas estratégias verificam, na realidade, qual aluno já adquiriu a norma e qual ainda precisa copiar as palavras tantas vezes (MORAIS, 1997).

O professor deve se conscientizar do trabalho com as normas ortográficas, deixando de trabalhar apenas os processos de memorização e cópia, para levar os alunos à reflexão e à conscientização de uso das normas.

Propostas de trabalho

As normas ortográficas devem ser objeto de ensino do professor, uma vez que elas são determinadas pela sociedade e podem diminuir as diferenças sociais existentes. O trabalho com ortografia desenvolvido por muitos professores baseia-se em cópias dessas normas, sem permitir que o aluno reflita sobre elas.

Este presente capítulo propôs-se a apresentar a reforma ortográfica, cujas mudanças foram previstas no Acordo de 1990, e algumas concepções de trabalho com a ortografia de CAGLIARI (2001) e de MORAIS (1997; 1998). Princípios norteadores de trabalho com normas ortográficas, desenvolvidos por MORAIS (1998), também foram apresentados. Do mesmo modo, apresento a seguir duas propostas de trabalho sugeridas por MORAIS (1998), que têm como base os princípios estabelecidos pelo autor.

I – Releitura com focalização
Essa proposta de trabalho tem com o objetivo discutir e refletir sobre as palavras já conhecidas pelos alunos. A releitura é feita coletivamente e o texto escolhido deve ser conhecido por todos os educandos. Durante a releitura, o professor deve fazer interrupções para debater certas palavras, lançando questões sobre grafia de cada uma delas, sobre as regularidades ou irregularidades das palavras.

Nesse momento, o aluno focaliza sua atenção para a grafia das palavras e tem a possibilidade de adquirir informação sobre a escrita delas.

O professor tem a oportunidade de escolher as palavras sobre as quais deseja discutir e refletir com os alunos. Além de permitir que estes se expressem sobre as palavras que mais chamaram sua atenção.

II – Reescrita com transgressão ou correção
Um dos objetivos ao se reescrever um texto é fazer a correção dos erros ortográficos, escrever de acordo com as normas estabelecidas na linguagem culta. MORAIS (1998) propõe, nessa atividade, momentos em que o aluno transgrida as normas, pois o processo de reescrita exige que o aluno reflita sobre as propriedades das regras ortográficas. O momento de discussão sobre os erros e os acertos é que enriquece a aquisição da ortografia.

O autor sugere como recurso didático a utilização das histórias em quadrinhos de personagens que usem variantes linguísticas diferentes da variedade padrão, como o personagem *Chico Bento*, de Mauricio de Sousa. Após a leitura da história em quadrinhos, o professor deve pedir aos alunos que falem o que identificam como errado na escrita da história.

Com a identificação dos "erros" ortográficos cometidos pelo personagem, o professor deve discutir com os alunos a existência de variedades linguísticas faladas em diversas regiões do Brasil que diferem da variedade padrão, a ensinada na escola.

Terminada a discussão, o professor propõe aos alunos que reescrevam a história lida como se a estivessem contando a alguém, isto é, fazendo uso do discurso indireto, no qual não há falas de personagens, somente a presença do narrador. Nessa orientação, o professor não deve focar a correção das transgressões às normas ortográficas, pois os alunos certamente as cometerão.

A atividade de reescrita com transgressão às normas ocorre no momento em que o professor pede ao aluno para reescrever a história em quadrinhos cometendo mais erros ortográficos, aproximando a escrita da oralidade.

Esse tipo de atividade faz que os alunos vejam a ortografia como algo que se aprende, pois eles discutem no momento da correção dos erros assim como no momento de transgressão às normas ortográficas.

Palavras finais

Ao desenvolver este trabalho sobre as mudanças ortográficas no Português do Brasil, que entraram em vigor em 1º de janeiro de 2009, fez-se necessário apresentar as tentativas de reformas anteriores e discorrer breves palavras sobre o trabalho com ortografia. As propostas de trabalho apresentadas ilustram a discussão sobre as normas ortográficas e sobre como trabalhar com elas.

Trabalhar a ortografia não é uma tarefa fácil, pois exige do professor novas atitudes em sala de aula, como deixar de lado a cópia de palavras. O professor passará a trabalhar com discussões em sala de aula que levem o aluno a refletir sobre a grafia das palavras, além do aumento de trabalho com a leitura e a escrita.

As mudanças ortográficas sempre inovam o trabalho do professor preocupado com a comunicação escrita do aluno dentro e fora da realidade escolar. Essas mudanças ocorrem, por diversas razões, aqui não discutidas, fortalecendo ainda mais a escrita.

O Acordo Ortográfico de 1990 tem como objetivo unificar a escrita da Língua Portuguesa e difundi-la internacionalmente. As mudanças ortográficas, como afirma CAGLIARI (2001), muitas vezes beneficiam a variedade culta da língua, podendo aumentar a diferença social entre os usuários do idioma nos momentos em que há comunicação por meio da escrita. No entanto, as mudanças ortográficas nos mostram que a língua está sempre em evolução.

Referências bibliográficas

CAGLIARI, L. C. A ortografia na escola e na vida. In: MASSINI-CAGLIARI, G.; CAGLIARI, C. *Diante das letras: a escrita na alfabetização*. Campinas: ALB & Mercado de Letras, 2001.
MORAIS, A. G. Escrever como deve ser. In: TEBEROSKY, A.; TOLCHINSKY, L. (Orgs.). *Além da alfabetização: a aprendizagem fonológica, ortográfica, textual e matemática*. São Paulo: Ática, 1997.
_____. *Ortografia: ensinar e aprender*. São Paulo: Ática, 1998.

Pensando sobre o texto

1. Leia a crônica *O desgaste das palavras*, de Walcyr Carrasco, (disponível em: <http://vejasaopaulo.abril.com.br/revista/vejasp/edicoes/2073/m0165774.htm>). Há duas palavras que não estão escritas corretamente de acordo com a nova reforma ortográfica. Identifique-as e justifique.
2. Observe o quadrinho abaixo. A palavra "geléia", após a o Acordo Ortográfico de 1990, vigente a partir de 1º de janeiro de 2009, está incorreta. Como ela deve ser reescrita? Por quê?

Calvin & Hobbes, Bill Watterson © 1987 Watterson / Dist. by Atlantic Syndication/Universal Press Syndicate

3. O texto *Os novos códigos*, de Lya Luft, retrata algumas mudanças pelas quais as linguagens estão passando (disponível em: <http://veja.abril.com.br/120907/ponto_de_vista.shtml>). Leia esse texto e reflita a respeito do tema. Depois, elabore um texto argumentativo, relacionando o texto lido às mudanças ortográficas do Acordo de 1990.

CAPÍTULO 14

Educação física escolar – da educação infantil ao ensino fundamental: reflexões de experiências vividas

Geronimo Miguel Cardia
Roberto Vazatta
Sérgio Paulo de Tarso Domingues

Tomando-se por base a ideia de que a Educação Física escolar é caracterizada por um conjunto de atividades exercidas pelo aluno por meio de movimentos naturais, de maneira racional, com métodos e continuidade, é que pensamos o Projeto de Educação Física do Colégio Uirapuru, que descreveremos neste capítulo. Nosso objetivo parte do desenvolvimento das habilidades físicas, motoras, fisiológicas, intelectuais e sociais das crianças, desde o início da educação infantil até os adolescentes do ensino fundamental.

O movimento corporal, perdido com a falta das brincadeiras de rua, é explorado por meio de jogos, exercícios e atividades recreativas, ressaltando que participar de qualquer atividade motora é tão importante quanto a alfabetização, a boa alimentação, o carinho e o afeto. O conhecimento sobre o corpo e a importância da prática de atividades corporais são considerados elementos de estímulo para o professor de Educação Física no auxílio da formação de um ser humano saudável.

História da Educação Física no Brasil

É muito importante conhecer um pouco da história da Educação Física no Brasil para assim entendermos todo o seu contexto e, desta forma, aumentar os subsídios para repensar sua prática.

Sabe-se que os índios tiveram pouca influência direta no desenvolvimento da Educação Física, no entanto, os movimentos rústicos e naturais, como nadar, correr, lançar, dançar e lutar eram muito presentes no seu dia a dia, o que com certeza influenciou outras gerações e grupos étnicos que passaram por aqui.

Podemos identificar ao longo do século XX alguns momentos norteadores de nossa Educação Física, que nem sempre foi assim chamada. Em 1854, Rui Barbosa incluiu, pela Lei nº 630, a ginástica nos currículos escolares como obrigatória no ensino primário e secundário quatro vezes por semana durante trinta minutos; a atividade aprovada para o primário foi a ginástica e, para o secundário, a dança. Já em 1882, por meio de uma reforma no governo, Rui Barbosa permitiu para ambos os sexos a prática da Educação Física e, também, oficializou a obrigatoriedade desta disciplina nas escolas militares, a princípio na cidade do Rio de Janeiro.

Na década de 1930, a Educação Física passou a ter um foco higienista, passando a ser chamada Educação Física Higienista, em que os hábitos alimentares e aspectos da saúde deveriam fazer parte do conteúdo, condicionando o desenvolvimento do físico e da moral por meio de exercícios físicos.

Desde o fim do século XIX até o fim da II Guerra Mundial passamos a receber influência dos métodos ginásticos vindos da Europa, como: *Ling* (Sueco), *Amoros* (Francês), *Spiees* (Alemão), entre outros. É interessante verificar que a ideia de se praticar os métodos ginásticos nas escolas estava relacionada ao aprimoramento físico do indivíduo para a indústria crescente. Facilmente identificamos na história esta relação quando verificamos que a prática das atividades físicas nem sempre foi permitida para o sexo feminino. Mas, após a Revolução Industrial e a crescente entrada das mulheres no mercado de trabalho, ocupando cargos, como o de operadoras de teares, nos quais era necessário apresentar um bom condicionamento físico, além de força, a prática da Educação Física passou a ser incentivada também para elas. Dessa forma, desde a idade escolar as crianças e os adolescentes estariam mais bem preparados para o mercado de trabalho.

A próxima fase foi a relação da Educação Física com o Exército, dando origem à Educação Física Militarista voltada às lutas, combates para a guerra, seleção dos mais perfeitos e exclusão dos incapacitados. Esse momento esteve presente durante o período da II Guerra Mundial, fazendo da Educação Física igual à instrução militar.

Após a II Guerra, mais precisamente em 1946, o Brasil aderiu à Escola Nova com o ideal Liberal Democrata, que envolvia o respeito à personalidade da criança e o aprender fazendo. Dessa forma, a Educação Física passa a ser um meio para a Educação. Nesse período o Departamento de Educação Física (DEF) lançou uma campanha para definir a temática que melhor representasse a Educação Física. Esta temática era denominada Biossociofilosófico da Educação Física, que substituiu o caráter Anátomo Fisiológico que até então era usado, e com isto a prática da Educação Física foi alterada, bem como a postura do professor.

Todo esse movimento da Escola Nova durou apenas até a década de 1960, quando a situação do país mudou com a entrada da Ditadura Militar. De 1969 a 1979, a Educação Física ficou ligada ao esporte como forma de sustentáculo ideológico. Nesse período, houve grande incentivo do Governo à formação de equipes esportivas nas faculdades. Desta forma, desencadeou um momento muito importante para nós, em que cresceram os estudos nas áreas da Fisiologia e treinamento desportivo, inclusive com a abertura de cursos de mestrado nesta área. O professor de Educação Física deixou de apresentar a característica de instrutor para assumir a de treinador. Foi nesse período também que se instituiu na Educação Física o mecanicismo, que figurava por meio da repetição mecânica dos movimentos diretamente ligados às modalidades esportivas. O modelo Esportivista, também chamado mecanicismo, desprezou os valores culturais e valorizou a Fisiologia do exercício, a Biomecânica e o treinamento desportivo.

Desde 1980, podemos encontrar outros modelos, também chamados abordagens. Essas abordagens tentam romper com o padrão mecanicista que contribuiu para reduzir a área de atuação do professor de Educação Física, já que o conteúdo ficou, também, reduzido. Algumas dessas abordagens são: Construtivista, Desenvolvimentista, Crítico superadora, Crítico emancipatória, Psicomotricidade, Sistêmica, entre outras.

É importante salientar que tivemos outros momentos, mas, ao pontuar este, verificamos a necessidade de encontrarmos modelos atuais que possam melhor caracterizar a Educação Física na integralidade. Fica claro, por meio deste breve relato, que em cada momento tentou-se encaminhar a prática da Educação Física apenas por um viés, e isto não é possível, pois os conteúdos e as ações vinculadas à Educação Física são muito maiores.

Tomando-se por base as ideias expostas neste texto, planejamos a Educação Física do Colégio Uirapuru em Sorocaba, Estado de São Paulo. Nosso planejamento tem o intuito de melhor atendermos todos os aspectos relacionados à Educação Física, bem como a postura do professor, pensando integralmente no aluno, que deve obter conhecimentos necessários para no futuro poder ser um praticante de hábitos saudáveis e de atividades físicas de uma forma autônoma e prazerosa. Acreditamos que por meio do nosso planejamento poderemos atingir nossos objetivos.

Em resumo, precisamos conhecer o passado, ou seja, a História da Educação Física, para entendê-la e assim construirmos um futuro melhor para essa disciplina.

A construção do modelo utilizado no Colégio Uirapuru tem como base planejamentos, desenvolvimento e avaliações constantes junto à direção-geral, ao departamento de Educação Física, aos coordenadores do ensino infantil e do ensino fundamental, e aos pais.

Planejamento geral da Educação Física do Colégio Uirapuru

Com a perda das possibilidades oferecidas pelas chamadas "brincadeiras de rua", o acervo motor da criança nos últimos tempos tem diminuído sensivelmente. Em consequência, todas as estruturas corporais não estão sendo exploradas de maneira mais ampla.

Em função do quadro atual, a Educação Física na escola passou a ter um papel muito importante. Em concomitância com as outras áreas do saber, passou a "enxergar" o indivíduo como um ser único, não fragmentável, e com um repertório mental, intelectual, social e corporal infinito. Portanto, era necessário que a Educação Física evoluísse e oferecesse ao aluno um trabalho centrado nas necessidades básicas do movimento, objetivando um desenvolvimento pleno e adaptado às capacidades e habilidades de cada aluno.

Objetivos gerais da Educação Física

Desenvolver:

> atividades físicas e esportivas compatíveis com a idade, as habilidades motoras, os interesses, as necessidades e as capacidades, concorrendo para o desenvolvimento global dos alunos;
> o interesse pela prática das atividades físicas, da ginástica, dos esportes e das atividades recreativas de forma organizada;
> a eficiência física, orgânica e de habilidade, o controle do corpo e dos segmentos, as atitudes e a sociabilidade na prática das atividades esportivas;
> uma forma pessoal e natural de expressão corporal esportiva;
> as atividades físicas, a ginástica, o esporte, a recreação e as atividades complementares dentro de critérios de continuidade e crescimento da ação educativa;
> noções e conhecimentos sobre higiene, saúde, aquecimento, ginástica, esportes, recreação, atividades complementares (torneios e campeonatos internos e externos);
> a aquisição dos valores da área e da escola;
> e aplicar as habilidades propostas pela escola para os vários níveis.

Proporcionar:

> atividades físicas e lúdicas de interação e integração que agreguem valores cognitivos, de relacionamento, de conhecimentos gerais e responsabilidade social.

Na educação infantil a motricidade é essencial, porque por meio dela podemos proporcionar atividades que atendam ao desenvolvimento e ao crescimento das crianças. Propondo os movimentos, por meio do imaginário e do lúdico, nossos alunos são contemplados com tarefas motoras importantes que compõem momentos de interação e integração social, proporcionando desafios de raciocínio lógico-matemático e conceitos básicos. Estas atividades envolvem esquema corporal, motricidade, percepção espacial e temporal, análise-síntese, interação e integração social.

Nos 2º, 3º, 4º e 5º anos, o aluno trabalha dentro de um programa cujo tema é a educação do movimento e a tônica é o desenvolvimento de atividades que auxiliam na melhora da coordenação motora geral, bem como do equilíbrio, ritmo, lateralidade, força, resistência, destreza, agilidade e velocidade. Como estratégia fundamental, enfocamos atividades em pequenos e grandes grupos. Esta estratégia favorece o processo de interação social, além do desenvolvimento do raciocínio lógico por meio da assimilação de regras.

Nos 4º e 5º anos, o tema é o desenvolvimento da formação física básica e a introdução aos jogos pré-desportivos; esses jogos capacitam o aluno a realizar os movimentos básicos de vários esportes e proporcionam o exercício de convivência, com resultados que incluem o ganhar e o perder.

Nos 6º e 7º anos, o tema é a atividade lúdica (como forma de proporcionar momentos de interação e integração), o gesto desportivo e a adequação deste gesto ao esporte, bem como sua utilização de forma dinâmica, natural e controlada.

O trabalho desenvolvido com as turmas de 8º e 9º anos pretende capacitar o aluno para a prática consciente da atividade física e da cultura desportiva.

A aula de Educação Física constitui momento de grande valor educativo; momento em que se pode estabelecer conteúdo programático que, sem ser estático nem esquemático, constitui um guia prático para a ação pedagógica.

Ressaltamos também a importância da realização de projetos com todos os alunos sobre Temas Transversais, como Saúde, Meio Ambiente, Consumo, Drogas e Qualidade de vida.

A seguir apresentaremos alguns dos aspectos considerados importantes no desenvolvimento motor e também o que se espera dos nossos alunos, de acordo com suas faixas etárias. Utilizamos como base o livro *Compreendendo o desenvolvimento motor: bebês, crianças, adolescentes e adultos*, de GALLAHUE e OZMUN (2003).

Desenvolvimento da Educação Física na educação infantil e nos 1º e 2º ciclos do ensino fundamental

A Educação Física aplicada na educação infantil deve trilhar caminhos que respeitem as características do desenvolvimento e crescimento da criança, ou seja, as atividades precisam ser lúdicas e, ainda, agregadas a importantes aspectos, como o imaginário infantil, as formas básicas do movimento, a diversidade de materiais, os espaços alternativos, entre outros.

Propomos a seguir nossas bases de planejamento.

Para as fases amarela e verde, crianças de 1 a 2 anos e meio, que chamamos Estágio pré-controle, conforme GALLAHUE e OZMUN (2003), propomos atividades que contemplem os seguintes conteúdos:

> *esquema corporal:* conhecimento do próprio corpo; proprioceptividade; lateralidade; organização; expressão corporal.
> *motricidade:* fina (lingual, labial, ocular, manual-digital e pedal); ampla (coordenação geral, equilíbrio, freio inibitório e relaxação).
> *percepção:* sensorial (visual, auditiva, gustativa e termotátil); espacial (posição espacial, relação espacial, direção, adequação espacial e constância de percepção); temporal (noções básicas, sequência de ação, velocidade, duração, ritmo e musicalidade); análise-síntese (semelhanças, diferenças, composição, recomposição e reprodução); figura-fundo (visual, auditiva e tátil).
> *afetivo-emocional:* integração e interação.
> *cognitivo:* resolução de desafios lúdicos.

Para as fases amarela e verde, propomos ainda atividades que contemplem as seguintes metas:

> caminhar sozinha com suficiente coordenação entre o movimento dos braços e das pernas;
> caminhar por tábuas, e ao final dessa faixa etária caminhar por linhas no chão;
> manipular o objeto antes de lançá-lo, sem orientação, para a frente e para baixo;
> o movimento do engatinhar deverá ser executado com continuidade e em direção a um objeto colocado a uma pequena distância;
> engatinhar subindo obstáculos de pouca altura;
> manifestar as primeiras intenções de correr, já que se deslocam dando passos rápidos e curtos nas pontas dos pés;
> interagir com os colegas e com as professoras.

Para as fases do maternal, jardim, pré e 1º ano, crianças de 2 anos e meio a 6 anos, propomos atividades que contemplem os seguintes conteúdos:

> *esquema corporal:* conhecimento do próprio corpo; proprioceptividade; lateralidade; organização; expressão corporal.
> *motricidade:* fina (lingual, labial, ocular, manual-digital e pedal); ampla (coordenação geral, equilíbrio, freio inibitório e relaxação).
> *percepção:* sensorial (visual e auditiva); espacial (posição espacial, relação espacial, direção, adequação espacial e constância de percepção); temporal (noções básicas, sequência de ação, velocidade, duração, ritmo e musicalidade); análise-síntese (semelhanças, diferenças e composição); figura-fundo (visual, auditiva e tátil).
> *afetivo-emocional:* integração e interação.
> *cognitivo:* resolução de desafios lúdicos.

Para o maternal, conforme GALLAHUE e OZMUN (2003), estamos na fase dos movimentos fundamentais – estágio inicial, crianças de 2 anos e meio 3 anos, nossas metas são:

> quadrupedar por diferentes planos;
> saltar no chão com os dois pés simultaneamente;
> caminhar por planos largos a certa altura;
> lançar e rolar a bola livremente;
> correr dispersos;
> aquisição de conhecimentos interdisciplinares;
> aquisição de comportamentos e valores ao ajustamento pessoal e social;
> reconhecer as possibilidades cinéticas do corpo, por meio de movimento;
> reconhecer o corpo no seu todo e diferenciar cada uma de suas partes por meio do movimento.

Para o jardim, conforme GALLAHUE e OZMUN (2003), estamos na fase dos movimentos fundamentais – estágio elementar, crianças de 3 a 4 anos, nossas metas são:

> correr com combinações;

> caminhar por planos estreitos no alto;
> lançar e rolar objetos de diferentes formas;
> saltar por obstáculos no alto;
> realizar movimentos independentes e diversos segmentos do corpo;
> aquisição de conhecimentos interdisciplinares;
> aquisição de comportamentos e valores ao ajustamento pessoal e social;
> orientar-se no espaço, discriminando localização, direção e dimensão.

Para o pré e o 1º ano, conforme GALLAHUE e OZMUN (2003), estamos na fase dos movimentos fundamentais – estágio maduro, crianças de 5 anos, nossas metas são:

> caminhar, correr e saltar em diferentes direções;
> lançar e chutar bolas de maneira combinada;
> escalar com coordenação;
> escalar por um plano vertical;
> aquisição de conhecimentos interdisciplinares;
> aquisição de comportamentos e valores ao ajustamento pessoal e social;
> movimentar-se, discriminando diferentes momentos do tempo, seu curso regular e seu fracionamento;
> medida de altura e peso.

A Educação Física para o ensino fundamental dos 1º e 2º ciclos tem como tônica principal a educação do movimento por meio de atividades que auxiliem na melhora da coordenação motora geral; para o 2º ciclo iniciamos, também, as propostas pré-desportivas. A seguir propomos nossos conteúdos.

Para os 2º e 3º anos, conforme GALLAHUE e OZMUM (2003), estamos na fase dos movimentos especializados – estágio de transição, propomos os seguintes conteúdos:

1. Exame biométrico.
2. Sondagens:
    > atividades recreativas;
    > coordenação, ritmo e lateralidade.

3. Jogos de regras simples:
   - de correr;
   - de atenção;
   - de imitação.
4. Atividades recreativas.
5. Atividades rítmicas.
6. Ginástica formativa:
   - sem elementos (individual, duplas, trios etc.);
   - com elementos (cordas, bastões, bolas, arcos, colchão etc.);
   - exercícios de agilidade e destreza;
   - exercícios de equilíbrio;
   - exercícios de localização espaçotemporal;
   - exercícios de lateralidade.
7. Ginástica:
   - historiada;
   - dramatizada.
8. Ginástica de solo: rolamentos para a frente e para trás.
9. Trabalho de manejo de bola:
   - controle de bola usando uma e duas mãos;
   - controle de bola usando os pés;
   - controle de bola parada e em movimento.
10. Atividades complementares:
    - *day camping*;
    - passeios orientados;
    - gincanas; etc.

Nossas metas para o 2º ano são:

- rastejar com coordenação;
- saltar com diferentes combinações;
- lançar, apanhar e rebater uma bola;
- aquisição de comportamentos e valores ao ajustamento pessoal e social;
- identificar por meio do movimento as posições globais do corpo;
- identificar e especificar as diferentes partes do corpo;
- distinguir a dominância lateral;

› diferenciar contração e descontração;
› demonstrar orientação e estruturação espaçotemporal;
› aplicar aos movimentos noções de direção, planos e posições;
› distinguir, identificar e explorar objetos de diferentes formas, volumes e superfícies;
› identificar diferentes ritmos;
› apresentar coordenação psicomotora;
› demonstrar habilidade de movimentos sobre um, dois ou mais apoios (com ou sem deslocamento);
› apresentar coordenação visomotora;
› adequar seus movimentos na exploração de objetos;
› adequar seus movimentos com objetos colocados a determinadas distâncias;
› expressar-se criativamente pelo movimento;
› expressar espontaneamente pensamentos e sentimentos;
› responder aos estímulos propostos;
› vivenciar fantasias;
› interagir e integrar-se a diferentes grupos;
› distinguir os elementos e normas utilizadas nas diversas situações;
› contribuir com responsabilidades no relacionamento do grupo e no desenvolvimento das atividades;
› ser submetido a exame biométrico, visando avaliar condições mínimas de saúde e crescimento (altura e peso).

Nossas metas para o 3º ano são:

› demonstrar orientação e adequação espaçotemporal (orientar-se no espaço em relação a objetos e pessoas);
› adequar movimentos e posições às diferentes distâncias e intervalos;
› distinguir as diferentes velocidades por meio de seus deslocamentos e dos objetos;
› adequar seus deslocamentos em relação à trajetória e à velocidade dos objetos e dos colegas;
› distinguir e adequar movimentos em diferentes ritmos;
› apresentar habilidades nas formas básicas primárias e secundárias;
› adequar seus movimentos sobre um, dois ou mais apoios com ou sem deslocamentos;

- coordenar os movimentos de pendurar, subir (segurando-se com as mãos e os pés), suspender-se, equilibrar-se;
- adequar seus movimentos na exploração e utilização dos objetos;
- interagir e integrar-se a diferentes grupos (cooperar na realização das atividades);
- analisar com os colegas e professores ocorrências das atividades;
- responder com autoconfiança a estímulos propostos;
- expressar-se criativamente pelo movimento (responder de maneira pessoal à proposta de movimentos e responder de diversas formas a estímulos propostos);
- ser submetido a exame biométrico, visando avaliar condições mínimas de saúde e crescimento (altura e peso).

Para os 4º e 5º anos, conforme GALLAHUE e OZMUM (2003), estamos na fase dos movimentos especializados – estágio de transição, propomos os seguintes conteúdos:

1. Exame biométrico.
2. Atletismo:
    - corridas de velocidade e resistência;
    - salto em distância;
    - corrida de revezamento;
    - arremesso de pelota.
3. Ginástica:
    - exercícios formativos;
    - exercícios rítmicos;
    - exercícios de agilidade, flexibilidade e equilíbrio;
    - exercícios em aparelhos.
4. Jogos:
    - recreativos;
    - pré-desportivos;
    - sensoriais;
    - calmantes;
    - mistos.
5. Handebol:

- exercícios de habilidade (com e sem bola);
- passes e recepção de bola (parada e em movimento);
- arremessos (parado e em movimento);
- jogos pré-desportivos;
- regras básicas do jogo.

6. Basquetebol:
   - exercícios de habilidade com bola (parado e em movimento);
   - passes e recepção de bola (parado e em movimento);
   - dribles em diferentes situações;
   - arremessos;
   - jogos pré-desportivos;
   - regras básicas do jogo.

7. Futebol:
   - exercícios em forma recreativa;
   - trabalho em pequenos grupos usando a bola, visando ao treino de passes e à condução da bola até o gol;
   - pequenos jogos e jogos pré-desportivos;
   - regras básicas do jogo.

8. Atividades complementares:
   - jogos internos;
   - campeonato de futebol, incluindo conteúdo pedagógico de sala de aula;
   - oportunizar a participação dos alunos em turmas especiais de iniciação esportiva.

Nossas metas para a Educação Física dos 4º e 5º anos:

- apresentar desenvolvimento corporal harmônico;
- melhorar seus índices relativos às qualidades físicas básicas;
- aumentar sua capacidade de resistência aeróbica;
- compreender os próprios limites das articulações nos movimentos;
- identificar, por meio das atividades, os momentos de tensão e relaxamento;
- demonstrar controle nas atividades de agilidade;
- adequar o ritmo de corrida a distância;
- descobrir a relação existente entre a corrida de aproximação e o impulso para o salto;

- ❯ coordenar os movimentos para o equilíbrio na suspensão e na queda;
- ❯ demonstrar habilidades nas atividades com elementos;
- ❯ coordenar os movimentos conduzindo a bola;
- ❯ adequar os lançamentos a distância em direções e alvos fixos e móveis;
- ❯ demonstrar capacidade rítmica (associar movimentos aos ritmos);
- ❯ interagir e integrar-se a diferentes grupos;
- ❯ analisar com os colegas e professores as ocorrências nas atividades;
- ❯ respeitar as decisões do grupo;
- ❯ responder aos colegas e professores solidariamente, percebendo a importância do auxílio mútuo;
- ❯ responder com autoconfiança aos estímulos propostos;
- ❯ estimular ao máximo a relação de amizade existente nos grupos e entre as classes – gincanas, interclasses, *day camping*, acantonamentos etc.);
- ❯ expressar-se criativamente pelo movimento;
- ❯ responder de maneira pessoal à proposta do movimento;
- ❯ responder de diversas maneiras aos estímulos propostos;
- ❯ adquirir apreciação e conhecimentos simples de vários esportes;
- ❯ conhecer os diferentes tipos de bola e os respectivos esportes em que a bola é usada;
- ❯ conhecer regras básicas de determinados esportes;
- ❯ mostrar-se interessado em ter consciência de que nos diferentes esportes quase sempre estaremos trabalhando em grupos;
- ❯ saber que o importante é a participação ativa nos jogos, e não somente a vitória propriamente dita; perder ou ganhar seria a consequência do jogo.

Desenvolvimento da Educação Física nos 3º e 4º ciclos do Ensino Fundamental

Desenvolver um projeto de Educação Física nessa faixa etária exige muito conhecimento do professor. Os alunos estão passando por grandes transformações hormonais, que se iniciam por volta dos 12 anos e alteram, por muitas vezes, o comportamento desses adolescentes.

Percebemos que o comportamento social se altera com o desenvolvimento dos seios, aumento do quadril e menstruação nas meninas, e com o engrossamento da voz nos meninos. A vergonha da exposição do corpo afeta muitas meninas, e o simples fato de entrar na piscina, para realizar as aulas de natação com toda a turma, torna a adesão muito reduzida.

Encontramos também nessa fase o desenvolvimento maturacional de alguns alunos e alunas mais cedo que outros. Certas atividades propostas agradam vários alunos, enquanto outros acham que são muito infantis.

Encontramos alunos conhecendo seu corpo todos os dias, pois estão em fase de crescimento, e a simples tarefa de correr torna-se complicada com o rápido aumento de todo o corpo.

O professor precisa conhecer as transformações físicas, hormonais, sociais e psicológicas que afetam os adolescentes. Isto requer muito estudo, e o relacionamento com esses alunos deve ser o mais verdadeiro e claro possível. Muitos alunos encontram no professor de Educação Física uma pessoa na qual podem confiar e dividir anseios e problemas. Neste sentido, conhecendo e vivenciando o ambiente escolar, desenvolvemos projetos na sala de aula para trabalhar assuntos como obesidade, alimentação, transformações hormonais, estética, fisiologia, benefícios da atividade física, ética e relações sociais.

Acreditamos que a prática e o conhecimento dos benefícios transformarão esses alunos em adultos praticantes e conhecedores dos benefícios para a saúde.

Nas aulas práticas utilizamos os espaços do ginásio poliesportivo, quadra externa e piscina. Os alunos têm um encontro semanal, com duração de duas aulas seguidas, e cada aula com cinquenta minutos. Trabalhamos os movimentos e o desenvolvimento das habilidades básicas relacionada aos esportes. É importante ressaltar que não desenvolvemos somente a prática em si do esporte, mas toda a possibilidade de desenvolvimento físico e motor que esta prática proporciona.

Durante o ano letivo desenvolvemos a iniciação esportiva e técnicas relacionadas à ginástica, ao atletismo, ao handebol, ao voleibol, ao basquetebol, ao futebol e à natação. Trabalhamos as especificidades dos esportes nos treinamentos que ocorrem no período oposto às aulas.

Relatamos abaixo o desenvolvimento da Educação Física nos 3º e 4º ciclos, dentro de três aspectos divididos em:

> afetivo;
> psicomotor;
> cognitivo.

Quadro 14.1

	AFETIVO	PSICOMOTOR	COGNITIVO
3º e 4º ciclos do ensino fundamental			
6º ano	• Respeito a si e aos outros, favorecendo a integração social dos dois sexos. • Organização pessoal e geral, visando ao autocontrole e à harmonia; • Participação espontânea nos jogos competitivos e atividades propostas, demonstrando iniciativa e responsabilidade. • Contribuição com a equipe, cooperando e incentivando os colegas.	• Desenvolvimento das qualidades físicas e das técnicas necessárias à participação dos alunos nas atividades, nos esportes individuais e na recreação coletiva. • Coordenação geral e agilidade simples. • Desenvolvimento de formas rítmicas das danças folclóricas e educacionais.	• Identificação e execução das formas de movimentação utilizadas para jogos e atividades naturais. • Compreensão de instruções coletivas e normas disciplinares da área. • Conhecimento do corpo, de parte do organismo, dos movimentos e dos ritmos para a boa execução das atividades. • Conhecimento das regras básicas dos jogos ensinados.
7º ano	• Aceitação dos resultados próprios, da equipe e dos companheiros nas atividades competitivas ou não. • Respeito às regras do jogo, aos adversários, aos árbitros e aos demais	• Prática natural das formas dinâmicas de movimentação, deslocamentos, mudanças de direção, ritmos, giros, saltos com ou sem aparelhos. • Utilização correta dos fundamentos, em função do seu	• Conhecimento das regras, movimentação e lances dos jogos praticados. • Realização das capacidades, possibilidades e interesse próprios. • Conhecimento das

Quadro 14.1 – Continuação

	AFETIVO	PSICOMOTOR	COGNITIVO
7º ano	participantes nas atividades esportivas. • Demonstração de gestos e atividades que reflitam civismo, respeito a si, ao próximo, à instituição e ao país. • Organização e iniciativa no grupo de trabalho de forma produtiva ao grupo e a si próprio. • Disposição para receber e responder a todos os estímulos do movimento e/ou atividades dadas pelo professor ou companheiros, em situações de ordem coletiva ou informal.	deslocamento em campo, dos colegas e adversários, em situações de jogos e na iniciação pré--desportiva. • Manejo natural, com os pés e com as mãos, de bolas e outros elementos.	regras básicas dos jogos ensinados.
8º ano	• Aceitação de si mesmo, de suas medidas e qualidades, bem como dos outros, possibilitando a prática das atividades com prazer, harmonia e evolução do aprendizado. • Respeito às normas disciplinares	• Prática da forma natural e correta dos movimentos, gestos e deslocamentos individuais e em grupo (com ou sem material). • Aplicação com destreza dos movimentos, gestos e deslocamentos nas atividades esportivas.	• Conhecimento dos diferentes movimentos rítmicos e educativos. • Conhecimento das regras e normas dos esportes aprendidos, bem como das técnicas e táticas em nível elementar.

Quadro 14.1 – Continuação

	AFETIVO	PSICOMOTOR	COGNITIVO
8º ano	individualmente e em grupo, colaborando nas atividades. • Disposição para a cooperação e a responsabilidade na prática das atividades, bem como no cuidado com os materiais e uniformes. • Disposição e aceitação da liderança.	• Execução de movimentos ritmados. • Desenvolvimento de habilidades no manejo de bolas e outros materiais.	• Saber executar e empregar exercícios ginásticos e esportivos, para melhorar e aperfeiçoar sua condição física, suas habilidades e destrezas.
9º ano	• Disposição para receber e responder aos estímulos nas atividades e jogos, bem como às instruções dadas pelo professor. • Adequação da segurança emocional e física na realização dos trabalhos e na participação das atividades. • Cooperação, organização e iniciativa para a realização das atividades e obtenção dos benefícios individuais e do grupo.	• Movimentar-se e localizar-se em espaços adequados em relação à bola, ao parceiro, ao adversário e ao objetivo, nas situações de jogos e atividades esportivas individuais. • Aplicar os fundamentos e suas técnicas corretamente, com aproveitamento. • Aplicar coletivamente a técnica, com proveito tático nos jogos. • Executar corretamente exercícios de ginástica geral e específica de forma natural,	• Conhecimento dos diferentes movimentos rítmicos e educativos. • Conhecimento das regras e normas dos esportes aprendidos, bem como das técnicas e táticas em nível elementar. • Saber executar e empregar exercícios ginásticos e esportivos, para melhorar e aperfeiçoar sua condição física, suas habilidades e destrezas.

Quadro 14.1 – Continuação

	AFETIVO	PSICOMOTOR	COGNITIVO
9º ano	• Participação com lealdade, espírito esportivo, tolerância, honestidade e coragem nas atividades de grupo ou jogos. • Respeito às regras e normas, bem como aos árbitros, aos adversários e aos companheiros, ressaltando o espírito de equipe. • Disposição para assumir e aceitar a liderança.	procurando a eficiência e a melhoria da condição física geral.	

Referências bibliográficas

BATISTA, L. C. C. *Educação física no ensino fundamental*. Rio de Janeiro: Sprint, 2003.

BRASIL. Ministério da Educação. Secretaria da Educação Fundamental. *Parâmetros Curriculares Nacionais:* Educação Física. Brasília: MEC, 1998.

DARIDO, S. C. *Educação física na escola: questões e reflexões*. Rio de Janeiro: Guanabara Koogan, 2003.

GALLAHUE, D. L.; OZMUN, J. C. *Compreendendo o desenvolvimento motor: bebês, crianças, adolescentes e adultos*. São Paulo: Phorte, 2003.

MATTOS, M. G.; NEIRA, M. G. *Educação física infantil: construindo o movimento na escola*. São Paulo: Phorte, 2006.

NEIRA, M. G.; NUNES. L. F. *Pedagogia da cultura corporal: crítica e alternativa*. São Paulo: Phorte, 2006.

RODRÍGUEZ, C. G. *Educação física infantil: motricidade de 1 a 6 anos*. São Paulo: Phorte, 2005.

Pensando sobre o texto

1. Pesquise um Plano Diretor de uma instituição, planeje uma atividade prática baseada nele, construa um modelo de avaliação da atividade que você construiu e descubra que tipo de encaminhamento você pode dar a esta avaliação. Pense em tudo isso como se você fosse um professor vinculado a uma escola e estivesse sendo solicitado a realizar tudo isso.
Por exemplo:
Você planejou para sua aula um teste a fim de avaliar o padrão do aprendizado de seus alunos, porém, um dos alunos obteve um resultado muito abaixo do esperado. Quem você deve informar? Você acredita que precisa ter subsídios para dizer o que isso significa para que esta informação possa gerar um novo caminho para atender às necessidades desse aluno?
2. Estamos na era da informática e precisamos cada vez mais acompanhar esta evolução. Por este motivo, outras linguagens passaram a fazer parte da Educação e, portanto, da Educação Física também, como: internet, rádio, televisão, cinema, entre outros. Desenvolva um projeto para aplicar algum dos Temas Transversais junto à Educação Física usando as novas tecnologias aplicadas à Educação. Faça este exercício e você automaticamente também estará preparando atividades para os dias de chuva na escola, quando não há local coberto para a prática da Educação Física.

Proposta de aplicação e pesquisa

1. Considerando os conteúdos e metas específicas referentes às idades e às fases do desenvolvimento motor da criança e do adolescente desenvolva:
   a) avaliações físicas e motoras de acordo com cada faixa etária;
   b) planos de aulas referentes ao conteúdo proposto para cada fase escolar.
2. Elabore um plano de atividades que envolva brincadeiras tradicionais e aplique-o junto às crianças.

Depois de aplicar o plano de atividades que você desenvolveu, descreva quais os principais movimentos que a brincadeira proporciona e qual o nível de motivação das crianças.
3. Faça uma pesquisa envolvendo os pais e os avós dos seus alunos. Nessa pesquisa, pergunte quais as principais brincadeiras que eles gostavam de brincar quando crianças. Depois, desenvolva com seus alunos as brincadeiras que considerar viáveis. Faça uma análise dos movimentos desenvolvidos durante a realização dessas brincadeiras.

CAPÍTULO 15

Responsabilidade social na escola

Jorge Alberto França Proença

O mundo atual clama por valores morais. A sociedade não aguenta mais o crescimento da violência, da desigualdade social e da falta de respeito mútuo. Além disso, questiona qual seria o papel da escola nessa história.

A escola é o ambiente ideal para trabalhar o desenvolvimento do ser humano, pois, nela, as crianças recebem informações importantes para a formação de seus valores.

Neste contexto, o aluno precisa tomar conhecimento dos problemas de sua comunidade e, principalmente, tornar-se um agente de transformação dessa realidade. A metodologia para que isto dê certo consiste num movimento de dentro para fora, ou seja, começando pela escola e pela família, passando para o bairro, para a cidade e, talvez, para o país.

Para que conquistemos resultados nesse cenário, há uma poderosa ferramenta já experimentada por algumas das maiores empresas do mundo: a Responsabilidade Social.

A Responsabilidade Social deveria ter nascido na escola, já que esta tem o ambiente mais favorável para sua aplicação. Todavia, foram empresas de outros segmentos que primeiro descobriram sua relevância, vendo nela uma oportunidade de melhorar seus negócios e fazendo-os perdurar por muito mais tempo.

Atualmente, a Responsabilidade Social não é apenas mais uma opção para as empresas, mas uma necessidade. Ela deve ser um instrumento estratégico para a instituição e servir de parâmetro para o desenvolvimento empresarial a médio e longo prazos.

As instituições de ensino perceberam isto e, muitas delas, começaram a implantar ações isoladas e pontuais, mas que expressam uma inclinação para o assunto e disposição para o aprendizado desta importante matéria.

Cabe agora fazer um breve esclarecimento do significado de Responsabilidade Social que, no meu entendimento, vem da própria etimologia da palavra. Seu significado vem do latim: *respondere + abil + idade* = responder a um apelo, ato de ser digno; social = que faz pela sociedade, que se refere aos aliados, ou seja, ser digno de seus aliados.

A Responsabilidade Social é, então, a capacidade das instituições ouvir, compreender e satisfazer as expectativas e os interesses legítimos de todos os seus públicos: comunidade, colaboradores, fornecedores, meio ambiente, poder público, alunos, mercado e acionistas. Não existe uma organização que trabalhe esses conceitos numa escola. Já as empresas possuem o Instituto Ethos, organização não governamental que prega todos esses conceitos no mundo corporativo em geral.

A Responsabilidade Social é estratégica, e não mais uma postura legal ou filantrópica. As escolas socialmente responsáveis são agentes da nova cultura empresarial e mudança social, produzem valor para todos os públicos, são diferenciadas e têm maior potencial de sucesso e longevidade. Todavia, o grande desafio é promover valores, como ética e caráter, nas dimensões econômicas, ambientais e sociais das escolas.

Certamente, muitas melhorias serão percebidas a curto e médio prazos, mas a grande maioria somente ocorrerá a longo prazo, tais como: melhor gerenciamento do relacionamento com os alunos, desenvolvimento de habilidades interpessoais, liderança, trabalho em equipe, clima organizacional positivo e visão de escola cidadã.

Por meio de programas que abordem temas como amizade, respeito, cooperação e responsabilidade, a criança e o adolescente vivenciam situações que promovem reflexões em relação ao seu papel social. É fundamental que sejam incentivados a buscar novos caminhos e soluções positivas para que a sociedade se torne mais digna e justa.

Vale a pena lembrar que a educação dos nossos filhos depende daquilo que aprendem na escola e em casa, mas, principalmente, dos exemplos que recebem. Se agirmos como cidadãos responsáveis – dia após dia –, certamente nossos filhos agirão da mesma forma, ao longo de toda a vida.

Trabalhar a questão da Responsabilidade Social, na escola, é desafiador e deve envolver toda a coletividade escolar: alunos e familiares, professores, coordenadores, diretores, equipe de limpeza, cozinha, administração etc.

O grande desafio é criar um método eficaz para desenvolver valores morais nas várias dimensões da escola, especialmente em face do atual cenário em que se apresenta a sociedade. Antigamente, bastava o relato de histórias sobre valores morais para criar esta consciência.

Alguns bons programas de valores morais são aplicados no mundo, como o Vivendo Valores na Educação (VIVE), que já foi implementado em 67 países. Entretanto, esses programas são formatados para ser aplicados num curto espaço de tempo – um ano, aproximadamente –, já que seria muito complexa sua implantação num prazo mais extenso.

Observando o cenário da escola e as boas práticas dos programas e das empresas já existentes, desenvolvemos um programa que terá a duração de quatorze anos, abrangendo todas as séries. Assim, desde a educação infantil o aluno tem acesso à informação acerca da Responsabilidade Social e participa de projetos com este mesmo propósito. Porém, o ambiente de aprendizagem centrado no aluno, no qual os relacionamentos são baseados na confiança, no carinho e no respeito, naturalmente melhoram a motivação, a criatividade e o desenvolvimento afetivo e cognitivo.

Os projetos também melhoram o relacionamento entre o educador e o aluno, criando um ambiente seguro, sem violência e afetivo na sala de aula. Esse ambiente cria motivação e atitudes positivas em relação à aprendizagem. Estudos feitos por LUMSDEN (1994) e COOPER (2000) comprovaram tais resultados.

A metodologia desenvolvida compreende a aplicação dos conceitos de Responsabilidade Social e desenvolvimento de valores morais por meio de projetos pedagógicos inseridos na grade curricular dos alunos da educação infantil ao ensino médio.

A seguir, você conhecerá as experiências de ações de Responsabilidade Social no Colégio Uirapuru, em Sorocaba, no Estado de São Paulo. Essas experiências revelam a disposição desta instituição de ensino em desenvolver valores e comportamentos socialmente responsáveis nos seus alunos, professores e funcionários.

Quadro 15.1 – Educação infantil

ETAPA DE ENSINO	PROJETO PEDAGÓGICO SOCIALMENTE RESPONSÁVEL
Maternal	O mundo também é meu lar
Jardim	Boneco de lata
Pré-escola	Sons reciclados / Móveis com PET

Quadro 15.2 – Ensino fundamental I (anos iniciais)

ETAPA DE ENSINO	PROJETO PEDAGÓGICO SOCIALMENTE RESPONSÁVEL
1º ano	Escolas irmãs
2º ano	Prevenir é melhor que remediar
3º ano	Estórias de outros tempos
4º ano	Artes plásticos
5º ano	Jogos Uirapuru / Joias sustentáveis

Quadro 15.3 – Ensino fundamental II (anos finais)

ETAPA DE ENSINO	PROJETO PEDAGÓGICO SOCIALMENTE RESPONSÁVEL
6º ano	Abelhas: essas nossas incômodas amigas
7º ano	Projeto classe superorganizada
8º ano	Protagonismo Juvenil / Gincana solidária
9º ano	Feira de Ciências: Reciclagem / Gincana solidária

Quadro 15.4 – Ensino Médio

ETAPA DE ENSINO	PROJETO PEDAGÓGICO SOCIALMENTE RESPONSÁVEL
1º ano	Gincana solidária / Conexão socialmente responsável
2º ano	Gincana solidária / Conexão socialmente responsável
3º ano	Gincana solidária / Conexão socialmente responsável

Quadro 15.5 – Institucional

ÁREA	PROJETO
Funcionários	Palestras de conscientização
Educacional	Festa Junina Cidadã
Educacional	Páscoa Solidária
Educacional	Sejam bem-vindos
Educacional	Sustentabilidade é aqui / *Containers*
Educacional	Programa Vivendo Valores na Educação (VIVE)
Comunicação	Portal (*site*) de Responsabilidade Social
Contratos	Acordo de cooperação com todas as organizações sociais (ONGs)

A seguir, apresento uma breve descrição dos projetos citados nos quadros anteriores.

Bem-vindo ao Uirapuru

No primeiro dia de aula os alunos são recepcionados por um músico de uma organização social que canta algumas músicas de boas-vindas, dentre elas, o *jingle* "Escola cidadã", criado em parceria com os próprios alunos.

Páscoa solidária

Tradicionalmente, no mês de abril, o colégio desenvolve oficinas para fabricar ovos de chocolate, ocasião em que as crianças do ensino fundamental I aprendem a preparar esses ovos. Uma parte da produção é doada a uma organização social.

Numa dessas oficinas, os alunos recebem a visita de algumas crianças assistidas pela organização à qual a produção será destinada. Na ocasião, as crianças do Colégio Uirapuru e da organização trabalham juntas, ampliando, assim, o conceito de solidariedade.

Festa Junina Cidadã

As organizações sociais que participam da festa junina aproveitam a ocasião para divulgar os trabalhos de geração de renda e as oficinas de reciclagem.

Um grupo musical, também resultado de um programa de inclusão social, chamado "Bate lata", que utiliza instrumentos fabricados com materiais alternativos, como latas de tinta, panelas, tampas, carburadores, tanques de combustível etc., apresenta-se para os pais e alunos do colégio.

Sustentabilidade é aqui – *Containers* (Escola Cidadã)

Disponibilização de *containers* para coleta seletiva de óleo de cozinha usado, vidro, plásticos, pilhas, baterias e latinhas de alumínio.

Esses *containers* são colocados na parte interna do colégio, na proximidade dos três portões principais de ingresso.

Toda a coletividade escolar é sensibilizada a colaborar, e o material recolhido é destinado a várias organizações sociais, que transformam o material recolhido:

> organização número 1 – transforma o óleo em sabão;
> organização número 2 – transforma vidro em joia;
> organização número 3 – transforma pilhas e baterias em tinta para parede;
> organização número 4 – transforma latinhas em agendas;
> organização número 5 – transforma garrafas PET em poltronas.

Todo resíduo proveniente de papelaria do Colégio Uirapuru é doado para uma organização social que faz um trabalho de reciclagem.

Ao longo do ano, as crianças têm oportunidade de visitar essas organizações sociais para entender o processo de transformação.

O mundo também é meu lar

As crianças levam para casa – uma a uma, num rodízio – um livro sobre o tema "família + escola" e um caderno de anotações. Com os pais, elas leem o livro e refletem sobre o seu conteúdo, a importância e a relevância da escola como parceira na formação dos valores morais da família e registram no caderno as reflexões que a experiência trouxe. Ao final de todos os registros, um texto único é elaborado e divulgado para toda a escola.

Boneco de lata

Os alunos confeccionam um boneco com material reciclado e, semanalmente, cada um o leva para a casa, acompanhado de um livro sobre o tema do ano da escola.

Ao retornar com o boneco ao colégio, os pais da criança comparecem em sala de aula para contar a história de um livro da escolha deles e, em seguida, o deixam para doação. No final do ano as crianças vão a uma organização social e doam tais livros.

Sons reciclados
Alguns dias antes do Carnaval, na escola, as crianças são convidadas a trazer à escola vários materiais recicláveis, como garrafas PET, panelas velhas e tampas, latinhas de refrigerante e de achocolatado, colheres etc., para transformá-los em instrumentos musicais.

Os alunos são treinados e ensaiados por um instrutor. No dia da festa fazem uma apresentação, acompanhados pelo grupo musical "Bate Lata".

Móveis de PET
Visita a uma organização social que trabalha com transformação de produtos reciclados em móveis, onde as crianças aprendem como se fazem poltronas com garrafas PET.

Escolas irmãs
Por meio de um Programa de Escolas Associadas (PEA), da United Nations Educational, Scientific and Cultural Organization (Unesco), chamado Escolas irmãs, promovemos a troca de cartas entre as crianças do colégio e as crianças de uma escola de outra região do país. Elas descrevem, nas cartas, como é o dia a dia da própria família. Após a leitura dessas cartas, todas as crianças refletem sobre as diferenças dos vários relatos lidos. Culturas e experiências diferentes se somam ao desenvolvimento de um projeto relacionado ao tema proposto.

Prevenir é melhor que remediar
O objetivo deste programa é despertar e incentivar a prevenção da saúde. As crianças fazem uma pesquisa sobre medicina preventiva e recebem a visita de um médico, que com elas discute a importância dessa área médica. Um folheto de orientação é desenvolvido e distribuído para todos os pais do Colégio Uirapuru. Obesidade infantil, sedentarismo juvenil, tabagismo e outros graves problemas da atualidade são discutidos.

Histórias de outros tempos

Este projeto prevê realização de visita a uma organização social que abriga idosos para que alguns deles deem testemunho da própria vida.

As crianças presenteiam os assistidos com um quadro pintado por elas cujo tema é o respeito aos idosos. Esse quadro é produzido em parceria com outra organização social que, em sala de aula, explica aos alunos o trabalho que desenvolve. Os pais recebem por escrito um breve relato sobre o projeto e a missão da organização e são convidados a doar tintas e pincéis.

Por ocasião da visita, os idosos são convidados a participar do Chá dos Avós, oportunidade em que as crianças cantam e uma organização social toca músicas de época aos presentes.

Esse Chá é um evento realizado pelo Colégio Uirapuru. Nele, além dos idosos da organização social visitada, os avós dos alunos também são convidados a presenciar uma mostra de objetos antigos que os próprios alunos trazem de casa, a ouvir músicas "de outros tempos" e a degustar um delicioso café, com doces e salgados com base em receitas de família.

Artes plásticos

Os alunos aprendem a transformar garrafas de plástico em vários objetos, como enfeites e brinquedos.

Depois, as crianças de uma escola estadual recebem a visita dos nossos alunos, que lhes ensinam o que aprenderam a fazer com garrafas PET. Verifica-se, assim, uma rica troca de conhecimentos, além da oportunidade de confraternização.

Joias sustentáveis

As crianças visitam a oficina de uma organização social que transforma vidro em joia. Na ocasião, confeccionam uma joia para presentear as mães na festa do Dia das Mães.

Jogos Uirapuru

Trata-se de uma gincana de arrecadação, em que os alunos trazem vários utensílios usados (roupas, sapatos, cobertores etc.), que são doados a uma organização social.

Abelhas: essas nossas incômodas amigas

Inicia-se com uma visita a um apiário da região, em que um experto explica um pouco sobre o universo das abelhas e como elas produzem o mel. Em seguida, os alunos, em equipes, fazem uma pesquisa e desenvolvem um plano estratégico para afastar as abelhas do refeitório e do pátio.

O experto do apiário é convidado a ir ao colégio assistir à apresentação dos trabalhos e, todos juntos, decidem qual a solução mais viável.

Gincana classe superorganizada

Realizamos uma gincana na qual vence a turma do colégio que estiver mais organizada. A avaliação dos alunos é medida de acordo com a mudança comportamental que apresentarem.

Os funcionários responsáveis pela limpeza e os professores observam as salas após cada período, por duas semanas, e pontuam as turmas de acordo com o grau de limpeza e organização.

A classe vencedora recebe um troféu e apresenta uma palestra à última colocada, classe a ser conscientizada sobre a importância de cuidar bem da própria sala de aula.

Protagonismo juvenil

Os alunos desenvolvem cartazes para afixar nos corredores do colégio, incentivando a manutenção da escola e a ordem. Criam e distribuem, no entorno da escola, um folheto de conscientização sobre a importância de separar o resíduo para reciclagem.

Cine Pipoca

Trata-se de um trabalho de reflexão com o filme *Uma verdade inconveniente* (documentário de Al Gore sobre o aquecimento global).

Feira de Ciências: reciclagem

Abordando o tema reciclagem de resíduos, também durante a Feira de Ciências realizada no colégio, os professores levam os alunos para conhecer uma organização social que transforma óleo de cozinha usado em sabão.

Gincana solidária

Dentre as competições de uma gincana pedagógica tradicional da escola, realizamos a gincana solidária, na qual vence a equipe que trouxer o maior número de livros usados. O material arrecadado é entregue para quatro organizações sociais.

Conexão socialmente responsável

Tomando-se por base os livros que os alunos leem durante o ano letivo, são propostas palestras com especialistas em Responsabilidade Social, ocasião em que são fomentados debates e discussões sobre os temas apresentados:

- Comunicação – No portal da escola existe um *link* para o *site* específico sobre Responsabilidade Social. Lá, todas as ações são documentadas e os fatos relatados com fotos e vídeos dos eventos realizados. Essa área pode ser acessada por todo o público interessado em acompanhar as ações de Responsabilidade Social do colégio.
- Distribui-se um folheto de apresentação do programa de Responsabilidade Social aos pais, no início do ano.
- Disponibilizam-se urnas, próximas aos *containers* de coleta seletiva, para comentários e sugestões.
- Produz-se um CD, no final do ano, com todos os projetos de Responsabilidade Social realizados durante o ano letivo.
- Anualmente, é produzida uma edição especial de jornal tratando do tema Responsabilidade Social, com distribuição para a comunidade escolar, para as organizações sociais, para a mídia e também para alguns formadores de opinião.
- Revisa-se, anualmente, as parcerias com organizações sociais: inclusão, exclusão e atualização das informações.

Programa Vivendo Valores na Educação (VIVE)

Todos os nossos professores foram estimulados a estudar o programa VIVE e inserir o aprendizado obtido nos projetos pedagógicos socialmente responsáveis no ambiente cotidiano da classe.

O programa Vivendo Valores na Educação (VIVE) foi produzido em resposta a esse clamor por valores, que foram perdidos ao longo do tempo, mas que são inerentes ao ser humano.

O VIVE é um programa educativo. Ele oferece uma variedade de atividades e experiências com valores e metodologias práticas para que professores e facilitadores possam proporcionar a capacitação de crianças, jovens e adultos, explorando e desenvolvendo os doze valores-chave universais: paz, respeito, amor, tolerância, felicidade, responsabilidade, cooperação, humildade, honestidade, simplicidade, liberdade e união. O VIVE também dispõe de materiais especiais para usar com pais, orientadores e crianças afetadas por guerras.

Até março de 2000, o VIVE já estava sendo aplicado em mais de 1.800 locais dos 64 países adotantes. Relatórios de educadores indicam que os estudantes estão abertos às atividades com valores, além de interessados em discuti-los.

O programa VIVE é uma parceria entre educadores de todo o mundo. É um projeto sem fins lucrativos endossado pela Unesco, patrocinado pelo Comitê Espanhol do Fundo das Nações Unidas para a Infância (UNICEF), Planet Society, Brahma Kumaris e consultoria da Fundo das Nações Unidas para a Infância (UNICEF) de Nova York.

Educadores ao redor do mundo todos têm sido encorajados a utilizar a riqueza de suas próprias qualidades e valores, integrando-os em atividades diárias sem que ocorra alteração no currículo escolar.

Nas atividades com valores para estudantes, atividades reflexivas e de visualização, esses educadores encorajam alunos a avaliar sua própria criatividade e dons internos.

Atividades de comunicação ensinam os estudantes a cultivar habilidades sociais pacíficas. Atividades artísticas e músicas com movimento inspiram os alunos a se expressar experimentando o valor proposto. Atividades com jogos e dinâmicas, além de divertidas são provocadoras de reflexão. O momento de discussão que ocorre ao término dessas atividades auxilia os alunos a explorar os efeitos de diferentes atitudes e comportamentos. Outras atividades estimulam a consciência de responsabilidade pessoal, social e de justiça social.

Referências Bibliográficas

COOPER, K. J. Riley rejects schools' profiling of potentially violent students. *Washington Post Online*, A11, 29 abr., 2000.
LUMSDEN, L. S. Student motivation to learn. *ERIC Digest*, n. 92. Eugene, OR: ERIC Clearinghouse on Educational Management, 1994 (ED370200).
Programa Vivendo Valores na Educação (VIVE). Edição da Sociedade Brahma Kumaris. São Paulo (SP), Brasil, 2002.

Pensando sobre o texto

1. Integração com a comunidade
   Convide uma organização social para apresentar as atividades desenvolvidas por ela. Essa apresentação pode ser na sua sala de aula. (É importante que você conheça bem a organização antes de convidá-la para ir até a escola. Portanto, agende uma visita e faça um pequeno diagnóstico.)
   Na aula seguinte, após a apresentação, convide os alunos a fazer um pequeno depoimento sobre o que eles acharam do trabalho da organização. Pode ser sugerido também que os alunos façam um desenho para ilustrar seu depoimento.
2. Ação institucional
   Visite uma cooperativa de reciclagem e convide seus integrantes para fazer uma apresentação na escola. Essa palestra poderá ser dirigida inicialmente para os funcionários, e depois para os alunos.
   Essa ação vai incentivar os alunos a agir de forma sustentável em relação aos resíduos que produzirem no dia a dia.

SOBRE OS AUTORES

ORGANIZADORAS

ANA GRACINDA QUELUZ GARCIA
Em 1973, graduou-se em Pedagogia pela Universidade de São Paulo (USP). Em 1980, obteve o título de Mestre em Educação (Currículo) pela Pontifícia Universidade Católica de São Paulo (PUC-SP). Em 1990, concluiu o doutorado em Psicologia Escolar e do Desenvolvimento Humano pela Universidade de São Paulo (USP). Tem experiência na área de Educação, com ênfase em Educação, atuando principalmente nos seguintes temas: Educação, Interdisciplinaridade, Formação de Professores, Aprendizagem e Tempo.

MAURA MARIA MORAES DE OLIVEIRA BOLFER
Graduada em Pedagogia, especialista em Psicopedagogia e em Educação, Mestre em Educação, Linguagem e Arte pela Universidade Estadual de Campinas (UNICAMP). Doutora em Educação, na área de Formação de Professores, pela Universidade Metodista de Piracicaba (UNIMEP). Em 2009, assumiu o cargo de professora e coordenadora geral da Faculdade Uirapuru (Sorocaba-SP). Tem experiência na área de Educação, com ênfase em Formação de Professores, atuando principalmente nos seguintes temas: Ensino-aprendizagem, Formação de Professores, Educação, Escola e Leitura.

DEMAIS AUTORES DA OBRA

ALFONSO GÓMEZ PAIVA
Graduou-se químico pela Universidade Ibirapuera (UNIB). Em 1999, recebeu o título de Mestre em Saneamento Ambiental pela Universidade Presbiteriana Mackenzie. Em 2008, tornou-se Mestre em Ensino de Ciências pela Universidade São Paulo (USP). Foi professor de Ciências e Química da rede pública e da rede privada de ensino. Atualmente, é professor adjunto, Mestre na área de Metodologia e Prática de Ensino de Ciências, Coordenador de Extensão e Membro da Comissão Própria de Avaliação (CPA) da Universidade Ibirapuera (UNIB). Coordenou o Programa de Investigação e Apoio à Alfabetização Científica (PIAAC) e desenvolve estudos na área de Formação de Professores, Prática Docente e Currículo de Ciências.

ARTHUR FONSECA FILHO
Especialista em Supervisão Escolar pela Pontifícia Universidade Católica de São Paulo, graduado em Direito e Pedagogia. Foi diretor do Colégio Uirapuru, em (Sorocaba-SP). Em 2009, foi eleito presidente do Conselho Estadual de Educação de São Paulo. No período de 2002 a 2006, foi membro do Conselho Nacional de Educação. Nos períodos de 1983 a 1988 e 1995 a 2002, foi membro do Conselho Estadual de Educação de São Paulo e consultor na área de Legislação Educacional, Políticas Públicas e Organização Escolar.

DOUGLAS DA SILVA TINTI
É especialista em Estatística e licenciado em Matemática pela Universidade Metodista de São Paulo. É professor da Universidade Ibirapuera (UNIB) nos cursos de Ciências da Computação, Administração e Matemática. Tem experiência na área de Matemática, com ênfase em Educação matemática, atuando principalmente nos seguintes temas: Educação Matemática, Educação Estatística, Formação de Professores, Estágio Supervisionado, Materiais Manipuláveis e Lógica Matemática.

ELISA OLEIRINHA VALÉRIO
Mestre em Ciências da Educação – Investigação e Intervenção Educativa pela Faculdade de Ciências Sociais e Humanas da Universidade Nova de Lisboa. Licenciada em Línguas e Literaturas Modernas – Estudos Portugueses e Ingleses pela Faculdade de Letras da Universidade de Lisboa, onde realizou o Estágio Pedagógico do Ramo de Formação Educacional em Português e Inglês. É professora de Português do 3º Ciclo e Secundário, na Escola Secundária Francisco Simões. É Orientadora Cooperante junto da Universidade de Lisboa, Faculdade de Letras, na cadeira Introdução à Prática Profissional, no âmbito do Mestrado em Ensino do Português. Foi oradora em conferências internacionais sobre formação de professores. Encontra-se em formação do Ministério da Educação para coordenar a implementação dos novos "Programas de Português do Ensino Básico". É coordenadora de nível de proficiência do ensino do Português Língua Não Materna, a colaborar com o grupo de trabalho do Ministério da Educação, na aferição de instrumentos de avaliação/materiais. Possui dezoito anos de experiência na área da formação inicial de professores como Orientadora de Estágio de Português do Ramo de Formação Educacional, junto de universidades públicas e privadas: Faculdade de Letras; Faculdade de Ciências Sociais e Humanas; e Universidade Luís de Camões. É autora de publicações no âmbito da didáctica do português – língua e literatura; da formação de professores e da ficção.

FRANCISCO JOSÉ CARBONARI
Especialista em Filosofia e História da Educação e licenciado em Filosofia. Atualmente, é professor universitário. Foi Secretário Municipal de Planejamento e Meio Ambiente de Jundiaí no período de 1997 a 2008. A partir de 2009, atua como Secretário de Educação de Jundiaí, também é membro do Conselho Estadual de Educação de São Paulo desde 1996.

GERÔNIMO MIGUEL CARDIA
Mestre em Educação, na área de pesquisa "Cotidiano Escolar", pela Universidade de Sorocaba (UNISO). Especialista em Pedagogia do Movimento, Psicopedagogia e Ginástica Escolar e graduado em Educação Física. Tem experiência na área de Educação Física, com ênfase em Educação Física Infantil. Atualmente, trabalha como professor de ensino superior na Faculdade Uirapuru (Sorocaba-SP), nas disciplinas do curso de Educação Física (Jogos e Recreação e Prática I e II) e na disciplina do curso de Pedagogia (Jogos e Recreação). Também trabalha como professor de Educação Física do Colégio Uirapuru (Sorocaba-SP) ministrando aulas para educação infantil e ensino fundamental.

GLÁUCI HELENA MORA DIAS
Formada em Letras, pós-graduada em Linguagem nos Meios de Comunicação e mestranda em Psicologia da Educação pela Universidade de São Paulo (USP). Tem experiência na área de múltiplas linguagens, como: Português Instrumental, Jornalismo, Propaganda e Publicidade, Gestão de Recursos Humanos, Pedagogia, Literatura, Linguística e Gramática. Atua principalmente nos seguintes temas: Proficiências Leitora e Escritora em Sociedade de Cultura Escrita, Interpretação Textual, Ensino de Língua Materna e Formação de Professores. É professora no Colégio Uirapuru e na Faculdade Uirapuru (Sorocaba-SP).

JORGE ALBERTO FRANÇA PROENÇA
Graduado em Tecnologia da Informação, atua nessa área há 23 anos e na área de Responsabilidade Social há 7 anos. Realiza uma série de ações de responsabilidade social em Sorocaba e região, sendo a principal delas a organização não governamental (ONG) Projeto Pérola, voltado à inclusão social de jovens de baixa renda por meio do ensino de informática e cidadania, o qual foi idealizador, fundador e atual presidente. É consultor de Responsabilidade Social na área de Educação, em que desenvolve um trabalho de inserção de valores dentro do currículo escolar, desde o berçário até o ensino superior. A instituição escolhida como piloto do projeto é o Colégio Uirapuru (Sorocaba-SP).

MARIA ANDRÉ TRINDADE
Maria André Barradas Trindade, licenciada em Ensino de Matemática, pela Universidade de Évora, doutorada em Ciências da Educação na especialidade de Formação de Professores, pela Universidade da Extremadura (Espanha). Experiência de leccionação no Ensino Básico e Secundário, no Ensino Superior, na Universidade de Évora e no Instituto Superior de Educação (Cabo Verde) e investigadora no Centro de Investigação em Educação e Psicologia da Universidade de Évora.

MARIA FLORA MACHADO DE ARAUJO FONSECA
Mestre em Educação na área de Interdisciplinaridade pela Universidade Cidade de São Paulo (UNICID) e graduada em História. Desde 1989, atua como Coordenadora do ensino fundamental II, do Colégio Uirapuru (Sorocaba-SP).

MARIA TERESA IZAGUIRRE CREWE
É especialista em Educação Matemática pela Faculdade São Luís. Licenciada e bacharel em Matemática pela FMU (Faculdades Metropolitanas Unidas de São Paulo). Leciona há 20 anos e atualmente é coordenadora do curso de Matemática da Universidade Ibirapuera (UNIB).

ROBERTO VAZATTA
Mestrando em Educação Física no núcleo de performance humana pela Universidade Metodista de Piracicaba (UNIMEP). Especialista em Natação e Atividades Aquáticas e graduado em Educação Física pela FMU (Faculdades Metropolitanas Unidas de São Paulo). Membro fundador e pesquisador do Núcleo de Estudos e Pesquisas em Ciências do Es-

porte (NEPECE). Atualmente, é docente do Colégio Uirapuru e da Faculdade Uirapuru (Sorocaba-SP). Tem experiência na área de Educação Física, com ênfase em Ciências do Esporte, atuando principalmente nos seguintes temas: Qualidade de Vida e Aptidão Física, Natação e Estresse Oxidativo.

SÉRGIO PAULO DE TARSO DOMINGUES
Mestre em Educação Física pela Universidade Metodista de Piracicaba (UNIMEP), especialista em Fisiologia do Exercício e graduado em Educação Física pela Universidade Federal de São Paulo (UNIFESP). Atualmente, é coordenador e professor do curso de Educação Física da Faculdade Uirapuru (Sorocaba-SP), é presidente da Liga Paulista de Handebol, é tesoureiro do Núcleo de Estudos e Pesquisas em Ciências do Esporte (NEPECE). Tem experiência na área de Educação Física, com ênfase em Ciências do Esporte, atuando principalmente nos seguintes temas: Fisiologia do exercício, Avaliação Física, Treinamento desportivo, Pedagogia do Esporte e Ensino-Aprendizagem.

TATIANA HIGA PASINI
Mestre em Linguística Aplicada e Estudos da Linguagem e graduada em Letras, com habilitação em Português e Inglês, pela Pontifícia Universidade Católica de São Paulo (PUC-SP). Atualmente, é professora do Colégio Uirapuru e da Faculdade Uirapuru (Sorocaba-SP). Na faculdade, é professora nos cursos de Letras (no qual também é coordenadora), Pedagogia, Gestão Financeira e Marketing.

TEREZINHA OTAVIANA DANTAS DA COSTA
Formada em Administração pela Universidade Presbiteriana Mackenzie. Especialista em Direito Educacional, Graduada em Comunicação Social e Doutora e Mestre em Administração na área de Concentração Administração Educacional, também pela Universidade Presbiteriana Mackenzie. Especialista em Didática do Ensino Superior e em habilitação em Relações Públicas pela Escola Superior de Relações Públicas de Pernambuco (ESURPE-PE). Fundadora e diretora-presidente da UniQue – Consultoria Educacional. Coordenadora da Câmara Temática de Educação da UNICIDADES – Agência de Desenvolvimento Regional (integra 13 municípios da região entre Serras e Águas, do estado de São Paulo). Gestora Educacional, com mais de 25 anos de experiência de gestão em instituições educacionais de ensino superior.